Death and Rebirth of the Psyche：A Textbook of Clinical Psychology

死と再生の臨床心理学

横山恭子・長堀加奈子 共編

上智大学出版
Sophia University Press

❖ はじめに ❖

　皆さんは，どのような興味でこの本を手に取られたでしょうか？
生きること，死ぬことに対する興味でしょうか？　あるいは臨床心理学に対
する興味でしょうか？　何かの課題のために，仕方なく手に取った方もい
らっしゃるかもしれません。

　私たちは，現場での生きた臨床心理学をお伝えしたくて，この本を書きま
した。この本を書いているのは，全員臨床心理士であり，公認心理師です。
それぞれが，かなり異なった分野で仕事をしています。とはいえ，共通する
ところもあります。私は，それは，人間に向かい合う姿勢だと考えています。

　私たちが行っている臨床心理面接では，私たちがクライエントと呼ぶ，相
談にやってくる様々な方に出逢います。残念ながら来たくていらっしゃる方
はいませんし，幸せな人と出逢うこともありません。傍から見れば，いろい
ろな見え方はあるでしょうけれど，ほとんどの方が，悲しみや苦しみを心の
底に抱えながら，懸命に生きているように思います。あまりにも深いところ
に傷つきがあって，自分自身でさえ気が付いていないような人もいるように
思います。そのような人たちの中には，ただ怠けているように見える人もい
れば，反抗に反抗を重ねているように見える人もいます。周りから「扱いに
くい人だ」とみなされている人もいます。そこから回復していくためには，
その悲しみや苦しみと向かい合っていく必要があります。すぐに向かい合う
ことができない時には，時間を使いながら，少しずつ悲しみや傷に近づいて
いくこともあります。

　悲しみや苦しみに向かい合うことは，つらい体験です。それは言い換えれ
ば，ある種の死を体験することに近いかもしれません。様々な死があります。
緩和ケアのような，実際にクライエントが亡くなっていく現場もあります。
親しい人が亡くなったり，大きな傷を負ったりした場合，その傍にいる人も

i

「死んでしまいたい」「死んだほうが楽かもしれない」と思うような体験をしますが，そのような人を支えていこうとする現場もあります。成長することも，実は小さな死を体験することかもしれません。古い自分が少しずつ死んで，新しい自分が生まれます。その交替があまりにも激しく起きる時，人が死を強く意識することもあるように思います。

　私たちはそのような様々な死と向かい合い，その悲しみや不安をきちんと体験することを支えていく仕事をしているように思います。人は死ぬまで成長しますし，死んでからも成長しているかもしれない。小児医療の現場で働く私は，亡くなった子どもたちのことを思い出すと，そう思います。

　人が死を体験し，その体験の中から，再生し，成長していく。そのプロセスについて語りたいと思いますし，できるだけ多くの人と議論ができたらと思っております。

横山　恭子

❖ 本書について ❖

　本書は「死と再生」をテーマとした臨床心理学の教科書として執筆された。臨床心理学に馴染みがない初学者にとっては，各章のテーマについて，いずれ臨床を始める際に知っておいてほしい知識や態度について学ぶことのできる入門的な内容になっている。また，専門職を目指す大学院生やすでに心理臨床を行っている専門家にとっても，新旧の研究についての知見を深め，心理臨床家としての態度や眼差しを問い直す契機となればという願いのもと，執筆編集された。

　臨床心理学を志すものは，おそらくいつもどこかでこの死と再生というテーマに惹かれているのではないかと思う。心は誰のものでもない，私だけのものでありながら，全く自分の思う通りにならない他者でもある。だから，私たちは心にとらわれ，心のことで悩む。どうにもままならないものとわかっていながら私たちが臨床心理学を学ぶのは，苦しみを抱えた誰もが変化の可能性を持っている，という希望をほのかに抱いているからではないだろうか。実際の死が肉薄するような局面においてさえも人は変化する。臨床心理学を学ぶ私たちは，死も再生も，絶望も希望も，その両方を素朴でちっぽけな人間として知り，考え，感じ，そして臨床の場でクライエントの傍にありたいと望んでいる。死と再生というテーマには，唯一の回答や唯一の真実は存在しない。本書を契機として，多くの人と議論をすることができれば幸いに思う。

　本書は，臨床心理学／心理臨床における「死と再生」に様々な角度から光を当てた9章仕立てとなっている。

　第1章は，死と再生のテーマに読者を誘うための入門的な内容となっている。様々な文化圏で死というものがどのような神話で語られてきたのかから始まり，死の分類，死と再生にまつわる臨床心理学的な主要な学説について概観している。

iii

第2章，第3章はライフサイクルにおける死と再生の問題について述べている。第2章のテーマである思春期・青年期は，大人へのイニシエーションの時期であり，死が接近する時期と言われている。死と近づく思春期・青年期の心性を物語やノンフィクションの事例を通じて，その心の内側から捉えることを試みており，その世界観に吸い込まれるような筆致である。第3章は老年期をテーマとしており，やがて死を迎える老いの時期がどのようなものかが丁寧に描かれている。特にエリクソンの心理社会的発達モデルの老年期については，原典に忠実にあたりこれまで紹介されてこなかった部分にまで踏み込んでおり，一読の価値がある。

　第4章と第5章は，小児医療や緩和医療といった死と向き合う医療現場における死と再生のテーマについて論じている。第4章は，小児医療領域で草分け的な存在として臨床に関わってきた横山の貴重な実践を基礎とした小児医療心理学入門となっている。本書で，もし読み始める章に迷ったらここから読んでもいいかもしれない。この章で描かれる心理臨床家としての姿勢は，すべての臨床に通じるものであると言える。第5章は，主にがんになること，それを支えることについて，患者，家族，心理臨床家それぞれの立場から，様々な段階でどのようなことが起こり，どのように関わっていくのかを丁寧に描いている。緩和医療分野の心理的支援の実際を，真摯な眼差しからうかがい知ることができるだろう。

　第6章のテーマはグリーフケアであり，大切な人の死を悼む悲嘆の心理とその支援について述べている。大切な人を亡くすことは，誰にとっても悲しくつらい体験である。その体験に徹底的に寄り添い論じた上で語られる「再生」には，その重みとかすかな希望を感じずにはいられまい。

　第7章は生殖医療，第8章は依存症という，昨今ニュースなどでも話題で取り上げられることの多い心理社会的なテーマとなっている。生殖医療領域で活躍する心理職はまだ少なく，先端的な領域である。生と死を繰り返す生殖医療の現場において，心理職がどのようにその課題に寄り添いアプローチできるのかという挑戦的な章となっている。第8章では，否認の病とされる依存症の苦しみや空虚さと，再生への果てないもがきが，多くの研究紹介と

ともに描き出されている。本章で紹介される架空事例を読んでいると，いつ我が身に置き換わってもおかしくないという空恐ろしさを感じる。

　第9章は，心理療法における死と再生について，C・G・ユングが創始した分析心理学の視点から述べたのちに，クライエントとセラピストの死についての研究を概観している。様々な領域で活躍する心理職だが，他の職種とは異なる「心理」にこだわった目線を大切にすることのヒントとなれば幸いである。

　各章は様々な心理臨床の領域について触れているため，心理的援助を行う専門職と心理臨床サービスの受け手の呼び名は章ごとに定義されている。心理的援助を行う専門職はカウンセラー，セラピスト，心理士，心理職等，そして心理臨床サービスの受け手は，クライエント，患者，利用者等となっている。また，第9章を除く，各章の最後には，「これからの皆さん（読者）に問いかけたいこと／自分も考え続けたいと思っていること」として，読者への問いかけが付されている。死と再生というテーマには最終的な答えは用意されておらず，私たち執筆陣も今後も読者の皆様と一緒に考え続けていきたいと思っており，本書を読んでいただいた方々と様々な議論ができたら嬉しいと考えている。

　本書は，どの章から読み始めることもできるので，関心のあるトピックから読み始めていただくのも良いだろう。各章の末尾には，関連するコラムが掲載されていて，さらなる学びへの道が示されている。それぞれの章・コラムを担当した執筆者の専門領域はバラバラであるが，全体を通読いただくと，本書に通底する心理臨床家として死と再生に向き合う態度や考え方を感じ取ってもらえると思う。

　　　　　　　　　　　　　　　　　　　　　　　長堀　加奈子

❖ 目　　次 ❖

はじめに……………………………………………………………… i

本書について……………………………………………………… iii

第1章　生と死をめぐる諸理論

長堀　加奈子

Ⅰ．はじめに……………………………………………………… 1

Ⅱ．死のはじまり………………………………………………… 1

Ⅲ．死の分類……………………………………………………… 7

Ⅳ．心理臨床における死と再生に関する諸理論の観点………… 11

Ⅴ．おわりに……………………………………………………… 23

第2章　思春期・青年期の「死と再生」
―原因不明の自殺に関する一つの考察―

山下　竜一

Ⅰ．はじめに……………………………………………………… 27

Ⅱ．自殺の実態…………………………………………………… 30

Ⅲ．自殺の認識と原因…………………………………………… 32

Ⅳ．原因不明の自殺――自殺の理由はわからないことも多い…… 37

Ⅴ．思春期の子どもたちの死と再生…………………………… 43

Ⅵ．自殺への支援………………………………………………… 52

Ⅶ．おわりに……………………………………………………… 57

コラム①　子ども・青年が好むものから理解する　　稲垣　智則…… 61

コラム②　発達障害の死と再生
―困難を認識しながらしなやかさを得ていくこと―　柳楽　明子…… 63

第**3**章　老年期と生と死，そして再生

磯野　沙月

Ⅰ．はじめに・・65

Ⅱ．心理職として高齢者と出会う前に・・・・・・・・・・・・・・・・・・・・・65

Ⅲ．衰退の時期としての老年期・・・・・・・・・・・・・・・・・・・・・・・・・・・・69

Ⅳ．老年期と喪失・・70

Ⅴ．喪失の感じ方，捉え方は多様・・・・・・・・・・・・・・・・・・・・・・・・・72

Ⅵ．喪失や老年期の多義性・両義性・・・・・・・・・・・・・・・・・・・・・・・73

Ⅶ．成熟の時期としての老年期・・・・・・・・・・・・・・・・・・・・・・・・・・・・74

Ⅷ．高齢者と死について話題にするために・・・・・・・・・・・・・・・・・83

Ⅸ．心理職として高齢者と接する時に・・・・・・・・・・・・・・・・・・・・・85

Ⅹ．おわりに――私の中で再生する高齢者たち・・・・・・・・・・・・・88

コラム③　高齢者の精神科デイケアにおける死と再生　北山　純・・・・・・93

第**4**章　小児医療における生と死，そして再生

横山　恭子

Ⅰ．子どもと死をめぐる問題・・・・・・・・・・・・・・・・・・・・・・・・・・・・・・97

Ⅱ．小児医療心理学における支援・・・・・・・・・・・・・・・・・・・・・・・・・99

Ⅲ．心理職として存在することの意味・・・・・・・・・・・・・・・・・・・・110

コラム④　小児集中治療室における死と再生　　別所　晶子・・・・・119

vii

第5章 がん医療における死と生

増田　紗弓

Ⅰ．はじめに・・・・・・・・・・・・・・・・・・・・・・・・・・・・・・・・・・121
Ⅱ．病気になること・・・・・・・・・・・・・・・・・・・・・・・・・・・・・121
Ⅲ．キューブラー・ロスの5段階モデル・・・・・・・・・・・・・・・122
Ⅳ．がんになること・・・・・・・・・・・・・・・・・・・・・・・・・・・・124
Ⅴ．子育て中のがん患者に関する問題・・・・・・・・・・・・・・・・134
Ⅵ．がんと共に生きること・・・・・・・・・・・・・・・・・・・・・・・135
Ⅶ．家族が抱える問題・・・・・・・・・・・・・・・・・・・・・・・・・・138
Ⅷ．がん患者・家族に対する心理職の役割・・・・・・・・・・・・・140
Ⅸ．おわりに・・・・・・・・・・・・・・・・・・・・・・・・・・・・・・・・146

コラム⑤　AYA世代のがんにおける死と再生　森田　日菜子・・・・・149

第6章 グリーフケアにおける死と再生

田　佳潤

Ⅰ．はじめに・・・・・・・・・・・・・・・・・・・・・・・・・・・・・・・・・151
Ⅱ．悲嘆／グリーフ／griefとは ・・・・・・・・・・・・・・・・・・・152
Ⅲ．悲哀過程に関する仮説の変遷・・・・・・・・・・・・・・・・・・・157
Ⅳ．悲嘆のアセスメント・・・・・・・・・・・・・・・・・・・・・・・・・160
Ⅴ．特別な喪失と悲嘆・・・・・・・・・・・・・・・・・・・・・・・・・・164
Ⅵ．グリーフケア・・・・・・・・・・・・・・・・・・・・・・・・・・・・・169
Ⅶ．悲哀における死と再生・・・・・・・・・・・・・・・・・・・・・・・177

コラム⑥　犯罪被害者遺族への心理支援　齋藤　梓・・・・・185

目　次

第7章　生殖医療の死と再生

立川　幸菜

Ⅰ．はじめに・・・187

Ⅱ．生殖医療とは・・188

Ⅲ．「不妊」に関する歴史的な背景・・・・・・・・・・・・・・・・・・・・・・・・・・197

Ⅳ．現在の日本における不妊［症］・不妊治療に関する考え・知識・
　　関心などの実態・・201

Ⅴ．なぜ人は不妊に悩むのか，どのようにその苦しみと付き合って
　　いくのか・・203

Ⅵ．日本の不妊カップルが持つ悩み・・・・・・・・・・・・・・・・・・・・・・・・206

Ⅶ．不妊に悩む人びとを支える心理的支援のガイドラインやモデル・・212

Ⅷ．おわりに・・215

コラム⑦　乳児院における死と再生　　　　　長谷川　昌子・・・・・220

コラム⑧　里親に委託され暮らす子どもの心性―死と再生を巡って―

引土　達雄・・・・・222

第8章　依存症における死と再生

前田　遥

Ⅰ．はじめに――身近に潜む依存症・・・・・・・・・・・・・・・・・・・・・・・・・・・225

Ⅱ．依存症とは・・229

Ⅲ．依存症の原因・・236

Ⅳ．依存症と死・・241

Ⅴ．依存症の治療・支援・回復・・・・・・・・・・・・・・・・・・・・・・・・・・・・・248

Ⅵ．おわりに――依存症を巡る死と再生・・・・・・・・・・・・・・・・・・・・・257

コラム⑨　スポーツにおける怪我―その象徴的死と再生―

鷲塚　浩二・・・・・262

ix

第9章 心理療法の中の生と死

長堀　加奈子

Ⅰ．はじめに──この章で語られる心理療法とは・・・・・・・・・・・・・・・・265

Ⅱ．臨床の中に常にある「死」と「再生」・・・・・・・・・・・・・・・・・・・・266

Ⅲ．心理療法における「死」と「再生」の現れ・・・・・・・・・・・・・・・・267

Ⅳ．「死」と「再生」の同時性・・・・・・・・・・・・・・・・・・・・・・・・・・・・277

Ⅴ．心理面接で起こる実際の死について・・・・・・・・・・・・・・・・・・・279

Ⅵ．おわりに・・・297

コラム⑩　芸術療法（アートセラピー）について　　香月　菜々子・・・・・302

コラム⑪　箱庭療法における死と再生　　　　　　　石井　裕美・・・・・305

おわりに・・・307

人名索引・事項索引・・・・・・・・・・・・・・・・・・・・・・・・・・・・・・・・・・・・310

執筆者紹介・・314

第1章
生と死をめぐる諸理論

長堀　加奈子

I．はじめに

　私たちが生まれたその日から，死は常に共にあるものである。しかしそれにもかかわらず，深く心に影を落とす闇が訪れたり，身近で実際の死が起こったり，起こりそうになったり，我が身に強烈に死が迫ってくると，私たちは恐怖を感じたり不安に駆られたり，あるいは死に魅せられたりする。

　死が強烈なインパクトを持つのは，それが私たちの日常的な「生」の喪失であるからであろう。私たちが日頃当たり前のように享受している「生」の対極にあるのが「死」である。

　本書は心理臨床を専門とする著者たちが，死と再生の問題と向き合って各章を執筆している。各章では著者たちの専門性に沿った議論がなされていくが，本章では，今後の各章を読み進めるにあたり背景となる生と死に関する諸理論を心理学的な観点から概観していく。

II．死のはじまり

　私たちはどうして死ななくてはならないのだろう。死とは何なのだろう。それは古くからの問いであり，人間は古来，その理由を神話や聖典に書き残している。

(1) 西洋の神話：キリスト教，ギリシャ神話

　もっとも有名なものの一つは，旧約聖書の創世記の楽園追放であろう。

　もともと神の似姿として造られた人間に，神は永遠の命を与えた。神は善悪の知識の木の実だけは食べてはいけないと人間に言った。しかし，狡猾なヘビにそそのかされたアダムとイブはその禁断の木の実を食べてしまう。そして旧約聖書には以下のようにある。

図1　クラーナハ『楽園』　ウィーン美術史美術館収蔵

　神である主は言われた。「人はわれわれの一人のように善悪を知る者となった。さあ，彼が手を伸ばし，また命の木から取って食べ，永遠に生きることがないようにしよう」。神である主は，エデンの園から彼を追い出された。　　　　（創世記3章22節〜23節，聖書協会共同訳）

　このように，旧約聖書においては，私たち人間が原罪を犯したために，永遠の命を失い，死す運命を負ったとされている。
　一方，コートジボワールにはこんな神話がある。

　もともと死神は善良で，年寄りや体の弱ったものの命だけを奪っていた。神は生命を無駄にはせず，「年寄りの命だけ奪い，他の者には手を出すな」と死神に銘じてあった。そこで死神は毎日年寄りを狙い，掟を守った。ある日，死神が一軒の家に入っていくと，年老いた女が赤ん坊をあやしていた。
　「さあ，来るのだ」と死神は言った。
　「お慈悲を！」と老女は応じた。
　「私はまだ人のお役に立っています。ほら，このとおり！」
　「もっともだ」と死神は言い，去っていった。その晩，死神は神に昼

間の出来事を話した。

「お前は私の言いつけに背いたな」と神は言った。

「罰として，お前の目を奪う。明日から，誰であろうとお前が触れたものは死ぬことになる」。それ以来，あらゆる年齢の人間が死ぬことになった。 (バーリー，1998，p. 335-336)

　こちらの神話では，死神が死をもたらす者であり，そして，その死神が盲目となったために，あらゆる年代の人が死ぬことになったと書かれている。死が私たちにいつ襲い掛かるかわからないのは，死神が盲目で，今誰の命を奪っているのかを見ることができないからだということである。西洋において死神のモチーフになったと言われるのが，ギリシャ神話の時の翁（クロノス）である。彼はマントを羽織り大きな鎌と砂時計を持っていて，年老いており，時には盲目の姿でも描かれている。その姿は先ほどのコートジボワールの神話に登場する死神と類似していて興味深い。クロノスはローマ神話ではサトゥルヌスと呼ばれており，将来，自分の子に殺されるという予言に恐れを抱き我が子を次々に飲み込んでいったという神話が有名である。自ら生み出したものを再度体内に取り込むという形でのウロボロス的な死と生の循環がここには表されており，実際クロノスを描いた絵画にはしばしばウロボロスの竜が描かれているとされる。ギリシャ神話の絶対神ゼウスもクロノスの息子であり，サトゥルヌスの手を逃れて生き延びたゼウスは，最終的にクロノスに飲み込まれたきょうだいたちを吐き出させる。そして彼らはすべて生還する。一度飲み込まれた命が再生するモチーフがここに現れているとも言えるだろう。

(2)　アフリカの神話

　ユング派分析家のローズマリー・ゴードン（Gordon, R.）は，死の始まりを描いたアフリカ神話を3つのグループに分けている。グループ I は，「動物のメッセンジャー」とされ，動物が神から人へ死と不死性のそれぞれのメッセージを運ぶ，というものである。例えば，以下の物語である。

偉大な男がカメレオンを神様のところに送り，人間が死んで埋められ
たらそれで万事終わるのか，数日後，もし耳の中に薬をたらしたら死か
らよみがえるのか，と尋ねさせた。しかしカメレオンがあんまりのろの
ろ行くので，ひき蛙が同じ質問をもってやられることになり，カメレオ
ンよりも先に着いた。神様は質問といやらしい生き物の両方に不愉快に
なられ，人間は死ねばすべておしまいであり，人々は嘆き悲しんで死者
を埋めることしかできない，とおっしゃった。カメレオンが着いたとき
にもひき蛙に言ったとおりだとおっしゃった。これが，人間が死ねば生
き返らない理由である。(パジャ・カカ族)

(ゴードン，1989，p. 94)

　アフリカには類似の神話が多く存在し，だいたいは先に送った使者として
の動物よりも後から送った動物が先に神のもとにたどりついた結果，人間に
死が訪れるようになる。しかし，これは全くもって理不尽な物語である。結
局死は神の匙加減であり，人知の及ばないものであることがこの神話から読
み取れる。一方でなぜ人間は使者など頼まず自分で神に尋ねないのかという
疑問や，使者にひき蛙を用いてしまったのかという疑問を考えた時，人間に
死をもたらしたのは実は人間の行いであったとも言える。これは非意図的な
行いではあったものの，その行動をとった時点で同時に死を招いてもいるわ
けで，ここには死を望んでいないにもかかわらず，死を引き起こす行動を必
然的にするという二重の動きを読み取ることもできるだろう。

　次のグループⅡは「人間の罪」というモチーフである。人間が何らかの罪
を犯し，その罰として有限の命になったという逸話のグループである。こち
らはすでに述べたキリスト教の楽園追放のモチーフと類似しているので，例
は割愛する。

　そして，ユニークなのがグループⅢ「人間が死を『選ぶ』」である。これは，
人間自身が自分たちでよく考えて死ぬという運命を選んだのだ，という神話
群である。例を挙げると，以下のような物語である。

神さまは亀と人と石を創り，それを雌雄一つがいにされた。亀と人間は生命を与えられたが，石は与えられなかった。誰も子どもを生むことはなかった。亀は子どもを持ちたがり，神様にその旨頼んだ。しかし神様は，亀と人に生命は与えたが子どもを産むのは許さなかった，と答えられた。その時人間は大変年を取っていたが，死ぬことはなく若返った。亀は戻ってきて二度目の要求をした。そこで神さまが言われた。「お前はまだ子どもが欲しいのか？　生き物が2人か3人子どもを持つと死ななければならないのを知っておるのか？」。しかし亀も人間も同じ望みを育んでおり，子どもとそして死を求めた。しかし石は子どもも死ぬことも望まなかった──そしてそのように定められた。こうして子どもと死がこの世にあらわれたのである。（ヌペ族）

（ゴードン，1989，pp.107-108）

　この神話の興味深い点は，神から死が与えられると同時に子どもの誕生も現れたという点である。生を願うことは死を迎え入れることであることがこの神話から伺える。死と生が切っても切り離せないものであることがこの神話からもわかるだろう。

(3)　東洋の思想

　一方，東洋ではどうだろうか。東洋における死生観は主に輪廻思想，そして因中有果論として捉えることができるだろう。輪廻思想はウパニシャッドの時代から受け継がれ，仏教や『ヨーガ・スートラ』の中にも定着している思想である。輪廻転生の思想とは，一切の生物のこの地上における生は，繰り返すというものであり，生物がこの地上において生を営む間の，行為や意欲の残痕が次の生にまで持ち越すことである。つまり一つの生の終わりは，次の生の始まりへとつながっており，仏教もヨーガも究極的にはこの輪廻転生の輪から解脱することを目指している。一方，因中有果論とは，結果は原因のうちにすでに実在している，という考え方のことである。例を挙げると，

陶工が一定量の陶土を使って，一つの瓶を作るという場合，因中有果
　論の立場では，結果である瓶はすでに，最初に陶工が取り上げた一定量
　の陶土の中に実在していたと考える。

(佐保田，1983，pp. 25-26)

　このように，因中有果論では無から有が生まれるということはありえない。
あらゆるものは，一番初めから存在していたものの中に実在している，と考
えるのである。この考え方を生と死の文脈に当てはめると，私たちは生まれ
た時からその生の中に死を内包して生きているということになる。死は懸命
に生きた先に行き着く到達点ではなく，私たちの存在の中に初めから存在し
ており，ある一つの死はある一つの生のうちにそうなると定められたものと
してある。このように，東洋ではより生と死は連続したものとして捉えられ
てきたと考えられる。
　では，日本ではどうだろうか。例えば，日本の古代信仰について研究して
いた折口信夫は，古代の選ばれた人の「死は死ではなく，生のための静止期
間であった」と述べている（折口，2016）。現代的に考えれば，ある人の一
生は一回性のものであることが前提であるため，毎日誰かが死に，そして死
んだ人とは別の新しい誰かが生まれていることになる。しかし，折口が述べ
るには，古代の日本人はそうは考えてはいなかった。神意を受けた選ばれし
者は，まるで卵の中から産まれるかのように，死という殻に籠り，そしてそ
こから再び生まれると考えられていたというのだ。桃太郎が流れてきた桃か
ら生まれたり，かぐや姫が竹から生まれたりするのは，彼らが特別な生を持っ
た選ばれし者であることとして解釈される。選ばれし者とは，つまり王や貴
族などがその例だが，彼らは死んでその生を終えるのではなく，死という期
間を経て新しい身体となって蘇るのである。
　これまで紹介してきた神話を見ると，死は人間として生きることに非常に
密着しており，死があるからこそ生があるのだということがよくわかるよう
に感じる。

(4) 現代の死への態度

　現代に生きる私たちは，生の時間的な延長線上に死があり，死は肉体的生命の終焉であって，死をもってすべてが終わるという直線的な感覚を持っている人が多いのではないだろうか。そのため死は暗く，悲しく，陰鬱なイメージを持ち，現代社会の多くの場面で忌避されている。しかし，こうした死への態度は，工業化を経て近代になってからのものであることをフランスの歴史学者アリエス（Ariès, P.）は指摘している（アリエス，2006）。大きな変化の一つは，以前は瀕死の人本人に向けられていた敬意が，それを失う家族へ向けられるようになったことである。誰かが死ぬ時，死んだ人よりも遺された人を気遣うように人びとの態度は変化していった。かつて，人は自分の死期を知って，死のために準備をして「病床に臥していた」。しかし，今や死に瀕していることを知らされずに，病院の中で朦朧としたまま，時には長期間医療機器につながれたのちに息を引き取るような死がはびこっている。そしてもう一つの変化が，死の話題を避けるように態度が変化したことである。死は，かつての性の快楽と同じように恥ずべきこととして忌避されるようになったとアリエスは指摘している。そして，それは決して心が冷たいからではなく，死について「心に感じているから」だという。

　たしかに，心理療法を始めたばかりの頃には，クライエントに対して死の話題を持ちかけることをどことなくタブー視して抵抗を感じるセラピストも少なくはないだろう。また生命の維持に第一の価値をおく医療現場では，やはり「死なないように」最善を尽くすという部分もある。現代において，いつの間にか私たちは「生きている」ということをとても大切にするようになってきているが，実はそれは科学の発展を経た現代において新たに生成された死への態度であると言えるのかもしれない。

Ⅲ．死の分類

　一口に「死」と言っても様々な分類がある。それゆえ，本書では様々な切り口から死と再生に関わる臨床について述べている。本節では死とその分類

について概説する。

(1)　生物学的な死

　一般的に死と言われて想像するのが生物学的な死であろう。これは，心臓や脳などの臓器によって支えられていた生命維持のプロセスが停止することであり，しかもそれは不可逆なものである。もしも一度生物学的な死を迎えたものが再び命を取り戻した場合には，それは「仮死」であったとされ，本当の死とは区別されたものとして考えるのが普通である。ドラマなどで心電図が止まり，医師が沈痛な面持ちで「ご臨終です」と告げるシーンを見たことがある読者も多いだろうが，心臓の停止は死を決定づける象徴的な場面である。一方で，昨今では脳死やそれに伴う移植の問題を通じて，生物学的な死の多様な側面も論じられるようになってきた。

　厚生労働省が発表している「令和4年（2022）人口動態統計月報年計（概数）の概況」によれば，令和4年の死亡数は156万8961人であり，死因の第一は悪性新生物〈腫瘍〉，すなわちがんである。次いで，心疾患，老衰と続く（**図2**）。本書の第4章，第5章でこうした身体疾患による生物学的な死を前にした人びととの臨床について述べている。老衰は加齢に伴う身体の衰弱による死のことであるが，老いのテーマについては第3章に詳しいので参照されたい。また，全体の死因としては第7位に位置する自殺であるが，年齢別に見ると男性の10～44歳，女性の10～34歳の死因の第1位となっている。若年者の自殺の問題については第2章で詳しく取り上げている。

(2)　社会的な死

　生物学的な死こそが私たちの死なのであろうか。実際には生きながらに死んだり，死んでいながら生きていたりという可能性もあるのではなかろうか。そういった観点から死を捉える「社会的死」には二種類の目線がある。「他者の社会的死」と「自己の社会的死」である。社会的な死は，1960年代に「他者の社会的死」の目線から議論がスタートされ，その時点では「医療現場において生物学的な死を迎える前の患者を医療者が死体として取り扱う時点で

第1章 生と死をめぐる諸理論

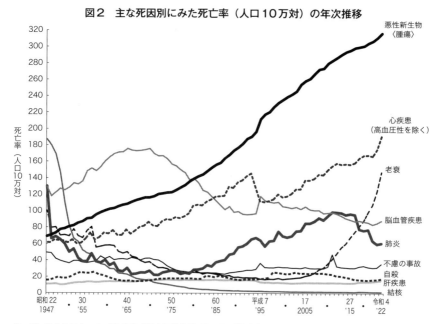

図2　主な死因別にみた死亡率（人口10万対）の年次推移

注：1）平成6年までの「心疾患（高血圧性を除く）」は，「心疾患」である。
　　2）平成6・7年の「心疾患（高血圧性を除く）」の低下は，死亡診断書（死体検案書）（平成7年1月施行）において「死亡の原因欄には，疾患の終末期の状態としての心不全，呼吸不全等は書かないでください」という注意書きの施行前からの周知の影響によるものと考えられる。
　　3）平成7年の「脳血管疾患」の上昇の主な要因は，ICD-10（平成7年1月適用）による原死因選択ルールの明確化によるものと考えられる。
　　4）平成29年の「肺炎」の低下の主な要因は，ICD-10（2013年版）（平29年1月適用）による原死因選択ルールの明確化によるものと考えられる。

出典：厚生労働省「令和4年（2022）人口動態統計月報年計（概数）の概況」

判別される死のこと」とされた。例えば，D・サドナウは『病院で作られる死』の中で，死後硬直後の手間を省くために医療スタッフが死を目前とした患者の瞼を閉じさせるなどの行為をその例として挙げている。生きながらにして死したものと扱われることを社会的死とするのであれば，例えばV・フランクルが『夜と霧』で報告したようなホロコーストにおけるユダヤ人への扱いは，社会的死の様相を伝えていると言えるだろう。一方で，生物学的な死を迎えた子どもに対して語りかけ手紙を書く両親がいるように，生物学的には死んでいたとしても「社会的には死んでいない」他者の存在も指摘されており，このような他者との関係さえも失った時に「社会的死」が訪れるという

考え方もある。生物学的に死を迎えた人とどのような関係を結んでいくのか
はグリーフ（悲嘆）における重要なテーマであり，本書の第6章でも詳しく
論じている。

　もう一つの目線である「自己の社会的死」とは，清水（1999）が「社会的
ネットワークでその存在が抹消されること」として，孤独のテーマと共に論
じたものである。社会の中で周辺化され，疎外される人びとの経験が「社会
的死」という言葉で論じられることがある。こうした「自己の社会的死」は，
アイデンティティの問題や差別の問題，家族や友人から見捨てられる孤立な
どの問題とつながっている。本書では，依存症の問題と絡めてこうした社会
的死についても一考している（第8章参照）。

(3)　あいまいな喪失

　人が死ぬと聞いた時，どのような場面を想定するだろうか。例えば病気に
かかって病院でその死を看取ることもあれば，不幸な事故によって亡くなる
ようなこともあるかもしれない。これらの死は悲しいことではあるが，少な
くともその死が残され人にとって明確である。しかし，そうではない場合，
つまり存在と不在があいまいな場合がある。こうした喪失をボス（2015）は
「あいまいな喪失」と呼んでいる。

　あいまいな喪失には2タイプ存在する。第一のタイプは「愛する人が身体
的に失われている状態」である。これは，行方不明や戦争やテロ，自然災害
などで体が発見できない状態のことである。このような場合，その人が生き
ているのか死んでいるのかが確認できないために，心理的にはその人が生き
続けている。そして，残された人は，その人を諦めた方がいいのか，いつか
戻ってくると心のとびらを開けたまま待っていた方がいいのかがわからない
まま取り残されることとなる。

　第二のタイプは，「人々が心理的に不在になること，すなわち情緒，認知
のレベルで失われてしまうこと」である。このタイプの例は，アルツハイ
マー病などの認知症や，うつ病，薬物やアルコールなどの嗜癖（第8章参照），
その他の身体疾患や精神疾患で記憶がなくなったり感情の表出がなくなった

10

りしている状態が挙げられる。このタイプでは，その人自体は存在している
のに，自分との関係性が失われてしまう。情緒的な交流をその人と持てなく
なるのである。臨床の場面では，両親と同居している子どもが，ワーカホリッ
クな父親（あるいは母親）の心理的不在を経験していることなどは珍しくな
い。

　第7章で取り扱われる生殖医療領域は，このあいまいな死とも関連が深い
とされている。不妊治療の中では，法律的には命にかぞえられない段階，場
合によっては胎外の操作の段階で子を喪失する経験をする人も多い。我が子
は存在したのかそうではないのか，それを「死」や「喪失」として受け止め
て良いのか，将来へさらなる希望を持っても良いのかなど，多重なあいまい
性を抱えながら，身体的にもつらい治療を継続するかの選択を繰り返し迫ら
れるのである（第7章参照）。

　そのほかにも重度の精神障害や認知症の患者を支える家族の心理的反応や
災害支援についてなど，本書では扱いきれなかった多くのあいまいな死にま
つわるトピックも死と再生の心理学として重要である。関心のある方はぜひ
専門的な学びにつなげていただけたらと思う。

Ⅳ．心理臨床における死と再生に関する諸理論の観点

　さて，それではここからは，心理療法の中で死と再生についてどのように
論じられてきたのかの一端を紹介しよう。私たち心理学者は死という問題に
長く取り組んできている。生物学的な死やそれにまつわる心の問題を心理学
的にどう捉えるかだけでなく，心理学における死とは何かという視点から論
じられているものも多い。

(1)　精神分析の観点

①　フロイトの死の本能

　精神分析を創始したのは，言わずと知れたフロイト（Freud, S. 1856. 5. 6
－ 1939. 9. 23）である。ヒステリー患者への催眠療法を行ってきたフロイト
は，本人にも意識できない無意識的な欲求や感情が存在し，それが神経症や

ヒステリーの原因ではないかと洞察した。そして，人間を突き動かすのは無意識的な欲求であると考え，こうした無意識下に抑圧された欲求を意識化することによって症状が消失すると考えた。フロイトは，当初この欲求をリビドーと呼び，心の出来事はリビドーが持つ快楽原理によって支配されていると考えていた。フロイトはリビドーを性と結びつけて考えていたため，リビドーは性以外のエネルギーも含むとしたユングと意見が対立し，1912年にユングが『リビドーの変容と象徴』を出版すると，二人の間の亀裂は決定的なものとなった。

　しかしその後，フロイトは1920年に「快原理の彼岸」を発表し，快楽原則に支配されたリビドー（性の本能）に対して，死の本能（タナトス）が存在する可能性について言明した。フロイトは，この論文で死の本能を外傷性神経症者の夢と，幼児の遊びから描き出している。フロイトはもともと，夢には願望成就的傾向があるとしていたが，それでは「外傷性神経症者の夢の生活は，患者を再三再四その災害状況に連れ戻し，患者はそこから新たな驚愕と共に目覚めることになる」ことを説明できないことに気付いた。PTSDの患者が，トラウマ体験を繰り返し夢に見る形でフラッシュバックを起こすことは，現在でもよく知られている。こうした夢を，夢見手の無意識の願望の現れと考えることは難しいということである。また，フロイトは自身の孫が，楽しそうに縛り紐をつけた木製の糸巻きをおもちゃにしてベッドの中に放り投げて姿を消すと「オーオーオーオー（いない）」と言い，今度はひもを手繰って糸巻きが姿を現すと嬉しそうに「ダァ（いた）」と言って歓迎するという遊びを繰り返す様子を観察した。この遊びは，糸巻きを見つけた時の喜びの方が大きいのだが，実際には多くの場合が糸巻きを投げても戻ってこない（いない）ことの方が多く生起する。それにもかかわらず，フロイトの孫は糸巻きを飽きることなく嬉々として投げて続けていた。フロイトはこれらの例から「反復強迫――すなわち，抑圧されたものの力の表面化――（略）が快のいかなる可能性も含まない過去の体験も再びもたらすということ」を指摘している。フロイトは，反復強迫の例として，人間関係がいつでも同じ結末に終わる人びとを挙げている。あらゆる友情が友に裏切られる結末とな

る男性や，女性との情愛関係がいつも同じ経過段階を踏みながら同じ終わり方に至る男性，三度立て続けに結婚したが，夫が病にかかりそのたびに死に至るまで看病せねばならなかった女性。こうした人びとを目する中で，フロイトは，欲動（リビドー）とは，以前の状態を復興しようとする「生命ある有機体に内属する衝迫である」として，「あらゆる生命の目標は死であり，翻って言うなら，無生命が生命あるものより先に存在していた」と述べるに至ったのである。かくて，フロイトはリビドーを生の方向へ向かうものと死の方向へ向かうものという二元論から捉え直した。そして，1930年の『文化への不満』の中でフロイトは，「生命体を保存し，それを常により大きな単位へと結合させようとする本能のほかに，別の反対の本能，すなわちこれらの単位を解体して原初的な無機物の状態に戻そうとする本能がある」と述べ，後者を死の本能とした。

　このフロイトの発想の転換の背景には，当時のフロイトの苦境があったと言われている。第一次世界大戦後，フロイトの住むウィーンは凄惨な状況であり，極寒で暖房もつかない中何時間もフロイトは分析を行っていた。イタリアで捕虜になった長男の行方はようとして知れず，経済的な問題も抱えていた。そして，この時期にフロイトにとって重要な人間の死を相次いで経験している。フロイトの弟子であるヴィクトール・タウスクの自殺，パトロンのアントン・フォン・フロイント，そして最愛の娘のゾフィーが妊娠中に死亡した。さらに，フロイト自身も癌に罹患した。西園（2006）は，「こうしたいわば限界状況の体験の中で，生と死，破壊と再建，イナイイナイ・バァに関する論及がなされたのである。この「快楽原則の彼岸」そのものが，フロイトの生の本能の証であろう」と述べている。こうした死の問題に直面する中にあって，新たな創造性を発揮したフロイトの姿にも，死と再生の姿が現れていると言えるのかもしれない。

②　フロイト以降

　フロイト以降の精神分析学派の中では，死の本能について積極的に取り上げるものと，ほとんど目もくれていないものの両方があると言われている。

積極的に取り上げているのはクライン（Klein, M. 1882. 3. 30 – 1960. 9. 22）やラカン（Lacan, J. 1901. 4. 13 – 1981. 9. 9）らである。クラインは，フロイトの死の欲動を，攻撃性やサディズムとして捉え直す。クラインは，病的にナルシシスティックなパーソナリティを死の欲動に支配されたパーソナリティとして捉えた。自己愛的(ナルシシスティック)という言葉の語源となったナルキッソスは，泉に映った自分の姿に恋をして，その恋が果たされぬために死に，水仙の花となった。このように自己愛には死のイメージがつきまとい，自分自身を愛するにもかかわらず自分自身を破壊するという面がある。クラインはこれをエンヴィー（羨望）によるものと解釈した（Klein, 1957）。死の欲動について取り上げたもう一人であるラカンは，死の欲動をフロイトの言うような「緊張の完全な除去，つまり生態を無機物に導く欲動」とは捉えなかった。ラカンは，欲動と本能の違いを明確に述べたうえで，この死の欲動を〈他の－もの（Autre-chose）〉の意志とも呼んだ。ラカンは死の欲動を「無からの創の意志」，「再出発の意志」でもあり，否定性には縮減することのできない肯定的な力すら持ち得るものであると考えている（Lacan, 1986/2002）。つまり，ラカンは死の欲動について，何かを終わらせることによって，新たなものを産み出す意志の力であると考えたと言えるだろう。

　一方で，フロイトの娘であるアンナ・フロイトの流れをくむ自我心理学は，死の本能の概念に対して否定的な態度が優勢である。ハルトマンらは「攻撃性の理論についての覚書」（Hartmann et al., 1949）の中で，死の本能について何らメリットを見出せないとしている。また，ジェイコブソン（Jakobson, 1971）は，「精神分析の文献を一目見るだけで，ほんとの精神分析家が死の本能論の利用を拒否していることは明らかである。たとえ彼らが，異なった二つの生得的欲動の存在を認めていたとしても，死の本能は否定している」と述べており，攻撃欲動は死の本能と呼ばれるような必ずしも破壊的なだけのものではなく，生産性を持っているということを主張している。

(2)　分析心理学の観点

　ユング（Jung, C. G. 1875. 7. 26 – 1961. 6. 6）は，自身の臨床経験や研究，

そして何より自分自身の心の深層と向き合う作業を通じて，心とは何かという普遍的な問いに取り組んだ精神科医・心理学者である。ユングは，フロイトと一緒に仕事をする前から独自の心理学的な研究を進めており，一時フロイトと合流するものの，その後決裂する。ユングは自分の心理学を分析心理学と呼び，フロイトの精神分析とは区別していた。

ユングは「死は心的に誕生と同じくらい重要で，誕生と同様に人生を統合する構成要素である」（Jung, 1938/1967）と述べている。彼は，100年ほども前となる心理学の萌芽期にあって，すでに人生の後半，死へと向かっていく人生を重視しており，その意味ではユングにとって死は中心的なテーマであったと言えよう。しかし，ユングが実際に「死と再生」という表現を直接的に著作で用いたものは実は少ない。それにもかかわらずこのテーマがユング心理学の中核的なものであると考えられている理由を理解するには，ユング心理学そのものを学ぶ必要があるが，ユングの心理学に関する資料は膨大であるため，ここではそのエッセンスを掴むための概観を示す。

①　対立物の結合と個性化

ユングは，心理的な困難に陥るのは，心理的に一面的に偏ってしまうからであると考えていた。例えば，ユングのもとを訪れたノーベル賞物理学者ウォルフガング・パウリについて，ユングは「極端に発達した知性を持ち，高度な教育を受けた人物です，もちろんそれが彼の困難のもとでもあります。あまりにも一面的に知性的で科学的で，偏っていたわけです。（略）私のところに相談に来た理由は，その極端な偏りのせいで完全に統合を失ってしまったからでした」（ユング, 2021, p. 6）と述べている。パウリは，傑出した知性を持った人物であったが，知性が突出するあまり，感情生活が疎かになり，適応を失っていた。パウリはその後ユング派の夢分析を受けて回復していく。パウリの夢には，知性と感情，男性性と女性性，精神と肉体といった対立物が登場する。夢分析の過程で，そうした対立物の結合，全体性の象徴であるマンダラの出現を経て，パウリは心のバランスを取り戻していった。パウリの夢を研究したユングは，夢に現れた全体性の象徴であるマンダラについて

図3 パウリが描いた世界時計のヴィジョン。ユングはこれをマンダラの象徴と捉えた。

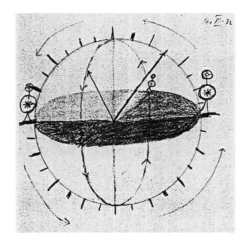

出典：Jung, C. G.. Dream Symbols of the Individuation Process: 17 (Lectures Delivered at ETH Zurich)．Princeton University Press. Kindle 版. p. 57

「心理学的には，それは人間の中の対立物の変容や合一，和解を意味しているでしょう。これが，私たちが心理学において個性化過程と呼んでいるものです。つまりそれは，私たちが私たち自身になる過程，私たちに備わったあらゆるものを，特に私たちの不可欠な構成要素となっているコンプレックスや矛盾を，一つにする過程なのです。私たちが私たち自身であること，これが個性化です」（ユング，2021, p. 13）と述べている。

　ユングは，対立物の対という発想を大切にしていた。これは一つの心理的事象の両極を同時に合わせ持つようなことである。つまり，白か黒か，ではなく白も黒も心の中にあることを認めるということである。よく，ユング心理学では対立物の結合という言葉が使用されるために，まるで対立物が融合して一つになるようなイメージを持たれるが，実際にはそうではない。白と黒を混ぜてグレーを受け入れるような妥協形成ではないのである。白と黒の両極はそのままに，それが結びつきながら共にある在り方が重要である。対立物の結合は時に結婚のイメージで語られることもあるが，実際の結婚においても，妻と夫は結婚という結びつきで一対の夫婦となった後も，それぞれ

は別個の存在であることに変わりはないのと同じことである。そして，本書のテーマである死と生もおよそ対立物と言って良いだろう。死と生を同時に成立させようとすれば，当然葛藤や矛盾が生じる。その際に，一方を排除したり否認したりするのではなく，両方とも私たちの人生を構成する要素として，それらを一つにする過程をユングは「個性化過程」としており，これを分析の目的地としている。

「個性化」という言葉は，自己実現というような意味合いで受け取られることが多いが，必ずしもより良い自分になるということを意味しない。それは上記にあるように「私たちが私たち自身であること」であり，ユングが自伝の最終章で述べていた「私はそれにすぎない（I'm only that.）」という経験に誠実に至ることであると考えられている。

② 錬金術のプロセスと「死と再生」

ユングは，錬金術師の言である「我が術の求めんと欲するは全き人間なり」という言葉に，心理療法の追求する個性化した人間像を重ねている。ユングはセラピストとクライエントが協働して行う心理療法という心の作業の過程に，錬金術の考え方を援用して理解を深めた。ユングは『転移の心理学』においてこのことについて著し，この過程は「死と再生」そのものと言える。錬金術書である『哲学者の薔薇園』の図版のうち最初の10枚を用いて，ユングはセラピストとクライエントの間で起こることを解説していった。

『哲学者の薔薇園』図版は，変容の場であるメルクリウスの泉で王と女王が出会うところから始まる。ユング心理学的に言えば，これはアニムス（ここでは王）とアニマ（ここでは女王）という心の中の対立物の出会いである。アニマもアニムスも元は魂という意味であるが，ここでのアニムスは男性性やロゴスの象徴であり，アニムスは女性性やエロスの象徴であると言える。その後いくつかのプロセスを経て王と女王（つまり対立物）は結合するが，その後屍となる。これを錬金術師はニグレド〔黒化〕と呼び，死や暗黒であるカオスの状態を表している（**図4**）。

その後王と女王は結合した状態のまま浄化され，再生と変容を経て，レビ

図4　『哲学者の薔薇園』第6図版[1]

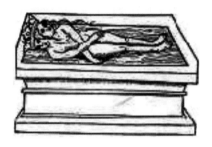

出典：ユング『転移の心理学』みすず書房，2016年

スという新たな生命として再生する。

　このプロセスは，心理療法家とクライエントの二人が出会い，共に心の作業を行うことで互いに変容していくというプロセスを表している。また同時に，一人の人の心の中で起こる変容のプロセスを表してもいる。ユングは，対立物の結合の後，死の過程を通じて，統合された「全き人間」として変容・再生すると考えていた。この点については第9章で改めて詳細に触れる。

　もちろん，ここで言う「死の過程」とは比喩的な表現であるが，実際の心理療法の過程では，そのような比喩がしっくりくるような非常にしんどい局面を迎えることもめずらしくはない。「全体性への正しい道は，不幸なことに迂回路や迷い道から成り立っており，その道を避けることはできない。それは〈最長の道〉であり，真っ直ぐではなく蛇行しており，ヘルメスの蛇杖のように対極にあるものを結びつける道である。このねじれ曲がった迷路を持つ道は恐怖を呼び起こさずにはいられない。（略）すなわち，我々が最も恐れているもの，つまり「全体性」をそれは要求するのである」（Jung, 1953）とユングは述べている。全体性への向かう道は非常に困難であり，恐ろしく，それは死の過程とも比されるような過程を経て変容・再生へと至るものである。そうした道を歩むのはクライエントだけではない。心理療法の

---

[1]　この6番目の図版は「懐胎」または「腐敗」とされ，死体が腐っていくという死を表すと同時に新しい命の芽生えである懐胎が表現されているという矛盾の図である。

過程に同行するセラピストもまた，「本当に心の底から患者の苦しみを「引き受け」，それを患者と共にする」（Jung, 1946）ことになる。心理療法における死と再生のプロセスは，セラピストとクライエントという一対のペアが共に歩む道であると言えるだろう。

③　ギーゲリッヒの語る死と生

　ユング派分析家のギーゲリッヒ（Giegerich, W.）は，その主著である『What is Sou?』（2012）の中で魂について生と死のモチーフを用いて説明している。生というものは，身体に宿る「もの」ではない，というのがギーゲリッヒの説明である。ギーゲリッヒの例に即すと，あなたが外科医だったとして，心臓移植の手術をしたとしよう。患者の体の中から，その生命の中心である生きた心臓を取り出して，手にすることはできても，あなたはその患者の生を所有することにはならない。あなたが手に持っているそれは，ただの身体であり，生ではないからだ。つまり，生とは本来的に「何もない」のである。私たちにとって自分が生きているということは当たり前だし，実感を持って感じられるわけだが，私たちの生というのは物質的なものではない。実際に，身体自体は生ではないということに気付くだろう。反転して論じれば，もし身体が死を迎えたとしても，身体は何も失わない。身体から生命がなくなるわけではないのである。なぜなら，身体の中に生があるわけではないからだ。身体が生きるという活動をやめる，ということが死であり，その時に身体から何かが奪われることはない。生というのは「無」でありながら，それでいて極めてリアルなものである。ギーゲリッヒはこうした生のあり方を「絶対否定 absolute negativity」と呼び，魂のあり方との類似を論じている。ここで言う，否定 negativity とは，実体 positivity に対応する言葉であり，いわゆる「ネガティブな考え方」と言う時とは，言葉の意味が違うことに留意してほしい（ネガティブ・ケイパビリティという言葉を聞いたことがある方も多いかもしれないが，その時のネガティブとここで言う否定が類似の遣い方である。非常に日本語に翻訳しづらい言葉である）。

　ギーゲリッヒは，「本当の意味での死の発明が，生の始まりであり，生の

始まりの必須条件である」としている。生と死は相互排反的な対立項である
とする点は，ユングの言う対立物の結合とは違った観点から生と死を捉えて
いると言えるかもしれない。人はいつか死ぬという事実が，生に生き生きと
した神秘的な躍動を与えているとギーゲリッヒは述べている。私たちは死ん
で無になる，と考えがちであるが，どうやらギーゲリッヒの主張によれば生
はそもそも「無」であるらしい。そういった視座に立った時，本来ただの有
機体である私たちが，生をこのようにリアルに力強く生きているということ
は，感動的な奇跡のように筆者には思える。

(3) 実存療法の観点

① フランクル

　実存分析（ロゴセラピー）はフランクル（Frankl, V. E.）が提唱した。フ
ランクルはその著書『夜と霧』の中で，自身が経験したホロコーストにおけ
る強制収容所での経験から，どのような苦境の中にあっても決して失われな
い人間の尊厳について描き出した。彼は『死と愛』（2019）の中で，生命の
意味と死の意味について丁寧に書き連ねている。もし，私たちすべてがいず
れ死ぬのであれば，私たちの人生は無意味なのだろうか，という問いは誰し
もが一度は立てたことがあるだろう。フランクルはこれに対して「死は生命
を有意味にする」（p.88）と言う。彼は，「一人の人間の生命責任は，それが
時間性と一回性という点に関しての責任であると了解されるときにのみ，真
に理解されうる」（p.75）として，その理解の助けとして生涯を映画に喩え
ている。私たちの一生が映画だとして，その映画は今撮影されつつあるのだ
が，決してカットされないもので，一度撮影されたものは逆転することがで
きないものであり，ここに「生命の転倒し得ざる性格，実存の歴史性」を見
出すことできるとフランクルは述べている。フランクルは，私たちの生命の
意味は，子孫を残すことではなく，個人の独自性にあると述べている。もし
自分が大勢の中の取り替え可能な一人とされてしまったら，私たちは独自性
を失ってしまうことになるが，実際，患者の中には「私は〇〇症ですから」
とその類型に自分を当てはめて，自分自身の心の自由を手放してしまう人も

第1章　生と死をめぐる諸理論

少なくないとされる。しかし，生物的な運命（病気など）や心理学的な運命（神経症など），あるいは社会的な運命（戦争に巻き込まれるなど）に対しても人間は決断可能性の余地を持っているというのがフランクルの主張である。フランクルが引用する，ある統合失調患者の言葉はその意味で示唆的である。「私がそう望むのであれば私は意志薄弱ですし，私が望まなければそうではありません」（p. 100，筆者によって邦訳を修正）。私たちがどのような状況にあったとしても，意志の自由は失われないのだという強いメッセージが伝わってくる。フランクルは，仮に死が訪れるとしても，それまでの間に「火」が輝けばそれは意味を持つと言う。フランクルにとって，輝くということは，苦悩するということでもある。有限の時間の中で苦悩することを通じて，各々が一回限りの人生に責任を持つことの大切さをフランクルは説いている。つまり，死に瀕したり，人間としての尊厳が踏みにじられる局面であっても，私たち人間は自分の人生の一回性を引き受け，苦悩という火を瞬かせるという心理的な作業が，私たちの人生に意味を持たせると言えるだろう。

②　ヤーロム

　同じく実存療法の担い手であるヤーロム（Yalom, I. D. 1931. 6. 13 - ）は，精神科医であり，グループセラピストであり，小説家である。彼は，グループセラピーにおける優れた理論書を著しただけでなく，心理臨床におけるエッセンスを用いたフィクションがベストセラーになっている。彼は，自身の実践を「実存的心理療法」と称している。ヤーロムは，自身の人生が晩年に近づいてきたと感じた2008年に『太陽を見つめること：死の恐怖を克服する　Staring the Sun : Overcoming the Terror of Death』（邦題：死の恐怖に向き合う—実存の哲学と心理臨床プラクティス）という本を著した。彼は「実存的アプローチは数ある心理療法の一つで，そのどれもが，人生の絶望に関わるものという点で存在価値がある」とし，心理面接では「死，孤独，人生の意味，自由という四つの究極のテーマ」が絡み合っており，中でも死のテーマは突出して苦悩を引き出すとしている。そして，多くの若いセラピストはこの死の問題を心理面接の場面で取り扱うことに困難を抱えているとも述べている。彼は本書にお

21

いてこうした死のテーマを面接で扱うための様々な要素を呈示しているが，とりわけ重視しているのは「いま・ここ」の作業を行うこと，そのための感受性を養うことである。「いま・ここ」とは，心理面接の場でセラピストとクライエントの間で起きていることを話題にすることである。例えば，ヤーロムはある女性との面接場面をその例として紹介している。その女性は面接に来て，体調が悪くキャンセルしようか迷っていたと述べた。しかしヤーロムが具合を尋ねると，肩をすくめて少しは良いと言ったのみであった。そしてその後に続けて，具合の悪い彼女の世話をしない夫に対しても文句を言ったことはないと話した。ヤーロムのここでの対応を引用してみよう。

　　　ここまでくると，選択肢がいろいろ出てくる。例えば，夫が彼女の世話をしない事情に話を向ける，彼女の病歴をたどる，などである。ここでは，その方向ではなく「いま・ここ」へとシフトすることにした。
　　　「では，と。どうしようかね？　僕はここではあなたのことを世話するのが仕事なんだけど，ここにきてもあまりあれこと不満を言わないよね」
　　　「今日は体調が悪く，ずっとキャンセルしようと思っていたって，言いましたよ」
　　　「で，僕が気分はどうかと尋ねると，肩をすくめてそれ以上は特に何も言わなかったね。もしその時に言いたいこと，してほしいことを口にしてたとしたら，それはどんなことになるかな?」
　　　「そんなことをしたら物乞いみたいでしょう」彼女はすぐさま答えた。
　　　　　　　　　　　　　　　　　　　　　　　　　　　（ヤーロム，2018, p. 240）

　このあと，ヤーロムが物乞いということについてさらに尋ね，彼女が原家族において不平不満を言わないように義父から言われて育ったことや，面接の中で隠してきた面が漏れ出ることを表す夢が報告され，治療は進展する。ヤーロムは，このような「いま・ここ」の作業に取り組むためにはロジャースの言う純粋性（心理面接においてセラピストが自分の感情・態度・気分などの流れについて常に鋭敏に感知しており，それをクライエントから隠し立

てせずに透明であること）が重要であることも述べている。特に死への恐怖
など，多くのセラピストが扱うことをしり込みするようなテーマこそ，「い
ま・ここ」のこととして取り上げる力量がセラピストには求められていると
言える。死のテーマについて，「たとえあらゆる恐怖が暗黒の極みをもたら
したとしても，その恐怖に直面し探求することは必要であり，また，可能だ」
「人は誰でも，人生の喜びと死を免れ得ないことへの恐れ両方を経験する」
とヤーロムは力強く述べている。

V. おわりに

　死は，古くから私たちの生活の中に密着した現象であり，常に生と背中合
わせである。多くの人にとっては生の先に死があると感じるだろうが，実際
にはそこに時間的な前後はないのではないか。つまり，死があるからこそ生
があり，生があるから死があり，両者は同時に存在しているのである。本書
の中で，死と「再生」というワードを用いることがあるが，実は死した後に「再
生する」というよりも，死というものの傍らに初めから生というものが分け
がたく存在しているというのが実際なのではないだろうか。この章では，死
を中心に据えることで，翻って生を照らす形になっていたらと良いと思う。
先人たちの「死」への心理学的な姿勢からは，死というものを我がこととし
て受け入れ，死に向き合い，誠実に取り組んでいく様子を学ぶことができる
だろう。

▶これからの皆さん（読者）に問いかけたいこと／自分も考え続けたいと思っていること

・「死」と「生」について自分はどんなふうに考えているだろうか。

・そんなふうに考えるきっかけや背景となる出来事はなんだろうか。

・多様な「死」と「生」についての考え方について，自分はどのような態度
　を持っているだろうか。

引用・参考文献

アリエス, P. (2006). 新装版 死と歴史 西欧中世から現代へ. 伊藤晃・成瀬駒男 (訳). みすず書房.

バーリー, N. (1998). 死のコスモロジー. 柴田裕之 (訳). 凱風社.

ボス, B. (2015). あいまいな喪失とトラウマからの回復：家族とコミュニティのレジリエンス. 中島聡美・石井千賀子 (訳). 誠信書房.

ブランク, G. & ブランク, R. (2017). 自我心理学の理論と臨床—構造, 表象, 対象関係. 馬場謙一 (監訳). 篠原道夫・岡元彩子 (訳). 金剛出版.

フランクル, V. E. (2019). 死と愛【新版】——ロゴセラピー入門. 霜山徳爾 (訳). みすず書房.

Freud, S. (1920/2006). 快原理の彼岸. フロイト全集17. 須藤訓任(訳). 岩波書店.

Freud, S. (1930/2007). 幻想の未来／文化への不満. フロイト文明論集1. 中村元 (訳). 光文社古典新訳文庫.

Giegerich, W. (2012). *What is Soul?*. New Orleans: Spring Journal Books.

ゴードン, R. (1989). 死と創造 (ユング心理学選書). 氏原寛 (訳). 創元社.

Hartmann, H., Kris, E. & Loewenstein, R. M. (1949). Notes on the Theory of Aggression, *The Psychoanalytic Study of the Child*, 3/4, 9-36.

Jakobson, E. (1971). *Depression: Comparative studies of normal, neurotic, and psychotic conditions*, New York: International Universities Press.

Jung, C. G. (1938/1967). "foreword to the second German edition, 'Commentary to 'The Secret of the Golden Flower,'" CW 13, Alchemical Studies. (C・G・ユング. (1977).《太乙金華宗旨》注解の序. エピステーメー, 1977年5月号. 森川俊夫 (訳). 朝日出版社. (部分訳)) /C・G・ユング. (2018). 黄金の華の秘密 新装版. 湯浅泰雄・定方昭夫 (訳). 人文書院)

Jung, C. G. (1946). *Psychology of the Transference*, CW 16. (C・G・ユング (2016). 転移の心理学 新装版. 林道義・磯上恵子 (訳). みすず書房.)

Jung, C. G. (1953). *Psychology and Alchemy*, CW12. (C・G・ユング (1976). 心理学と錬金術Ⅰ・Ⅱ. 池田紘一・鎌田道生 (訳). 人文書院.)

Jung, C. G. (1962). *Memories, Dreams, Reflections*. Recorded and edited by Aniela Jaffé. Translated by Richard and Clara Winston. New York: Pantheon Books. (C・G・ユング (1972/1973). ユング自伝——思い出・夢・思想 1・2. 河合

隼雄・藤繩昭・出井淑子（訳）．みすず書房．）

Jung, C. G. (2019). *Dream Symbols of the Individuation Process: Notes of C. G. Jung's Seminars on Wolfgang Pauli's Dreams* (Philemon Foundation). New York: Prinston University Pres.（C・G・ユング（2021）．C・G・ユングの夢セミナー パウリの夢．河合俊雄（監修）．スザンヌ・ギーザー（編集）．猪股剛・宮澤淳滋・鹿野友章・長堀加奈子（訳）．創元社．）

Klein, M. (1957). *Envy and Gratitude, A Study of Unconscious Sources*. London: Tavistock Publications, pp. 91-125. 6d.; New York, Basic Books.

厚生労働省．令和4年（2022）人口動態統計月報年計（概数）の概況． https://www.mhlw.go.jp/toukei/saikin/hw/jinkou/geppo/nengai22/index. html（2024年1月11日最終閲覧）

Lacan, J. (1986) *Le Séminaire livre VI: L'éthique de la psychanalyse* 1959-1960, Paris: Seuil,（ラカン（2002）．精神分析の倫理（上，下）．小出浩之・鈴木國文・保科正章・菅原誠一（訳）．岩波書店．）

西園昌久（2006）．「死の本能」と「自我の分裂」―S.フロイトと二つの世界大戦―．精神分析研究，50（4），27-29．

小川直之（編）（2018）．折口信夫　死と再生，そして常世・他界．アーツアンド クラフツ．

小川豊明（2008）．『快原則の彼岸』――死の欲動と反復．西園昌久（監修）．現代フロイト読本2．みすず書房，504-520．

折口信夫（2016）．若水の話．古代研究I 民俗学篇1．角川ソフィア文庫．

サドナウ，D．（1992）．病院でつくられる死―「死」と「死につつあること」の社会学．岩田啓靖・山田富秋・志村哲郎（訳）．せりか書房．

佐保田鶴治（1983）．解説ヨーガ・スートラ．平河出版社．

清水学（1999）．思想としての孤独―"視線"のパラドクス（講談社選書メチエ）．講談社．

高江洲義英（1985）．表現による治療―絵画療法を中心に―．こころの科学　4号．日本評論社．

ヤーロム，I. D.（2018）．死の不安に向き合う―実存の哲学と心理臨床プラクティス．羽下大信（訳）．岩崎学術出版社．

第2章
思春期・青年期の「死と再生」
―原因不明の自殺に関する一つの考察―

山下　竜一

Ⅰ．はじめに

　本章では，カール・グスタフ・ユングの「死と再生」というテーマをもとに，思春期の原因不明の自殺という現象に焦点をあてたい。他の章とは異なり，何か具体的な支援について論じるものではなく，心理職，教育関係者，医療関係者に限らず思春期・青年期と関わる機会のある方々，実際に今，青年期を迎えている方々が自殺ということを考える上での何かのヒントになってもらえればとまとめたものである。自殺，そしてその予防に関しては，これまで包括的にまとめられた良著，素晴らしい臨床研究が数多く蓄積されている。これらに，いたずらに屋上屋を架すのではなく，思春期の原因不明の自殺というテーマに焦点をあて，その心模様を小説などの物語の力，実際の自殺の事例に言葉を借りて紐解くことを試みたい。

　筆者は，これまでいくつかの小学校,中学校でスクールカウンセラー（以下，SCと略）として勤務してきた。学校で働いていると，教員の皆さんからご自身が体験された困った体験の話に限らず，楽しかった話，不思議な話，過去の心残りがある話などもお聴きする機会があり，こちらも非常に勉強になるのだが，その中でも筆者の印象に残っている話がある。それは，ある教員の方が以前の赴任先で出会った思春期の女子二人組の話である。その二人は普段からとても仲が良く，明るく，周りから見ると何も困っていないような生徒たちであった。しかし,ある日,二人一緒に飛び降り自殺をして亡くなってしまったのだ。その先生に限らず，学校全体が衝撃を受け，悲しみに包まれた。誰もが何か困っていたことがあったのに気が付いてあげられなかったのではないかと深く悔やんだという。しかし，先生に限らず家族，友人からどんなに話を聞いても，死にたくなるほどの理由がわからなかったというの

だ。この先生はそのような体験を話し，今も埋められない隙間を埋めるかのように「理由もなく死ぬということはあるのか？」と筆者に尋ねられた。

　亡くなった生徒たちには，誰にも言えなかったが，抱えていた苦しい体験があったのだと思われる。子ども・思春期の彼らの悩みは，大人から見るとわかりにくいことも多い。そして，思春期に視える「死」の世界，死生観も大人とは異なる。ただ，このような話は自殺の専門書などには解説されてはいても，多くの人が読む機会は少ないかもしれない。しかし，人知れずこの先生のように思春期の自殺に驚き，戸惑う方は実は多いのではないだろうか。

　　未成熟なるもののしるしとは，大義のために高貴なる死を求めることだ。
　　その一方で，成熟したもののしるしとは，大義のために卑しく生きることを求めることだ。

　この言葉は，サリンジャー（2006）の『キャッチャー・イン・ザ・ライ』に登場する精神分析家のヴィルヘルム・シュテーケルの言葉である。押井守監督のSF長編アニメ「攻殻機動隊」（原作は漫画で作者は士郎正宗）などにも引用されている言葉なのでご存知の方も多いのではないだろうか。未成熟とは，作品では主人公のコールフィールド少年を指す。コールフィールド少年の数少ない理解者であるアントリーニ先生は，彼が危機的な心境から追い詰められていることを看破し，この言葉を伝える。コールフィールドもこの言葉から，自殺を思い直し，立ち直っていく。そのような場面の言葉である。

　ところで，精神分析家のシュテーケルはどのような意図からこの言葉を残したのだろうか。シュテーケルはユングやアドラーと共に，フロイトの精神分析研究会に参加していた最初期のメンバーの一人である。ユングとアドラーと同様に，彼もフロイトの元から決別をする。その後，シュテーケル自身も自殺で亡くなる。その死因は，彼の自伝（Stekel, 1950）によれば，持病の糖尿病が悪化し，痛みのうちに自らの生命を絶ったという。さらに，驚くべきことに，サリンジャーにも引用されたこの有名な言葉に関しては，彼の著作のどこにもこの記述が見当たらないのだという（田澤，2009）。

いわば，読み人知らずのまま，いくつかの作品に引用されているのだ。しかし，この幻想のような言葉が，今日まで多くの人びとの心の中に留まっているのは，思春期と大人が「生と死」の価値の違いを巧みに表現しているからだろう。未成熟な時期，つまりはコールフィールドのような思春期のうちは，「死」が生きる意味を与える高貴なものに見えてしまう。彼は留まったが，そのまま死の世界にひきずりこまれてしまう危険性が高いのもこの時期である。その反対に，「卑しく生きる」とは平凡で陳腐な日常とも言い換えられる。このような，「卑しく生きる」価値が腑に落ちた時に，青年期・思春期は終わるのかもしれない。

　一方で，そのような平凡な日常でさえ遠い，貧困や差別，虐待，いじめなど過酷な環境で生き延びている子ども・若者たちがいることも忘れてはならない。苦しみの解決方法として自殺を選択する子どもも非常に多いことも事実である。自殺の裏側にある原因はわかりにくく，非常に複雑で多様であり，その実像はなかなか知られることはない。

　第Ⅱ節では，10代の自殺を概観する。第Ⅲ節では，歴史的観点，精神医学的観点などを用いて現在における自殺の認識とその原因について概観する。第Ⅳ節では，原因不明の自殺という事象により焦点をあて，平野啓一郎の小説『空白を満たしなさい』をモチーフに自殺した個人の内側から自殺を理解したい。第Ⅴ節では，思春期における「死と再生」をイニシエーションの観点から考察を行う。第Ⅵ節では，簡単にではあるが死にたいと言われた際の対応などについて紹介したい。

　本論に入る前に，思春期・青年期という用語について説明を加えたい。思春期・青年期とは，子どもと大人の中間の12歳から25歳までの広い年代の時期をさす。この時期に生物・心理・社会的な諸要素が大きく変化し，かつ，それら多次元の変化が複雑に絡み合うのである。そのため，「思春期・青年期」の定義も様々にあり，学術的にも用語が入り混じって用いられることが多い。これに対して，皆川（1980）は思春期（puberty）と青年期（adolescence）を区別して用いることが重要だと述べている。私自身は，「思春期」とは，第二次性徴が始まり，思春期スパートと呼ばれる性的成熟や身体の発達が始

まる時期を示し、「青年期」とは第二次性徴が終わり、成人として成熟していく期間だと定義し文中でもその意味で説明をしている。

Ⅱ. 自殺の実態

(1) 自殺統計からの10代の自殺の理解

　最初に、自殺の全体像を統計学的に把握したい。厚生労働省による『令和5年度版自殺対策白書』によれば（**図1**），我が国の自殺者数は、バブル崩壊後の影響が大きく1998年から3万人を超える状態が10年ほど続いたが、2010年以降は減少傾向が続き、2017年の自殺者数は20,169人であり、昭和53年の統計開始以来最少の人数に至っていた。

図1　『令和5年度版自殺対策白書』（厚生労働省，2023）の年齢別自殺者数の年次推移

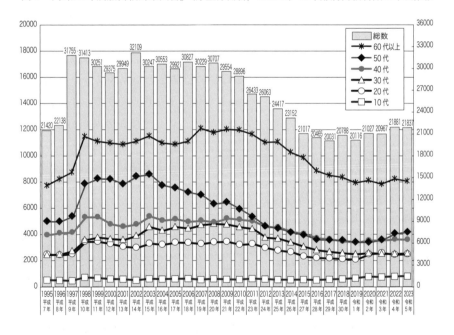

　年代別で見ると、一番下が10代の自殺者数であり、10代は他の年代と比較して最も少ない。ただ、50代、60代以上の自殺者が減少傾向なことに対

して，10代の自殺者は増加傾向であることがわかる。さらに，報道もされているように2020年以降はコロナ禍の影響から10代の自殺が増加しており，2018年が599人であったのに対して，2022年は796人，2023年は810人と1.3倍以上に増えている。

(2) 日本と海外の比較

　それでは，日本の自殺者数を海外の自殺者数と比較し，日本の自殺の特徴に焦点をあてたい。WHOの調査によれば，世界では1年間で80万人以上の人が自殺により死亡していることがホームページなどで示されている。このうち，自殺率の高い国を順に示すと，1位は韓国，2位はガイアナ，3位はリトアニアと続き，日本は8位であり，上位10か国に入っている。また，同じWHOの調査では，世界の自殺の75.5％が低中所得の国で生じており，世界的な視野から見れば自殺の最も主な原因は貧困である。それに対して，先進国7か国（日本・韓国・アメリカ・イギリス・ドイツ・フランス・スウェーデン）の若者(15 〜 24歳）の自殺率の推移の国際比較を行った舞田（2016）は，日本の若者の自殺率が2000年以降突出して高く1位であることを示している。このような国際的な比較からも，日本は世界の中で最も子ども・若者が自殺する国であると言える。実際に，国連が「国際児童年」と定めた1979年に，日本の子どもの自殺が多すぎることが指摘され，この年に総理府（当時）の青少年対策本部によって「子どもの自殺防止対策について（提言）」がまとめられている。しかしながら，このような状況は50年以上が経過した2020年においても変化はない。

　なお，本節で紹介した自殺統計は，厚生労働省から毎年発表され，対策に用いられている。今回は，網羅的に紹介することはできなかったが，興味のある方はHP等から様々な比較をご覧いただきたい。また，傳田健三（2018）による『なぜ子どもは自殺するのか』という本にも詳しいデータがいくつも紹介されている。

Ⅲ. 自殺の認識と原因

　人はなぜ自殺をするのだろうか。自殺は人類の歴史の中でどのように認識されてきたのだろうか。キリスト教では，私たちの生命は，私たちのものではないと理解されている。聖書には，モーセが神に与えられた戒律である「十戒」の中に「汝，他人を殺すなかれ」と述べられている。この内容を，後の哲学者であるアウグスティヌスは，自分を殺すこともすなわち殺人であり，自殺は戒律に違反する罪のある行為だと考えられ，後々まで西欧の思想に定着したものとなる。例えば，イギリスでは，1961年に「自殺法」が制定されるまで，正気で自殺をした人は，罪を犯したとされ，国王に財産を没収されていた。つまり，比較的，近現代まで自殺は罪であると理解されていたのである（五十子, 1999）。

レンブラント「十戒の石板を破壊するモーセ」

　しかしながら，歴史上の偉人たちも多く自殺をしている。ソクラテスやセネカは政治的な意図で自殺を行っている。また，成功した偉人も成功しなかった偉人もどちらも自殺をしている。ヘミングウェイはノーベル文学賞という栄光を獲得しながらもうつ病により自殺を行っているが，ゴッホは生前に，ほとんど自分の絵が評価されたことがないまま，ピストルで自殺を遂げている。近年でも，偉人の自殺は多い。日本でも有名なジャズピアニストのビル・エヴァンスは，兄と内縁の妻を自殺で喪失し，その悲しみから彼自身も麻薬中毒・アルコール中毒で肝硬変で亡くなる。直接の死因は肝硬変だが，この死にざまは「時間をかけた自殺」であると映画やドキュメンタリーなどで表現されている。このように，罪であるとされる西欧でも，自殺の数は少なく

はないということがわかる。

　一方で，西欧文化以外では，自殺は必ずしも罪ではなく自殺を美徳とする文化も存在する。ヒンドゥー教では夫が死んだ際に焼身自殺をするサティという風習も見られた。日本でも神風特攻隊のような軍事的目的による自殺もあれば，明治天皇の崩御の後に夫妻で自殺をした乃木希典，あるいは国難に対する謝罪という形で27歳で自殺をした畠山勇子[1]のような例もある。このように東西の文化によっても自殺の認識・意味は大きく異なり，さらにそれぞれの人生において自殺の意味も大きく異なっている。

(1) 子どもの自殺の原因

　それでは，現代の子どもの自殺についてはどうであろうか。図2は厚生労働省の結果から，令和4年度の全体の自殺者を示したものであり，図3は同じ統計において，20歳未満の自殺者の原因・動機別の比較を示したものである。

図2　令和4年度の自殺者数（原因・動機別）

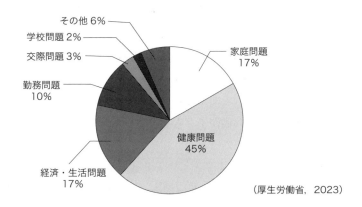

（厚生労働省，2023）

1　1891年に来日中のロシアのニコライ皇太子が，警護を任された津田三蔵に襲われて重傷を負う大津事件が起こり，日本中が騒然となった。このような騒動の中，畠山勇子は千葉から京都まで出向き，嘆願書を京都府庁に投じ，府庁前で死後見苦しからぬようにと両足を手拭で括って，剃刀で咽喉と胸部を深く切って死んだ。遺書は，日本政府とロシア政府宛のものの数通が作られ，ロシア政府宛のものには，ニコライ皇太子への蛮行を陳謝する内容が書かれていた。津田三蔵と畠山勇子の間に直接的な関係性はなく，日本が，この事件を口実にロシアに宣戦布告されれば国家の危機だと感じた彼女は自殺を決断したのである。

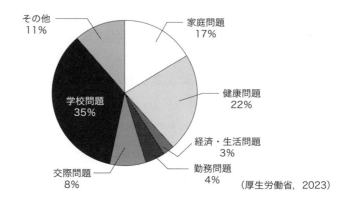

図3 令和4年度の20歳未満の自殺者数（原因・動機別）

（厚生労働省，2023）

　原因のわからない「不詳」を除くと，令和4年度全体の自殺の中で，「健康問題」の理由が最大であり45％を示す。そして，「経済問題」と「家庭問題」が続く。それに対して，20歳未満の大きな要因は「学校問題」（35％）である。そして「健康問題」（22％），「家庭問題」（7％）となる。この「学校問題」の内訳を見ると，男女ともに「その他，進路に関する悩み」「学業不振」が30％近くの割合を示し，「学友との不和」が女性の場合では10％以上を示すが，「いじめ」「教師との人間関係」なども10件以内の少数ではあるが確認される。このように多くの理由が判明している20歳未満の自殺の原因が進路に関するもの，学業に関するものであることは意外でもあり哀しい結果である。受験競争の激しさ，進学の評価が子どもを予想以上に追い詰めていないか，今一度問い直す必要があるだろう。

　また，「健康問題」は大人にも子どもにも共通して大きな原因となっている。WHO（2001）が実施した多国間共同調査において15,629人の自殺者を対象とした調査の結果によれば，98％が精神障害の診断に該当する状態であること，さらに適切な治療を受けていた人が2割程度にとどまっていたことを明らかにしている（WHO，2001；高橋，2011）。このような結果からは，未治療の精神障害の方たちが多く自殺しているということであり，治療へとつなげることが大きな課題であることが理解されるだろう。

　それでは，どのような子どもが自殺のリスクがあるのか。自殺の危険因子

と知られているものは，児童虐待の経験，親の精神疾患，喪失体験，学業の困難などが挙げられる。海外でもキング（2016）は，青少年の自殺既遂者の約40%は過去に自殺未遂歴があること，自殺した青少年の51%が自殺前に飲酒をしており，アルコールや薬物乱用と自殺の関連性が高いことなどを明らかにしている。また，精神科病棟で入院治療を受け，その退院の直後に自殺企図が多いことなども指摘しており，入院という体験が危険因子となることも指摘している。「自殺企図の手段の得やすさ」も自殺のリスクファクターとして挙げられていることも印象的である。米国では自殺した10代後半の45%の男子が銃を用いて自殺をしていた。そのような銃の82%は親か家族が保管・所有していたものであり，自殺を可能にする銃や武器の管理の徹底が自殺率の低下に影響するだろうとしている。このような，銃との関連性は直接的には日本と無関係であるが，示唆するところも大きいだろう。シェリルは，危険因子の反対に，自殺の保護因子も挙げており，その保護因子とは「他者との絆」であった。家族からのサポートがあると述べる若者は自殺行動に及ぶ危険が低く，学校や友人関係が，地域におけるサポート，絆の形成が自殺の予防に多いに役立つことが示されている。

　また，Joinerら（2009）は，自殺の対人関係理論を提唱している。ある人が自殺行動に及ぶかどうかは「自殺潜在能力」「負担感の知覚」「所属感の減弱」という3つの要因の総和によって決まるというものである。例えば，孤独で社会的に疎外感を感じている，孤立している状況は「所属感の減弱」の状態である。「誰も自分を必要としていない」と感じるような気持ちが高まると自殺のリスクは高まる。いじめやハラスメントによって居場所を喪失するような体験もこれにあてはまる。「負担感の知覚」とは，自分の存在が「家族」「友人」の足手まといになっている，子どもであればひきこもっていることで「家族の負担になっている」というような罪悪感，自分に対する羞恥の感情などが，自分に対する激しい攻撃性になるということである。最後に，「自殺潜在能力」とは身体的疼痛に対する抵抗感や慣れである。自傷行為などを繰り返していたり，酷い暴力に晒されたり，あるいは危害を加えるような体験，アルコールや薬物での酩酊も含めて，自分や他人を身体的に傷つけ

ることに抵抗感が薄れていくことも大きな要因である。Joinerの理論は，要因を明確に打ち出していること，さらに自殺企図をしそうな人への支援へのサポートにもなる。所属感が低減していると感じるなど，負担感の知覚という否定的な認知へのアプローチが大きな効果があるという。

⑵　10代の自殺の実像

　実際には，どういった理由から思春期・青年期の子どもは自殺をするのか。その具体例をいくつか紹介したい。まず，いじめを苦にした自殺は盛んに報道される。さらに，学校に関連したものでは「学校での生徒指導がきっかけ」の生徒の自殺「指導死」（大貫，2013）もある。指導死とは，学校の教師は，教育的な指導として生徒指導を行ったつもりだが，生徒本人がそのような指導に対して非常に傷つき自殺を選択する現象である。その詳細は，「指導死」親の会の代表世話人である大貫隆志氏による『指導死―追いつめられ，死を選んだ七人の子どもたち。』にまとめられている。興味のある方はご一読いただきたい。筆者も読んで，気を付けたいと感じたところであるが，学校・大学の教員，子ども／大人に限らず，これは起こりうることであり，一方があたりまえのこととして何も疑問を持たずに，思い込みや古い慣習から発信したコミュニケーションが，他方には自らの命を絶つほどの傷つく体験となりうる。このような対話における，まさに致命的なズレは教師－生徒関係に限らず，あらゆる関係性の中で起こりうるものであるだろう。

　若者の「死にたい」というメッセージもICTを通じて目に触れやすくなっている。このようなICTの進化・発展とともに考えなくてはならない問題も現代では増えてきている。例えば，自殺を手伝ってくれる人を求めるような交流もある。2017年の座間市男女9人殺害事件は，このような交流が招いた悲惨な事件であり，SNSに「自殺したい」とつぶやいた女性を次から次へと誘い殺害したという報道に日本中が震撼した。「自殺したい」とつぶやく心性の裏には，どうしようもない孤独をうめたい気持ちがあったであろう。どのようなものとも，簡単につながってしまうICTの恐ろしさが露呈した事件であるが，この事件をきっかけに，SNS上でのいのちの電話サービスな

ども発展している。

　自分が自殺する動画を配信する事件も何度も繰り返されている。2013年には14歳の女子中学生が大型掲示板で自殺の予告をし，動画配信サービスを用いて，実際に自らが自殺をしていく映像をライブ配信している。それを視聴している参加者も，自殺が本当に行われるのか，本気にしないで囃し立てるようなコメントや，自殺を止めるようなコメントが乱立していたようである（渋井，2022）。このような自殺配信は，2020年にも17歳の女子高校生が電車に飛び込む自殺配信を行っている。ニュース[2]によればこの女子生徒は自ら，自殺していく様子をスマートフォンで撮影し，自身のTwitterアカウント上で公開していた。動画には女子生徒が線路に飛び降りる瞬間が収められており，多数のリツイートによってインターネット上で拡散され，再生回数は数時間後には約50万以上にも上ったという。この例にとどまらず，2023年の4月にも松戸市で女子高生が2人でマンションから飛び降りるニュースがあった[3]。このような自殺配信の報道を見る度に，筆者は（多くの人がおそらくそうだろうが）非常に哀しい気持ちに包まれる。インターネット上で自殺予告をし，最後にコミュニケーションを求めているように思えてならない。

Ⅳ．原因不明の自殺──自殺の理由はわからないことも多い

　「なぜ自殺をしたのか」という疑問に明確な答えを出せないことも多い。自殺の当事者に自殺後に聞き取りすることは不可能であり，必ずしも遺書や周囲への相談があるとは限らない。内閣府（2015）の調査によると，自殺の原因として家族・学校にもこれといって思い当たるものがないという「判断資料なし」の自殺はとても多いのである。その数は，13歳以下では40％以上，15・16歳以降40歳までででも25％であり，思春期に限らず自殺の原因・動機

2　「瀬谷駅，女子高生が飛び込み自殺をネット配信…園子温の衝撃映画作品との類似性指摘も」（ビジネスジャーナル　https://biz-journal.jp/2020/02/post_142815.html）

3　「《女子高生2人が"飛び降り配信"》YouTuberピャスカルに悩んでいた新潟のXさんと松戸のYさんを繋げた"自殺願望"「自分の顔が嫌だ」「苦しんだ証を残しているんだ」」（文春オンライン　https://bunshun.jp/articles/-/62194#）

がわからないのである。それでも，特に13歳以下の自殺に関しては，それまでに自殺未遂などの予兆がなく，急な自殺既遂の例が多いという。

⑴　『美しき少年の理由なき自殺』と『空白を満たしなさい』から

　自殺の理由がわかりにくい一例として，藤井誠二と宮台真司の共著による『美しき少年の理由なき自殺』というノンフィクションで実際に自殺したＳ君を紹介したい。Ｓ君は実在の人物であり，彼も自ら命を絶つ。しかし，Ｓ君には自殺願望に至るような明確な理由や動機はない。彼は既視感のあるような，予定調和のコミュニケーションを嫌っていた。クラスメイトの会話，決まりきった定型文で判を押したような生活に退屈感を感じ，生きる意味とは何なのかと問い続けていた。彼はこのような日々を「終わりなき日常」であると感じ，このフレームから抜け出すことを求めて，女性との援助交際などに希望を求め，ついに「理想の少女」を見つけ出すのだが，彼はその一週間後に自殺をしてしまうのである。

　このような自殺をどのように理解することができるだろうか。おそらくＳ君の死は，周囲の人からは「なぜ自殺をする必要があるのか」と思われるだろう。しかし，彼にとってはこの理由がまさに自殺をした理由そのものだったのだ。ユング派の分析家のジェームス・ヒルマン（1964/1982）は自殺の研究は自殺を個人の理由ではなく，遠く外側から視ること，広く統計的に検討する方法に頼りすぎていることを批判している。ヒルマンは，自殺した当事者の心，一人の人間の人生の根源的な衝動や自殺へと至る心模様に触れることがなければ，自殺の原因やその現象の本質は理解できないと言う。いわば，自殺した個人の内側から理解することが必要だとヒルマンは述べる。自殺とは，他の行動と等しく「人間の可能性」の一つであり，当事者の人生の物語という文脈の中で，一人ひとり意味が異なるのである。

　この点についてさらに検討するために，小説・物語の力を借りたい。通常では，自殺者を自殺した当事者の視点から理解することは不可能であるが，小説では可能となる。平野啓一郎の『空白を満たしなさい』という作品はそのような視点を提供してくれる作品である。この小説は，2022年にNHKに

てドラマとしても映像化されたのでご存知の方も多くいるのではないだろうか。

　この小説では，ファンタジックな設定ではあるが，ある日，何人もの死者たちが突然に蘇り始める。蘇る人はまったくのランダムであり，交通事故で死亡した少女，海難事故で亡くなった男性など，様々である。彼らの蘇生に社会はおおいに混乱，戸惑いながらも，「復生者」と命名し受け入れてゆく。主人公である徹生もそのような復生者の一人である。彼は仕事も順調であり，愛する妻と結婚し，幼い息子にも恵まれ，傍目にはとても幸せな30代の男性であった。しかし，彼は自殺をした。そして3年後に復生者として蘇るのである。しかし，蘇った彼にはなぜ自分が自殺するほどに苦しかったのかを思い出すことができなかった。そして，自分は佐伯という男に殺害されたのだと周囲に主張する。一方で，蘇った徹生が再会した妻は，かつての記憶の妻とは別人のように疲れ果てていた。妻は夫である徹生が自殺するほどに苦しんでいたことを理解できていなかったことで自らを責め続けていた。幼かった息子も父である徹生を思い出せなかった。かつての理解者であった上司も彼の自殺の責任を取らされるなど，苦労を重ねていた。このように，蘇った徹生が帰った世界はかつての日常ではなく，自分の死が破壊してしまった世界だったのである。

　徹生は，様々な登場人物に助けられながら，自らの記憶や生きた道と向き合い，自分が他人に殺されたのではなく，自ら自殺をしたのだと受け入れていく。しかし，彼のように，もしも復活することが許されるのであれば，多くの自殺した人も，「なぜ自分が自殺をしたのか理解できない」「本当に自分は自殺したのか」と戸惑うのかもしれない。物語では，監視カメラによって徹生は自らが自殺をする場面を目撃する。彼は自我喪失のような状態の中，衝動的にビルから飛び降りていた。ほんの一瞬，「死んでしまおうかな」という考えがよぎることは，多くの人にも起こりうることではないだろうか。しかし，その一瞬の考えが実際に自殺という結末に結びついてしまうこともある。セネカやソクラテスのように何か特別な意図，自分の人生を賭けてでも達成したい目的のための自殺もあれば，自分でさえ理由もわからないまま

死の淵に足を踏み入れてしまうような自殺もあるのかもしれない。この小説はその可能性を示している。

　徹生を支える人物としてラデックという魅力的な人物が登場する。彼は火事に巻き込まれた老女を助けようとして亡くなったのだが，その後蘇生した。彼は蘇った世界で自分が英雄扱いをされていることに戸惑う。自分はそこまでの英雄ではないのだが，その死に方だけで過大な評価を受けていると感じるのである。彼は「死は傲慢に，人生を染めます」と徹生に語る。徹生の「自殺」も自分の「英雄的な自己犠牲」も人間が生きている間に行う数えきれない行動の一つでしかない。しかし，その「死」のあり様が深くその人の価値として刻みつけられてしまうと話す。自殺した人にも生前の多くの姿があるはずであるが，どうしても自殺という死に方が彼の生きた道のりのすべてを後から色付け，評価を履き違えてしまうのだ。実際に，どんなに素晴らしい偉人，芸術家，あるいは芸能人であっても，最期が自殺というだけで，その作品・偉業の評価が自殺と関連付けられ，自殺の印象から語られることから逃れられなくなる。

　徹生の自殺の原因は曖昧なままで，彼はなぜ自分が自殺をしたのかがわからず苦しむ。そこに自殺対策のNPOの池端という人物が登場する。池端は，自殺の原因を理解しようと苦しむ徹生に対して，ゴッホの自殺と無数の自画像のモチーフを用いて説明を試みる。生涯の中でゴッホはたくさんの自画像を描いたことで有名である。2つの図の右のものはゴッホの自画像の中でも有名なもので「麦わら帽子をかぶった自画像」と呼ばれる。左の「包帯をしてパイプをくわえた自画像」も有名であるが，これはゴッホが同居していた盟友のゴーギャンとの論争の後に，自分の耳を切り取った後に描いた自画像である。このような，ゴッホのたくさんの自画像を見せて，池端は，「どの自画像のゴッホが，どの自画像のゴッホを殺したと思うか」と尋ねる。そこで，徹生はこの質問に対して，「麦わら帽子をかぶった自画像」を含めたすべての自画像が，「包帯をしてパイプをくわえた自画像」を殺したのではないかと回答するのである。これはとても印象的な場面である。多くの人は，自傷をするような自己破壊的な「包帯をしてパイプをくわえた自画像」がすべて

第2章　思春期・青年期の「死と再生」―原因不明の自殺に関する一つの考察―

「包帯をしてパイプをくわえた自画像」　　　　「麦わら帽子をかぶった自画像」

の健康的なゴッホを破壊したのではないかと想像する。しかし，ここで徹生は，その逆に，心の中のあらゆる健康的なゴッホが，自己破壊的なゴッホを殺そうとしたのではないかと説明する。この対話は，徹生自身にも内省のヒントを与え，彼自身の中にも存在する，生きる意味を否定する自分，自己破壊的な自分を消したくて，殺したくて彼は自殺をしたのだと理解する。自殺学の祖であるシュナイドマン（1993/2005）による自殺に関する10の共通点の第1点目は「自殺に共通する目的は，問題を解決することである」。この問題解決としての自殺というのはなかなかわかりにくいものであるが，その解釈の一つとして，徹生とゴッホの話は我々に重要なヒントを与えてくれるものであり，生きたいという目的のために自殺が選択されてしまう矛盾が巧みに描かれていると筆者は考える。幸せを願う自分と，自己破壊する自分の2つが共存できなくなった時，そのバランスが危機的に崩壊した時，幸せを願うために自殺は起きるのかもしれない。

(2)　自殺における「死と再生」とは

　本書のタイトルは『死と再生の臨床心理学』であり，ユングの概念である「死と再生」がその軸となっている。徹生は，まさに復生者として文字通り

に再生を果たす。しかし，この物理的な再生は自らが巻き起こした自殺による破壊性を鮮明に，徹生につきつけた。彼が体験したように，死の後に再生が起こるわけではない。死は自らそして周囲を強烈に破壊してしまう。そして，物語にも描かれているように，一度破壊されたものが再生するためには膨大な時間と心，労力を必要とするのである。死のすぐ先にも，死の向こう側にも再生はない。

ヒルマン（1964/1982）は，「自殺の衝動は変容の衝動である」と述べる。今の自分から変わりたい，これまでの自分を否定して，新しい自分を創りたいという変容への衝動が自殺への衝動の中に内包しているのである。思春期の臨床において，死にたいに近い「消えたい」，「誰の迷惑にもならない形で，消えたい」という言葉はよく聞くが，その言葉の奥底にも，今の自分から変わりたいという願いが隠されている。今の自分ではなく，別の自分になりたいのである。

心理療法・カウンセリングでは，このような深層心理学的な自殺への理解・アプローチが大きなヒントとなる。武野（1998）は心理療法の中で用いられる「行動化（acting out）」と「実演化（enactment）」の差異を説明している。行動化（acting out）とは，精神分析などの力動的な心理療法の概念で，自分の中で内的に生じた心的過程を心理療法の中で言語を用いて表現する代わりに，心理療法場面内での行動あるいは，実際の言動として自己表現を行う現象である。徹生を例に具体的に説明すれば，変化したい，破壊的な自分を殺したいという気持ちをそのままに自殺として実行するのは行動化である。その一方で，実演化（enactment）は，そのようなイメージと向き合い，それらを十全に体験しようとする営みであると武野は言う。それは，心理療法においては，徹生の変化したい，自己破壊的な自分と共存できないというかなしみや絶望感を理解し受け止め，彼が生きたいからこそ，自殺したい，自分を変化させたいという心の動きを汲み取り，治療者が寄り添い，彼と共に実現させていくことだと言える。これが実演化である。大事なことは，自殺に追い詰められている当事者が感じている「絶望」は相当に根が深いものであることである。ヒルマンはこのような「絶望」から治療者が目を

背けず（安易に希望を与えようとせず）共にその「絶望に入ってゆくこと」，患者が感じている絶望をけっして否定しないことが大事であると言う。これは口で言うほどには簡単ではなく，相当な覚悟が必要である。

Ⅴ．思春期の子どもたちの死と再生

ここまでは，思春期に限らず，自殺一般を中心に取り上げてきた。ここで，視点の中心を思春期に転じ，思春期に現れる「死と再生」についてイニシエーションなどを紹介しながら，再度，思春期の自殺についてまとめたい。

(1) 思春期の死生観

思春期の死生観とはどのようなものであるだろうか。長崎県教育委員会（2005）は，平成16年に，小・中学生の約1,000人を対象に「児童生徒の『生と死』のイメージ」を調査している。その結果，「死んだ人が生き返ると思いますか」という質問に対して小学校4年生の14.7%，中学校2年生はより多い18.5%が「生き返る」と回答した。回答の理由として，テレビや映画で生き返るところを見たことがある，生き返る話を人から聞いたことがある，ゲームでリセットできる，という回答が紹介されている。長崎県教育委員会は，出産や葬儀など人の誕生や死に直接触れる機会が少なくなったことなども原因であり，道徳教育の中で命の大切さの教育を進める必要性があることを示した。

この結果は，大きく報道されて，近年の子どもの死生観が浅薄だと理解されている。一方で，Nagy（1948）は10歳前後までは，一度自殺してしまえば生き返ることができないという点を理解できていないとしている。冒頭にも紹介した，シュテーケルの引用も含めて，多層的な理由から「死」の意味が思春期と大人とでは異なる。

(2) 思春期は死に近い

思春期は死に近い。これは古今東西で共通する心性のようである。有名な映画である『Stand By Me』（アメリカ，1986年）では12歳の少年4人が森

に彼らの同年代の知人の死体を探す旅に出る。筆者が中学生の頃にも，周囲で首を絞める失神ゲームが流行したり，何の脈絡もなく友人がマンションの屋上などにあるフェンスを越えてみて度胸試しをしたりするなど，今思えば，一歩間違えば死ぬような危険な行動が平然と行われていた記憶がある。

　日本の歴史の中でも，鎌倉時代の高僧である明恵（みょうえ）（1173-1232年）は，13歳の時に「既に年老いたり」と述べ，ただ一人で墓場に行き，犬や狼に食われようと横たわり，自殺を図った（河合，1987）。しかし，犬や狼に食われることはなかった（当時の墓場はおそらく死体がそのままに放置され，狼に食われる可能性は高かったのだろう）ために，自分は生かされたと理解し，再び生きようとしたという。河合隼雄は，このエピソードを紹介しながら，13歳で「既に年老いたり」と感じ，自殺企図を行った明恵のように，思春期の原因不明の自殺の中にも稀に高い感受性から自殺をしてしまう子どももいるのではないかと述べる。思春期は，「性」の衝動が身体内に動き始める時期でもある。河合は子どもとしての自分が完成を迎えるが，一方で，その完成は「性」抜きの状態のまるで透明な一瞬の完成であるとし，性の衝動がその完成を破壊するのだと説明する。それほどまでに，思春期の変化は目まぐるしいものであり，明恵のように子どもとしての自分が死を迎え，大人としての自分が再誕生していく時期でもある。この混乱を体現する形で破壊性が示されることもあるだろう。

(3)　イニシエーションにおける「死と再生」

　思春期の死の体験は，古代・未開社会では「通過儀礼」「イニシエーション」として社会というシステムの中で維持されていた。そのようなイニシエーションは，子どもとしての自分が死に，まったく異なる大人として生まれ変わるものであり，時には実際に死ぬ危険性もあるほど命がけでもあり，現代における成人式とはまったく異なる。エリアーデ（1958/1971）の著作『生と再生』にはイニシエーションについて，詳細で強烈なエピソードが数多く紹介されており，思春期における「死と再生」を考察する上で示唆に富むものであるので，簡単に紹介したい。

第2章　思春期・青年期の「死と再生」―原因不明の自殺に関する一つの考察―

　未開社会においてイニシエーションは，子どもが成人する際に部族の全少年に義務付けられている儀式だという。このイニシエーションという言葉は，シャーマンになるためのイニシエーション，秘密の教義に入会するためのイニシエーションなどでも活用されるが，それらに共通するのは「加入させる人間の宗教的・社会的地位を決定的に変更すること」にある。あるいは，「別人」に生まれ変わるとも説明される。そしてイニシエーションのプロセスでは，抜歯や割礼のように身体的な苦痛を伴う試練があることが多いのであるが，そのような苦痛とは，幼年時代の終焉，子どもとしての自分が死ぬことを意味し，さらに「大人」としての自分が新たに誕生するのだとエリアーデは述べている。このような意味あいのあるため，思春期における「死と再生」を理解する上で非常に重要なのである。

　まず，未開部族ではどのように，イニシエーションは進められるのであろうか。おおまかに①生活している場所から隔離された「聖所」が用意される，②子どもである修練者が母から分離する，③聖所にて部族の宗教的伝承秘の「教育」を行う，④「試練」が与えられる，という段階を経るとエリアーデは述べる。これまで子ども時代に生きた世界は俗界であり，イニシエーションにおいては聖界という異界へと誘われる。この2つの世界の間には断絶があり，俗界から聖界に進むことは，死の体験も含意している。

　このように，聖所に赴く段階から，子どもとしての自分が死に，大人へと生まれ変わるプロセスが始まってゆく。死の象徴として，最も過酷なのは，先述した④の「試練」である。オーストラリアのウォンギボン族では歯が折られる。それに先立ち，③の教育の段階で至上神と出会い，子どもたちには秘密にされていた神の名前を教わる。その後，新成人とも言える参加者たちは歯を折られる。そして，「殺し，きれぎれに切りきざみ，焼き，そして「新しい存在者」として生き返らせるが歯を一本だけ欠いておいたと告げた」と説明される。

　また，このような試練の結果，時には本当に子どもが死んでしまうことも記述されている。

東南アフリカでは，指導員は修練者を容赦なく打擲するが，けっして
痛がってはならない。この種の過度な乱暴な結果，ときには子供が死ぬ
こともある。その場合にも，母親は叢林への隔離期間がすぎたあとでな
いと知らされないし，息子は精霊に殺されたのだと告げられる。もしく
は他の修練者と一緒に怪物にのみこまれたが，その腹から遁げ出すのに
失敗したのだと報告される。　　　　　　　（エリアーデ，1971，p.75）

　もしも，現代の日本で成人式の途中で亡くなった方がいれば，深刻なニュー
スとして連日報道され，当該する自治体は激しくバッシングされるであろう。
しかし，古代ではこのように文字通り命がけで大人が成人として生まれ変わ
るような儀礼が，権威ある大人によって行われる。エリアーデが，「古代的
思惟にとっては，人はつくられるものであって，自己形成するものではない。
人をつくるのは先輩であり，精神的師匠である」と端的に示すように，現代
人のようにアイデンティティを青年期に自己形成するというあり方とは大き
く異なる。古代の儀礼の中で「神の名」が秘密として教えられたように，個
人は神話に紐づいた存在なのである。
　このようなイニシエーションを現在で行うことはできない。しかし，現代
においても思春期の「死と再生」は大人になるための一つのステップでもあ
るだろう。岩宮（2007）は，思春期に死を近く感じるのは，「思春期は，自
分の「生」とは何なのかを「死」の側からの視点で見る時期でもある。それ
は日常的な理（ことわり）とは，まったく異なった超越的な世界（異界）が
自分の「生」や日常的な生活とどう関係しているのかを模索していくプロセ
スだともいえる」と説明している。その中で，「幸福な生のなかに死を感じ
つづけることができる強さを持つことこそが，思春期の体験としっかりとつ
ながったうえで，大人になること」だと言う。自らの中の子ども時代が終わっ
たこと，子ども時代の死を象徴的な意味，心の動きとして引き受け，その死
の痛みを忘れることなく，生きることが大事なのである。死は生の対局にあ
るのではなく，生まれた時から自分の一部にあるものなのかもしれない。
　以上のように，イニシエーションの観点は，思春期に「死」を近く感じる

ことの普遍的なルーツを示す。それは，シュテーケルの未熟なるものの「高貴な死」への憧れともつながる。また，明恵が自殺を試みた姿は，筆者がSCとして聞いた女子二人の飛び降り自殺とも重なるようにも感じられる。彼らのように，原因不明とされる思春期の自殺に，こういった子どもの時代の終わりを高い感受性で痛切に感じ取る子どもたちもいるのではなかろうかとも想像する。明恵は運良く墓場に狼が現れなかったが，狼が現れてしまう子どももいるのだろう。

(4) 現代において大人になることとは

普遍的な思春期における「死と再生」の問題をここまでは論じたが，当然ながら，古代と現代では異なる面も非常に多い。10代の子どもが自殺する理由のすべてを上記で説明することは難しい。現代には，現代特有の生きにくさがある。河合隼雄の『大人になることの難しさ』は，イニシエーションの視点から現代社会で大人になることの難しさに焦点をあてている。

イニシエーションが成立した時代には，文化・宗教的な基盤がはっきりとあり，出来上がった大人の世界が確固として存在していた。それは，**図4**のように子どもは大人の世界へ参入する必要があり，そのための儀式がイニシエーションである。古代社会は完全な伝承社会であり，子どもは大人の社会に参入し大人となり，その大人を次の世代へと伝承していくのである。

図4 古代社会の構造

（河合，1983）

それに対して近代以降の社会の特徴は**図5**のように社会が「進歩」することにある。このような社会では，子どもaがAという社会に参入しても，社会が進歩して，社会がAからBへと変われば，すでに大人となったaも変化しなければならず，変化が遅れれば社会Bから取り残されてしまう。そして，新たに生まれた子どもcは，かつてのaが参入したAという社会とはまったく異なるCという社会へ参入するのである。このように，伝承された社会を次の世代にも継承させる古代社会とは異なり，

図5 近代社会の構造

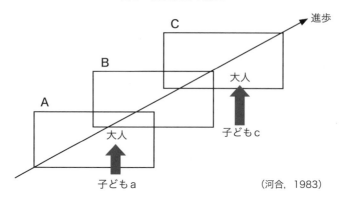

(河合，1983)

　進歩・変化の連続である近代社会に生まれた我々は，大人になっても何度もイニシエーションをしていく必要がある。近代社会では子どもと大人の境界も曖昧であり，大人であり続けることが難しいというのが，河合隼雄の説明である。

　この書籍が書かれたのは，1983年であり，コンピュータの進化などを河合隼雄は例に挙げているが，2023年現在においてICTやAIの進化，ハラスメントの考え方，働き方の変化など社会の考え方は着実に進歩しており，多くの読者の方々も，まさに求められている大人の在り方が変化してきたことを実感されるであろう。単純ではあるが，Aを昭和，Bを平成，Cを令和と読み替えても，大人になるプロセス，求められている大人の姿が時代とともに異なる。例えば，昭和であれば，1980年代頃の大学生は，車を持つことや酒が飲めること，喫煙することが大人の証のようなものであったという。筆者が成人したのは2000年代であり，1980年代の頃は子どもであったが，電車の中に灰皿があったことや，スキーやテニスを楽しむ大学生の姿をよく覚えている。そして，令和になりコロナ禍を経て，テレワークが普及し，働き方や評価される大人の姿も大きく変化したようにも思われる。子育ての常識，家族の在り方も多様化している。昭和であれば，多世代が平屋で同居する「サザエさん」，平成であれば地方から上京した夫婦がローンで一軒家を購入し家族を築くような「クレヨンしんちゃん」のような家族像が一般的な

モデルであった。令和の家族はどうだろうか。秘密や個々の事情を持ちながらも，段々と本物の家族になるようなテーマは「スパイファミリー」や「逃げるは恥だが役に立つ」にも共通し，その反対に，村田沙耶香の小説は家族でいることのつらさなども描く。令和の家族は「本物の家族らしさ」「本物の重さ」がテーマなのだろうかと時々考えるが，令和の家族とはどのようなイメージを読者の方々は考えるだろうか。

　いずれにせよ，近代以降の社会では，大人は大人としての価値観を柔軟に調和させ，アップデートさせ続けていく必要があるのである。過去の平成や昭和のドラマや映画を視聴すると「今だとこれは放送できないな…」と気が付かれることは多くないだろうか。知らず知らずのうちに，我々は大人としてアップデートされていたことに気が付く。大人も大人でい続けることが難しいのが現代社会なのである。

⑸　日本の子どもは幸せなのか

　また，日本の子どもの自殺率が高い理由として，子どもをとりまく環境が原因となっていることは否定できない。ユニセフが2020年に公表した先進国の子どもの幸福度に関する報告書「レポートカード16―子どもたちに影響する世界：先進国の子どもの幸福度を形作るものは何か」によると，日本は死亡率や肥満率による「身体的健康」は38か国中1位であるにもかかわらず，「精神的幸福度」においては38か国中37位であった。日本の子どもは自分が幸せであると感じていないのである。ほかにも学力の指標である，数学・読解力で基礎的習熟度に達している子どもの割合は，日本はトップ5に入るのだが，社会的スキルを見ると，「すぐに友達ができる」と答えた子どもの割合は，先進国の中で2番目に低い。このように，教育・医療という基盤となる環境がしっかり備わり，学力も高く病気のリスクも低いにもかかわらず，日本の子どもは友人関係に不安があるなどの理由から，他の先進国38か国と比較して幸福度が低いのである。

　日本の子どもの幸福度については，ほかの研究からも言及されている。高橋（2014）は，日本の子どもが他国に比べて，「大人になること」へ消極的，

否定的であり，その理由として，「今が一番よい」「大人は大変そうだから」「働きたくない」「やりたい仕事がない」という理由が目立つことを指摘している。実際に，高橋はマレーシアなどの東南アジアから日本に来た留学生たちが，家族のために稼ぐという動機で働くのに対して，日本は家族と共に生きるという連帯感が弱く，日本の若者が孤立していること，浮遊感があると言う。

　また，子どもの自己肯定感の低さも関心の強いテーマである。伊藤（2023）は，男女10歳から15歳までの3,600人を対象に，自己肯定感と孤独感について調査している。その結果，小学生では自己肯定感が高いが，中学校以降に低下すること，一方で孤独感は年齢とともに高まっていくことが示されていた。この調査によれば，日本の子どもの全体的な自己肯定感は高いという結果も示されていた。しかし，家族関係が希薄な上に友人関係なども築けず，インターネット，SNSなどに居場所を求める子どもの自己肯定感が低く，孤独感がとても高い。相談する相手も調べられており，年齢が上がるとともに，相談する相手は家族から友人や先輩・後輩などへと移行するようである。そして，このような，家族から離れ，自我が芽生えていく，移行の段階である思春期・青年期をどのように過ごすかが重要だと言う。伊藤は，「ネットを通したつながり」を否定するのではなく，そのようなつながりにしか頼れない子ども・若者がいることも現状であることを認める必要があると言う。その上で，ネットを通した関係をいかにリアルな社会での関係にも広げていけるかが大事であると述べている。

　最後に，重要な問題が貧困の問題である。日本国内の経済的格差は大きく，日本の子どもの7人に1人は「相対的貧困」状態にあり，学習，進学などの機会も乏しく，将来も貧困から抜け出せない傾向があること，ひとり親の家庭の貧困率は48.1%であることなどが厚生労働省の調査から明らかになっている。また，2020年に児童養護施設に入所した子どもの9.2%は親の就労，経済的理由，貧困のために入所せざるを得なかったという結果も示されている。虐待の次に多い入所理由は貧困のため，養育ができなかったというのが日本の現状なのである。当然ながら，貧困状態，食料や衣服などのインフラ

における，はく奪経験がある子どもほど，生活満足度が低い（小林，2022）。

このような現代の日本における「10代の自殺率の高さの原因とは何だろうか」。それは普遍的・根源的な思春期の「死」の近さとは別の社会的なテーマであるかもしれない。言い換えれば，「どうしたら，子どもが幸せだと感じる国になるのであろうか」。多くの思春期・青年期の子どもが友人関係を築くことに不安を感じていること，孤立感を感じる子どもが多いことは，自殺率の高さと無関係ではないだろう。貧困それ自体も自殺の重要なリスク要因でもある。大人になることへの希望の持てなさも痛切である。筆者がSCとして出会う不登校の子どもの中に，2010年代頃から彼らが転生モノと呼ばれるアニメの話をすることが目立った。多くの主人公は，この世で死亡し，別世界に生まれ変わり，何の努力もすることもなく，特殊なスキルを身につけ，無敵の状態で無理難題を解決し，世界を救い，周囲の尊敬を集めるというようなストーリーのアニメである。この世ではなく別世界で出会う人々に突然得られた魔法のような力で夢みたいに活躍したい，この世に魂は据えたくないと言われているようで悲しくもあり，努力する気力すらないのかと落胆もしたのだが，それほどに子どもたちの置かれている状況は希望もなく，窮屈なのだろうかと感じさせられる。

⑹　群発自殺・メディアの影響

群発自殺という現象にも触れておきたい。この現象は著名人，あるいは自分と似た特性を持っている人の自殺が伝染し，拡大していく現象である。日本では，1986年に，当時18歳であったアイドル歌手の岡田有希子が飛び降り自殺を行い，命を絶った後の群発自殺が有名である（高橋，2022）。当時，岡田有希子は人気のある歌手でありマスメディアは彼女の自殺を大々的に報道し，遺体そのものや現場に集まって嘆き悲しんでいるファンの姿が繰り返し伝えられ，結果として過度に，自殺が誇張，美化された形で報道された。その結果，歌手の自殺後の2週間で約30名もの後追い自殺が出現し，同じ年にいじめを苦に自殺した中学生の報道も重なり，1986年の未成年者の自殺者数はその前後の年と比べて4割も増えた。ほかにも，キースら（Hawton,

2006) によれば，ドイツで放送された連続テレビドラマにおいて，19歳の主人公が走ってくる鉄道車両に飛び込んで自殺する内容が放送された後に，鉄道自殺が増加したという例もある。

　群発自殺は，メディアによる自殺の描写・報道のそれぞれが自殺のモデリングとなり，メディアによる曝露の程度，メディアの曝露を受けた者の感受性（例：気分や自尊心），保護的因子（例：気分変化に対処する方法をうまく実践できるかなど）が影響する。WHOからも「自殺予防，メディア関係者のための手引き」が提示されている。

Ⅵ. 自殺への支援

(1) 自殺したいと言われたら

　最後に，周囲の人から「自殺したい」「死にたい」と言われた際には，どのように対応したらよいのかについてまとめたい。はじめに，**表1**は，高橋（2022）の『自殺の危険』にまとめられた，「自殺したい」と打ち明けられた場合の大まかな方針の紹介である。ここで全文を紹介することは，かなわないが，いくつかその中身を紹介したい。

表1　「自殺したい」と打ち明けられたら

・誰でもよいから打ち明けたのではない
・患者は生と死の間を揺れ動いている
・時間をかけて訴えに傾聴する
・沈黙を共有してよい
・話を逸らさない
・安易な激励をしない
・批判しない
・世間一般の価値観を押し付けない
・悩みを理解しようとする態度を伝える
・十分に話を聴いたうえで，他の選択肢を示す

（高橋（2022）自殺の危険（第4版）より）

項目の一つ目にある「誰でもよいから打ち明けたのではない」は非常に重要である。「死ぬ死ぬという人間は死なない」というのはまったくの誤解であり，この人なら自分の絶望的な気持ちを真剣に受け止めてくれるはずだという気持ちから打ち明けている。しかし，先にも述べたが，絶望的な訴えを正面から受け止めることは容易なことではない。誰かに「死にたい」という気持ちを率直に言われることは，想像する以上に，不安なことであり，焦るものである。その不安を抱えながらも，正面から寄り添うことは，**表1**にある「話を逸らさない」「安易な激励をしない」という項目にも通じる。さらに，重要なことは「時間をかけて訴えに傾聴する」ことであり，シンプルかつ説得力をもって「悩みを理解しようとする態度を伝える」ことだろう。これも先に述べたことであるが，「死にたい」という気持ちの裏には，「生きたい」「今の自分から生まれ変わりたい」という気持ちがあると考えるべきである。その両価的な気持ちを理解することが必要である。

カウンセリングの中でも，「死にたい」と訴えるクライアントはたくさんいる。そして，筆者のクライアントの場合には，（本当に幸福なことであるが，）身近な家族の方や，友人の方々が説教をせずに，じっくりと気持ちを聞いてくれ理解してくれたので思いとどまったと報告をしてくれる。当事者たちも，自らが一時的に視野狭窄に陥っていたことや，改めて自分が孤独ではないことを実感し，その時に気持ちを聞いてくれた方に深く感謝をされている。そのような話を聞くことは非常に多い。また，中学校や高校など思春期の時期には，友人の自傷行為や自殺したいという話を打ち明けられることも多いかもしれない。その時に，どうしても大人の援助を得たくない，秘密にしてほしいと言われるかもしれない。そのような場合には，その気持ちを尊重しながらも，適切な援助を求める必要性を強調してほしいというのが次の話である。

⑵　援助希求能力の乏しさ

松本（2014）は，子どもの自殺リスクを高める要因として最も重要なものを一つ挙げるのであれば，それは「援助希求能力の乏しさ」であると述べて

いる。これは「悩みや苦痛を抱え込んだ時に一人で抱え込み，誰にも助けを求めない」という特徴である。このような気持ちを抱く背景には，これまでに周囲に信頼できる大人がいなかったために「誰かに助けを求める」ことができない場合もあれば，過去の傷つきなどから，誰かを信頼することができない場合もあるだろう。あるいは，伝え方が幼かったり，場面にそぐわなかったり，浮いてしまうような言葉であることも含まれる。

　そのような，他人に「助けてほしい」と言いにくい子どもたちが，渾身の力をこめて行った行動をある程度汲み取り，肯定的にフィードバックすることはやはり重要である。あるいは，友人の立場であれば，死にたいと言っている気持ちの裏側には「生きたい」という両価的な想いがあることを理解した上で，「どうせだめだから」と思わせず，彼らが誰かに相談できるような援助希求を手伝ってあげることは一つできることであるだろう。

(3)　地域にある支援機関

　自殺をしたい原因には多様な要因がありうる。しかし，その背景には，うつ病や，統合失調症，成人の場合にはアルコール依存症などの精神障害があることはかなり多い。また，青少年の場合には，自傷行動との関連や，自分では解決できない大きな問題を抱えていることも多いだろう。このような精神障害が自殺の背景に存在する場合には，薬物療法や心理療法を中心として長期的な支援は非常に助けになるものであり，精神科の医療機関や，学生相談, SC, 教育相談などの相談機関へつなげることが大事になる。松本（2014）は，自殺をしそうな人と支援機関が確実につながることが大切であると強調する。長期的な支援にならざるを得ないこともあるが，まずは周囲の人びととの絆，ソーシャルサポートの回復が大事である。誰かが支えてくれるという実感が大切なのである。

　精神的に追いつめられている人は，注意力や判断力が低下していることも多く，上の空で聞いていることも多い。また，診察予約がとれた場合にも受診日までかなりの日数がかかってしまうこともある。そのような場合には，松本（2014）は保健所や精神保健センターが連携し，定期的に保健師が訪問する

ことなどが大切であると指摘しているが，確実に丁寧に支援とつながること
に骨が折れることも多い。ご本人が診察にて，あまり自分のことを上手く話
せず，医療機関に「自殺が切迫していることが伝わらず」治療機関につなが
らなくなってしまうこともある。そのため，「チームをつくること」，さらには
丁寧に連携をすること，情報提供をしながら確実に支援につなげることが必
要である。最後に，本人の「自己決定」の尊重も非常に大切である。本人が
不在なままに，ただ連携している雰囲気の中で誰も責任をとらないままに支
援が進むことは危険であり，自殺のリスクを高めることになりかねない。

(4) 自殺予防の取り組み

　海外では，学校での自殺予防教育の取り組みも豊富である。有名なもので
は，ACTである。ACTとは，Acknowledge― Listen to your friend, don't
ignore threats（気付く：よく聴いて，危険性を過小評価しないで），Care
― Let Your friend know you care（関わる：友だちに心配していること
を伝えて），Tell ― Tell a trusted adult that you are worried about your
friend（つなぐ：友だちについて心配していることを信頼できる大人に話し
て）の頭文字をとったものである。「死にたい気持ち」のある当事者は，大
人には相談できないが友人には相談できるということも多い。そのような友
人が，どう関わるとよいかを伝えたのが上のACTであり，このような内容
を学校の中で自殺予防のためのプログラムとして十分に時間を用意して伝え
るものが自殺予防教育である。その効果として，自殺の予防，早期発見，彼
らが自分自身の悩みに向き合うことがとして報告されている。近年では日本
においても，阪中（2015）が，日本の学校における教職員・子ども向けの自
殺予防教育のプログラムについてまとめている。このような，学校などで可
能な予防のための教育も重要である。

(5) ポスト・ベンション／学校の緊急支援

　不幸にも自殺が起きてしまった場合，身近な家族，親しい友人に限らず，
クラスメイト，学校に通っていたのであれば教員など広く周囲の人びとが，

自殺の兆候に気が付けなかったこと，気付いても止められなかったことなどに自責の念を抱く。これは，病死や事故死の場合よりもいっそう複雑で長期間にわたって深刻な影響を残すことも多い。このような，遺族や強い絆のあった人へのケアをポスト・ベンションと呼ぶ。

　このような自死遺族の方々へのケアにおいて必要なものとはどのようなものだろう。高橋（2022）は，自死遺族の会の講演に招かれた老夫婦が講演で話していた「遺された人に必要な3つのT」を紹介している。それは，①Time（時）②Talk（話），③Tear（涙）の3つである。じっくりと時間をかけて，言葉でも感情でもその気持ちを表現する場をしっかりと持つこと，専門家ではなくとも，そのような気持ちを受容してくれる誠実な人と出会うことが重要であるとこの3つのTは説明されている。

　また，ここでは学校の緊急支援についても説明したい。学校の緊急支援とは，自殺に限らず，災害・事件・事故など突発的な危機的な出来事によって学校のコミュニティ全体が混乱し，本来の機能を発揮できないような状態の際に，学校や教育委員会の要請を受け，外部の専門家がチームとして出向き，支援のお手伝いをすることである。事件・事故の影響が個人レベルで止まっている場合には，当該校配置のSCの通常の範囲内で児童・生徒のカウンセリング，教職員へのコンサルテーションで対処可能な場合もある。しかし，先述したような広範囲の学校レベルの反応が生じている場合には，一刻を争う事態であることも多い。さらには，二次被害が広まることや広範囲への影響が起こりうるため，主に初期段階の早急な応急処置・判断を，ある程度の見通しを持って対応ができる外部の専門家による緊急支援チームによる支援が必要となる。緊急支援の具体的なプロセスは，福岡県臨床心理士会の窪田由紀編著による『学校コミュニティへの緊急支援の手引き』に詳しく説明されている。その概要を紹介すると，①事件の共有，②ストレス反応と対処についての情報提供，③個々人の体験の表現の機会の保障といった3つの内容を，a 教職員，b 児童生徒，c 保護者という3つの対象に対して，事件・事故発生もしくは発覚後数日間で行うのである。本書には，このような活動が具体的な事例も提示され，非常に丁寧に書かれている。

第2章　思春期・青年期の「死と再生」―原因不明の自殺に関する一つの考察―

　自殺の原因についてはわからないことも多いが，自殺をしそうな方への支援，その家族への支援などは明確な指針があり，すぐにでも実行可能な具体的なアドバイスが多く掲載されている。この節も，高橋祥友による『自殺の危険』と松本俊彦の『自傷・自殺する子どもたち』を参考にしているが，最新の知見と現場の臨床経験に基づいたわかりやすい書籍である。ここでは，紙面の関係で簡単に紹介するにとどまってしまったが，是非手にとってお読みいただきたい。

Ⅶ．おわりに

　岩宮（2000）は，「死と再生」という言葉が重要なイメージを内包している大切な概念であることを認めながらも，一般的にもよく知られる言葉になることによって，かえって，この概念の本質的なニュアンスがイメージしにくくなっていることを危惧している。第Ⅴ節のイニシエーションにおいてもその重要性については触れたが，さらに重ねて説明をすれば「死と再生」における「死」とは，自分というこの世の中に存在している「存在が本当に破壊されて，向こうの世界にゆだねられることである」と岩宮は説明する。そして再生において必要なこととは，「この世に帰還してくることが大事なことなのだが，その時にも向こうの世界の視点を持ったままで帰還してくることが大切なのだ」と述べる。すでに死んでしまった子ども時代，過去の内的な自分ともつながりを保ち続け，新しく誕生する必要があると言える。

　最後に，自殺企図をされた方が体験された「死」は非常に重く苦しいものであり，そして誰もがすぐに「再生」へと直結するものではないことも強調したい。支援者にとって大切なこととは，ヒルマンが述べたように当事者の方が抱える「死」の絶望から目を逸らさず，一方で「死」によって開かれる可能性に希望を見出しながら，伴走していく覚悟なのだろう。

57

▶これからの皆さん（読者）に問いかけたいこと／自分も考え続けたいと思っていること

・日本の10代の自殺率の高さの原因とは何だろうか。どうしたら，子どもが幸せだと感じる国になるのであろうか。

・古今東西，どのような社会においても共通するような普遍的な「大人らしさ」とは何だろうか。

引用・参考文献

傳田健三（2018）．なぜ子どもは自殺するのか―その実態とエビデンスに基づく予防戦略．新興医学出版社．

Eliade, M.（1958）．*Birth and Rebirth*. New York, Harper & Brothers Publishers.（エリアーデ, M. 堀一郎（訳）（1971）．生と再生―イニシエーションの宗教的意義．東京大学出版会．）

藤井誠二・宮台真司（1999）．美しき少年の理由なき自殺．メディアファクトリー．

福岡県臨床心理士会（編）窪田由紀（編著）（2020）．学校コミュニティへの緊急支援の手引き（第3版）．金剛出版．

Hawton, K., Rodham, K. and Evans, E.（2006）．*By Their Own Young Hand: Deliberate Self-harm and Suicidal Ideas in Adolescents*. Jessica Kingsley Publishers.（松本俊彦・河西千秋（監訳）（2008）．自傷と自殺　思春期における予防と介入の手引き．金剛出版．）

Hillman, J.（1964）．*Suicide and The Soul*. Hodder and Stoughton, London.（樋口和彦・武田憲道（訳）（1982）．自殺と魂．創元社．）

平野啓一郎（2015）．空白を満たしなさい（上・下）．講談社文庫．

五十子敬子（1999）．英国における死をめぐる自己決定について．比較法制研究，22, 169-192.

伊藤美奈子（2023）．思春期世代の自己肯定感・孤独感と他者のつながり―内閣府「子供・若者総合調査」の実施に向けた調査研究（令和3年度）より―．奈良女子大学心理臨床研究　10, 5-12.

岩宮恵子（2000）．思春期のイニシエーション．河合隼雄（編）．講座　心理療法1　心理療法とイニシエーション．岩波書店．

岩宮恵子（2007）．思春期をめぐる冒険―心理療法と村上春樹の世界―．新潮社．

Joiner, T. E., Van orden, K. A., Witte, T. K. et al.（2009）．*The interpersonal Theory of Suicide: Guidance for working with Suicidal Clients*. American Psychological Association. Washington DC.（北村俊則（監訳）（2011）．自殺の対人関係論 予防・治療の実践マニュアル．日本評論社．）

河合隼雄（1983/2014）．大人になることの難しさ．岩波現代文庫．

河合隼雄（1987）．明恵 夢を生きる．京都松柏社．

King, C., Foster, C. & Rogalski, K.（2013）．*Teen Suicide Risk*. The Guilford Press.（高橋祥友（監訳）（2016）．十代の自殺の危険 臨床家のためのスクリーニング，評価，予防のガイド．金剛出版．）

小林盾（2022）．子どもの貧困とウェルビーイング―初の全国調査による実態解明―．成蹊大学文学部紀要，57, 33-39.

厚生労働省（2023）．自殺対策白書〈https://www.mhlw.go.jp/stf/seisakunitsuite/bunya/hukushi_kaigo/seikatsuhogo/jisatsu/jisatsuhakusyo2022.html〉（2024年6月21日閲覧）

舞田敏彦（2016）．絶望の国 日本は世界一「若者自殺者」を量産している．https://president.jp/articles/-/17058（2024年10月15日閲覧）

松本俊彦（2014）．子どものこころの発達を知るシリーズ① 自傷・自殺する子どもたち．合同出版．

皆川邦直（1980）．青春期・青年期の精神分析的発達論――ピーター・ブロスの研究をめぐって．小此木啓吾（編）．青年の精神病理2. pp. 44-66. 弘文堂．

長崎県教育委員会（2005）．心を育てる道徳教材集 児童生徒の「生と死」のイメージに関する意識調査を活かした指導（平成17年3月）．https://www.pref.nagasaki.jp/shared/uploads/2013/07/1374546818.pdf（2023年2月24日閲覧）

Nagy, M.（1948）．The Chilld's theories concerning death. *Journal of Genet Psychology*, 73, 3-27.

内閣府（2015）．平成27年版 自殺対策白書．https://dl.ndl.go.jp/view/download/digidepo_10226202_po_1-2-4.pdf?contentNo=18&alternativeNo=（2023年12月22日閲覧）

大貫隆志（2013）．指導死 追いつめられ，死を選んだ七人の子どもたち。高文研．

阪中順子（2015）．学校現場から発信する子どもの自殺予防ガイドブック いのち

の危機と向き合って. 金剛出版.

Salinger, J. D.（1951）. *The Catcher in the Rye.* Boston: Little Brown.（サリンジャー, J・D（2006）. 村上春樹（訳）. キャッチャー・イン・ザ・ライ. 白水社.）

Shneidman, E. S.（1993）. *Suicide as psychache: A clinical approach to seif-distructive behavior.* Aronson, Northvale.（高橋祥友（訳）（2005）. シュナイドマンの自殺学. 金剛出版.）

渋井哲也（2022）. ルポ自殺　生きづらさの先にあるのか. 河出新書.

Stekel, W.（1950）. *The Autobiography of Wilhelm Stekel: The Life Story of a Pioneer Psychoanalyst.* Liveright, New York.

高橋祥友（2011）. 精神疾患は自殺の原因となり得るのか?. 日本産業精神保健学会（編）. ここが知りたい職場のメンタルヘルスケア. 南光堂.

高橋祥友（2022）. 自殺の危険（第4版）臨床的評価と危機介入. 金剛出版.

高橋勝（2014）. 子どもが生きられる空間─生・経験・意味生成. 東信堂.

武野俊弥（1998）. 行動化と治療関係. 小川捷之・横山博（責任編集）. 心理臨床の治療関係. 金子書房.

田澤安弘（2009）. 抑圧, 無意識, 自己欺瞞─シュテーケルのポリフォニー論. 北星学園大学心理臨床センター紀要（4）65-73. http://www7b.biglobe. ne.jp/~nopporo-counseling/book-stekel.html.（2023年3月5日閲覧）

Unicef（2020）. Worlds of Influence: Understanding what shapes child well-being in rich countries. https://www.unicef.or.jp/report/20200902.html.（2023年10月27日閲覧）

World Health Organization（2001）. *World Health Report 2001: Mental Health*; New Understanding, New Hope. Geneva.

子ども・青年が好むものから理解する

稲垣　智則

　ユング心理学に詳しい方ならば，面接の過程を「ユング心理学的に」考える習慣が身についていると思う。ユング心理学ではなく，精神分析やクライエント中心療法，愛着理論など，どのようなものでも同じだろう。これらは「学説」ではあるが，治療者が「慣れ親しんでいるもの」であることも確かだ。私たちが世界を把握しようとする時，まるで「空気のように吸っているもの」を土台として理解する傾向がある。言語がその代表的なものだ。例えばLakoff & Johnson（1980）は以下のような例を示している。

　　We're still trying to grind out the solution to this equation.
　　〈この方程式を解こうと，いまだにひき臼でこなをひくようにして（＝こつこつと）努力している。〉
　　My mind just isn't operating today.
　　〈私の頭は今日は全然作動して（＝働いて）いない。〉
　　Boy, the wheels are turning now!
　　〈おやおや，（頭の）回転がいいねえ（＝冴えてるねえ）。〉

　これらの表現が「mind（知性）は機械のようだ」というメタファーを元に発生している，ということだが，同時に，機械に日常的に接しているからこそ生まれる「出来事の把握方略」であるとも言える。他にも「議論は戦争のようだ」という例も掲載されている。例えば戦争のメタファーを基礎とせずに議論を把握する文化の場合，そもそも議論に「勝ち負け」「戦術」を想定しない，ということもあるだろう。
　そして，「機械」や「戦争」の例と同じように，空気のように吸っているサブ・カルチャーを土台として世界を把握している可能性もある。例えば村上春樹の小説を好む人にとっては，出来事に「行って帰る」構造を見ようとするかもしれない。テレビゲームに慣れ親しんでいれば，人間の特性を知力・体力・運などのパラメータ数値によって把握するかもしれない。
　クライエントの生育歴や学校での状況などを把握することは重要である。

しかし，例えば2年間も面接を継続したクライエントが，どのようなアニメ，ゲーム，音楽を好んでいるのか，それらのどこに「グッと来ている」のかを治療者が知らないということもあるのではないか。

「異文化」の理解と同じだ。特にクライエントが子ども・青年の場合，サブ・カルチャー的なものを好むことも多い。治療者が知らないものであっても，今はインターネットがある。15分調べるだけで，相当な知識を得られる。その15分は，クライエントの理解のために，極めて重要な情報を与えてくれるだろう。

引用文献

Lakoff, G. & Johnson, M.（1980）. *Metaphors We Live By.* Chicago & London: The University of Chicago Press.（渡部昇一・楠瀬淳三・下谷和幸（訳）（1986）. レトリックと人生. 大修館書店.）

●読書ガイド

稲垣智則（2023）.「ニセの自分」で生きています──心理学から考える虚栄心. 明石書店.

第5章「フィルター越しに見る世界」に，コラム内容をさらに広げた議論を記した。さらに理解を深めたい場合にはこちらを参照のこと。

Lippmann, W.（1922）. *Public Opinion.* New York: Macmillan.（掛川トミ子（訳）（1987）. 世論 上・下. 岩波文庫.）

主に社会心理学で用いられるステレオタイプという用語が初めて用いられた書。リップマンは，各自が世界を捉える方略はすべてステレオタイプによっている，という観点から論じている。

発達障害の死と再生
―困難を認識しながらしなやかさを得ていくこと―

柳楽　明子

　発達障害と言っても多様であるが，ここではDSM-5（American Psychiatric Association, 2013）における神経発達症の中の自閉スペクトラム症（Autism Spectrum Disorder：以下ASD）の子どもたちについて，彼らの思春期を本書のテーマである「死と再生」の観点から述べてみたい。

　ASDの子どもたちにとって思春期は非常に過酷な時期と言える。思春期はアイデンティティ獲得といった大きな心理的課題があり誰にとっても苦労する時期であるが，ASDの子どもたちは認知力の成長に伴いそれまで見えていなかった「他者の中での自分の異質さ」や「他者と比べた時の能力上の困難」に気付くことから，不安や孤独を体験する時期と言える。彼らは戸惑い苦悩しながらも，身近な人に相談をするという発想を持てる子どもは稀であるため，誰にも相談せずに一人で抱え込みやすく，苦悩のすえに自分の存在を否定して精神的不調や自傷行為に至る，あるいは適応のための仮面をすっぽりとかぶり感情や考えを押し殺して「自分」を見失ってしまうことがある。また，強いストレスのあまり深刻な身体症状を呈することもしばしばである。

　筆者はそういった不調を示した子どもたちに出会い，心理士として支援を行ってきた。支援において心掛けていることは，彼らが否定してしまった「自分」をまずは取り戻せるように，そして「自分らしさ」を少しずつ知っていき肯定していけるよう支えることである。「自分らしさを肯定する」といっても，柔軟な考えや対処を苦手とするASDの子どもたちにとってそれはどんなに大変なことだろうと思う。「良い―悪い」と単純に割り切れない複層的な捉え方を獲得していくことも必要になるからである。こちらがリードするような支援は奏功しにくく，子ども自身が中心になって自分を知り，気付きを得ていくプロセスが大切と感じている。

　筆者ができることは，子どもが日々の中で感じたことを自分らしく語れる場になること，そして本人の努力を肯定し，信頼して見守ることなのだろうと考えている。「他の多くの人に比べて自分は異質さがあり困難がある」というつらい気付きは避けられないが，一緒にそのことに向き合っていくと，子

ども自身がそこから新しい気付きを得て成長していく様子を多く目の当たりにした。「普通ではない姿だからこそできたことがある」というのは，あるASDの中学生の言葉である。彼女はその気付きとともに，一度ドロップアウトした集団に復帰を遂げていった。彼女の言葉は「周囲と同じでありたかった自分を手放すこと」や「諦め」を意味するのかもしれない。しかし同時に，古語の「明（あき）らむ」という言葉が示すように，弱い部分を認識しながらも固有の自分として生きていくことを見出した，すなわち明るいしなやかさを得たことが感じられた言葉だった。

第3章
老年期と生と死，そして再生

磯野　沙月

Ⅰ. はじめに

　本書を手にしているみなさんは，公認心理師や臨床心理士を目指している
大学生，大学院生が多いのではないか，と想像している。超高齢化社会を迎
えた現代の日本において，私たちが心理支援や心理臨床の場で高齢者に出会
う機会は，今後ますます増えていくだろう。

　現在の日本は，昔と比較して心理療法へのハードルが低くなっていると考
えられる。しかし，高齢者に関しては，みずからカウンセリングオフィス
の扉を叩いて来談する人はとても少なく，私たちが彼らのいる場所におもむ
くことのほうが圧倒的に多いだろう。臨床場面で高齢者と接する例として挙
げられる場は，外来診療での予診や心理検査，入院病棟でのリエゾンをはじ
めとした見回り，デイケアやデイサービスといった福祉施設でのレクリエー
ションなどである。

　本章では，私たちが関わる対象のことを「高齢者」と呼ぶ。私たちは，い
ろいろな場面，様々な設定で，老年期の人びとと出会うことになるため，よ
り中立的な表現にしたかったからである。一方で，私たちのことは「心理職」
と表記する。

Ⅱ. 心理職として高齢者と出会う前に

　「私には，高齢の方々と話をかわすことは歓びなのですよ。なぜなら，
そういう方たちは，言ってみれば，やがてはおそらくわれわれも通らな
ければならない道を先に通られた方々なのですから，その道がどのよう
なものか，──平坦でない険しい道なのか，それともらくに行ける楽し
い道なのかということを，うかがっておかなければと思っていますので
ね。(中略) それは人生のうちでもつらい時期なのか，それともあなた

65

としてはそれをどのように報告なさるのか，聞かせていただければあり
がたいですね」 （プラトン，1979，p. 22)

　この文章は，プラトン著『国家』の冒頭部分の引用であり，ソクラテスが老
齢男性ケパロスと面会した際の発言である。『国家』は，ソクラテスと登場人
物が対話する形式で，理想の国家統治のあり方や正義などについて論じられて
いく本であるが，その導入で老年について質問されていることは興味深い。
　老いは，古代からの関心事である。『国家』に出てくるソクラテスのように，
年をとったらどうなるのかと率直な疑問を持つ者がいれば，不老不死を求めた
始皇帝のように，老いや死を避けることに力を尽くした王もいる。老いていく
自分を受けいれたくないという思いは，老年への強烈な関心の裏返しであろう。
　もう一つ，文章を紹介しよう。

　　「歴史を通していえることは，年寄り，老年期は現実の年齢によって
　定義されるのではなく，実際の心身能力によって規定されるものでも
　あった。一人前の人間として生活するために不可欠な心身機能が衰え，
　自分の力で生活できなくなったとき，『年寄り，老人』と判定されたの
　であり，これは時と所を超えて共通している」
（Thane, 2005/2009, p. 23)

　これは，セイン著の『老人の歴史』からの引用である。この文章を読んで，
みなさんはどんな感想を持っただろうか。高齢者や老年期が現実の年齢で決
まるわけではない，というのは，多くの人の納得を得られそうである。日本
では，便宜上65歳以上を高齢者と定義する場合があるが，高齢者と呼ぶに
は若々しい65歳の人はたくさんいる。では，自分の力で生活できなくなる
と高齢者と呼ばれる，というのはいかがだろうか。人の手を借りずに生活し
ているけれども，みなさんが高齢者だと認識している知り合いもいるのでは
ないかと，筆者は想像している。また，周囲の人はその人を高齢者だと思っ
ていても，本人は自分を高齢者ではないと考えている場合もよくある。逆に，

第3章 老年期と生と死,そして再生

まだまだ元気そうに見えても,老いを感じていると周囲にもらす人もいる。

みなさんは,高齢者に対してどのようなイメージを持っているだろうか。長生きすれば人間は老年を迎えるということに思いを馳せたことや,高齢者に興味を持ったことはあるだろうか。心理臨床の現場で高齢者と出会う前に,まずは自身の老年観に注意を向けてみてほしい。

なかには,「高齢者と触れ合う機会が少なかったから,よくわからない」という人もいると思う。そこで,老年観を考えるための一つの材料として,内閣府(2004)が発表している「高齢者のイメージ」の調査結果を図1に提示する。項目は,いわゆる高齢者のステレオタイプから成り立っているようである。この10項目に対して,自分の持っている高齢者のイメージに当てはまるかどうか「はい」か「いいえ」で答えてみよう。

そして,本章では20代,65歳から74歳の前期高齢者,75歳以上の後期高齢者の3つのグループの結果を抜粋し,棒グラフで示した。この結果を見ての感想はどうだろうか。予想通りだったもの,意外だったもの,いろいろあると思う。

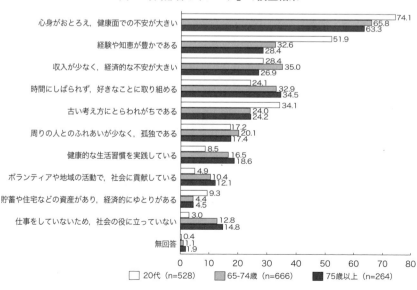

図1 「高齢者のイメージ」の調査結果

(内閣府(2004)を基に筆者が作成)

臨床現場で高齢者と接する前に，自身の老いへの認識や高齢者像に注目してほしい理由の一つは，高齢者のステレオタイプとは裏腹に，彼らは非常に多様な存在だからである。しかし，漠然と高齢者と接していると，彼ら一人ひとりのユニークさに気付きにくいように思う。高齢者は，その人生の長さと岐路の多さゆえに，持っている文脈の数と絡み合い方においては他のどの年代にも勝ると考えられるが，言語的，非言語的に表現される部分はごくわずかにすぎず，かえって言葉にしない人も多い。自身の老年観を振り返ってから高齢者に接することで，自分の高齢者イメージについて内省することができ，自分が知らなかった高齢者の姿が浮き彫りになりやすいだろう。

次に，高齢者のことを頭に思い浮かべた時，もしくは自分自身や身近な人が老いていくことを想像した時に，情緒的な動きがある人は，それについて焦らず大切に考えていくことをお勧めする。情緒的な動き，というのは，例えば高齢者のことが「好き」または「苦手」という感覚や，「もっとよく知りたい」あるいは「なるべくなら関わりたくない」という気持ち，「歳を重ねていくことを楽しみしている」もしくは「自分や身近な人が老いていくのが怖い」などの感情である。特定のトピックで気持ちが動く場合，ここでは高齢者や老いていくことについて，ということになるが，そこには個人的な期待や葛藤が影響していると考えられる。「個人的な期待」も「葛藤」も，しばしば個人的な体験に起因するものであるが，自身のあり方について内省することで，これから出会う高齢者にどのような影響を与えうるか，もしくは関わっている高齢者に影響を与えているかを考察するための一歩を踏み出すことができる。大切なことは，自分の特徴に開かれた上で，私たちが高齢者に対して，自分自身をどのように役立てうるか，ということを常に考えることであろう。

本章が老年期の心理臨床に関する章となっているため，あえて「高齢者」と限定して論じているが，上述のことは対象を問わず心理臨床すべてに通ずることである。グッゲンビュール＝クレイグ（Guggenbühl-Craig）が著した『心理療法の光と影──援助専門家の《力》』には，心理職をはじめ，精神科医，ケースワーカー，看護師，教師，聖職者など，対人援助をする側と

第3章 老年期と生と死，そして再生

される側との間で起こる力関係の問題や，そもそも対人援助職を志し生業^{なりわい}とするということが対人援助活動にどのような影響をもたらしうるのかといったことが書かれている（Guggenbühl-Craig, 1978/2019）。

Ⅲ．衰退の時期としての老年期

　自身の老年観や，老いることを考えた際の情緒的動きに注目した後は，老年期がどういう時期なのかを確認してみよう。

　長谷川（1977）は老年期について「生あるものは老いを迎え，やがて死に至る事実は分かりきったことである」（p. 3）と書いている。また，竹中（2010）は「生物学的には『成長』から『成熟』に達したものが，『退縮』の経過をとり始めた段階」（p. 5）と説明して，その過程で老化が起きていると述べている。これらのことから，老年期は「衰退の時期」だと言える。

　そして，人間は生物学的な側面のみならず，心理的な側面および社会的な側面でも老化する。山中（2005）は，社会的役割からの引退や，人との別離，行動力の縮小化などから「生きる空間の狭小化」（p. 24）がおきると指摘している。「老化というのは組織形態の面においても機能の面においても，新生と消耗とがアンバランスをきたすことである」という橘（1977）の定義は，生物学的側面，心理的側面，社会的側面を包括した，端的な表現だと言えよう。

　もちろん，衰退の程度は個人差が非常に大きく，90代以上になってもある程度自立した生活を送っている高齢者や，社会活動に参加している高齢者はいる。しかし，若い頃と同じスピード，同じパワーで日常生活や社会生活に取り組むことは難しく，人の手を借りたり，完璧にこなすことを諦めたりする必要がでてくる。

　次に，細胞レベルで言うと受胎した時点から老化現象は始まっているわけだが，老年期の老化は死と直結している，というのも老年期の特徴である。高齢者は，自分の死が近いところにひかえていることについて意識せざるをえないが，死に対する反応は人それぞれ異なる。老年期の心理臨床における死のトピックは，本章のⅧ節にて取り上げることとする。

Ⅳ. 老年期と喪失

　老年期は「衰退の時期」であると同時に「自分の死が近くにひかえている時期」とまとめられるが，今度は「衰退の時期」という特徴について，高齢者のこころの視点から見ていくことにしよう。

　まず，老年期におきる衰退について，こころの体験としては「喪失」として表現されることがほとんどである。竹中（2010）は，老年期の喪失について**表1**のように分類している。

表1　老年期の喪失の種類と例

老年期の喪失の種類		例
1）自己像の喪失	自己身体に関する喪失	白髪の出現，義歯の必要，易疲労感，脳出血による身体機能の障害
	自己精神に関する喪失	物忘れ，計算力の低下，新たなものへの興味や理解力の低下，無感動や共感性の減弱，共感のしやすさや涙脆さ等の脱抑制的な感情の昂まり
2）感覚器の喪失		視覚，聴覚
3）社会的存在の喪失		退職，役職からの引退
4）家庭における喪失		退職により一家の主としての役割を譲渡，家事の譲渡，孫の成長に伴う教育的役割の喪失
5）人間関係の喪失		配偶者との死別，同胞との死別，自分より若い世代との死別，退職による知己関係の疎遠化，転居による旧知の人との別離，孫の成長に伴う別居，子どもの海外出張
6）精神的資産の喪失		住居の建て替え，故郷を去る，大切にしていた持ち物の損壊・紛失

（竹中（2010）p.23-27を参照し筆者が作成）

　表1の「1）自己像の喪失」は，身体と脳機能の衰退による喪失に関する項目となっている。白髪が増える，入れ歯を使うようになる，忘れっぽくなるなどといった変化は，観察可能なものであり，わかりやすい若さの喪失の徴（しるし）である。「2）感覚器の喪失」は，「1）自己像の喪失：自己身体に関する喪失」と別立てで項目が設けられているが，竹中（2010）は全身的な侵襲のない白内障の治療であっても，手術や入院に対する不安や困惑，術後の一時的な遮眼によってせん妄が引き起こされることを例に挙げている。

70

これは「感覚器のなかで視覚と聴覚は，社会的関係，対人関係の重要な機能をもつ道具である」（p. 24）ことを強調して説明するためだと推測される。

「3）社会的存在の喪失」は，退職や役職を退き後進の者に席を譲ることで，社会的存在としての衰退を目の当たりにするものである。「4）家庭における喪失」は，成人した子どもたちが家庭の中心となり，介護をしていた配偶者の死去や孫が成長し家を離れることによって，今まで担っていた家庭内の役割を失くし存在感が薄れるが，新しい適応の形を模索しながら一日の大半を家で過ごさなければならなくなることが述べられている。加えて，夫婦での時間が増えることでの関係性の再構築の必要性や，夫を亡くした妻が解放感を覚え自由に生きる一方，妻を亡くした夫が意気消沈することも書かれている。「5）人間関係の喪失」は，老年期には新しい人間関係を作るよりも失くすことのほうが多く，これは「ほとんどが自ら避けることができない事態である」（竹中，2010，p. 26）こと，また「自分より若い世代（子や孫）の死は重大な喪失体験であるが，多くの死と向きあってきた老年者は意外なほどに淡々と死を受けいれることも少なくない」（竹中，2010，p. 26）ことが記されている。

「6）精神的資産の喪失」に関しては，例えば住居の建て替えは若い世代にとっては「新しい明日」を意味する一方，高齢者には「失われた家」を意味することを引き合いに出しながら，同じエピソードでも受け止め方が異なることを説明している。また，住居や持ち物といった物質だけでなく，人や人間関係など，その人の生活史や培われた価値観の中での意味を持ったり，環境の変化によって自身に対する侵害だと受け止められたりするものなら，なんでも精神的資産となり得ることを指摘している。よって，「老年期の喪失体験とはすべてこの精神的資産の喪失に連なっている」（竹中，2010，p. 27）とされている。

竹中が整理した老年期の喪失の項目には，それぞれ解説がついているが，これらは高齢者がどのような出来事から喪失を感じうるかという説明に留まるものである。実際に高齢者が喪失体験に直面した際の感じ方や捉え方は多様であり，高齢者の個別性はここにあらわれる。

V．喪失の感じ方，捉え方は多様

　　「私は一年程前から手根管症候群で指の触覚が殆どないので，そのた
めもあってか，作朝一番大切なカップを落として割りました。とても悲
しかったのですが，その時『私は立って洗い事が出来ているから割った，
寝たきりになっていたら割ることもない。感謝しよう』と咄嗟に思いな
おしたら楽な気分になれました」
　　　　　　　　　　　　　　　　　　　　　（長谷川，2005，p. 95）

　この文章は，当時92歳だった長谷川照子さんというピアニストが書いた
随筆である。カップを落として割ってしまったという喪失体験について，長
谷川さんは「とても悲しい」と自身の感情を報告しているが，それは，その
カップがただの食器ではなく，長谷川さんにとって「一番大切なカップ」だっ
たからだろう。このカップにまつわる長谷川さんの物語が気になるところで
ある。
　しかし，長谷川さんは「とても悲しい」で終わっていない。「私は立って
洗い事が出来ているから割った，寝たきりになっていたら割ることもない。
感謝しよう」（長谷川，2005，p. 95）と綴っている。長谷川さんは，カップ
の喪失から，大切にしていたものが減ってしまって悲しい，という体験と，
今自分ができていることを再認識し感謝する，という体験と，2つ経験して
いることになる。
　喪失が起きた際の反応や捉え方は三者三様である。長谷川さんは，カップ
を割ってしまったことに対して素直に「とても悲しい」と感じたそうだが，
落としてしまった自分に対して怒りが沸く人もいるだろうし，すぐに「仕方
がない」と諦める人もいるだろう。また，長谷川さんは今自分ができること
に目を向け感謝しているが，これ以上食器を割ってしまわないように洗い物
の工夫について考える人もいれば，大事なものは使わないようにしようとい
う人もいるかもしれない。
　ちなみに，長谷川さんの文章は「これは一寸したことですが人の幸不幸
はその人の物の考え方にある様に此頃つくづく思っております」（長谷川，

2005, p. 95）と続いている。感情体験や物事への意味づけは，人間のこころの働きによるものである。人間のこころは，知的水準などある程度先天的に方向づけられている部分と，時代や文化といった大きな枠組みの中で日々の暮らしを積み重ねて形成された部分とが，織り交ざってできている。

　この文章は，自分の気持ちを素直に認めた上で，出来事の見方を変えて気を取り直しているものであり，筆者も読んだ際に感心した。とはいえ，筆者はこの例を高齢者の目指すべき模範として提示したわけでも，心理職が高齢者を導くべき指針として示したわけでもない。読者のみなさんが「喪失」という言葉に対してどのようなイメージを持っているかわからないが，喪失とは立ち直ることが容易でない悲痛なものや，人生の中の大きな出来事だけをさすのではない。私たちは，日常の端々で小さな喪失を経験し，問題なく生活を営みながらも，胸の内では様々な気持ちを抱えながら生活しているのであり，その一例として長谷川さんの随筆を紹介したのである。このエッセイのみで推しはかることはできないが，文章を読む限り無理なくこの対処法を適合させているため「すばらしい」と感じることができる。よって，この長谷川さんのあり方と手本として，ほかの高齢者を長谷川さんの「型」に合わせようとすることはナンセンスだと考えられる。

Ⅵ. 喪失や老年期の多義性・両義性

　喪失はどの年代でも起こりうることであるが，老年期は衰退にともなって喪失体験が増える時期であるため，高齢者が喪失とどう向き合っていくかは，重要なテーマの一つである。

　生涯発達心理学，ナラティブ（もの語り）心理学が専門のやまだようこは，「喪失に眼を向けることは，人間の営みのなかのポジティヴな部分に着目するだけではなく，ネガティヴにみえていた部分にも着目すること，さらに負の部分のもつ独自の価値を発見することになる」（やまだ，2007，p. 13）と述べ，「喪失」や「下降」の持つ価値や意味そのものを見直し転換するモデルとして「両行モデル」を提唱した（やまだ，2021）。「両行」とは，荘子によると「二つながら行われていくこと，矛盾の同時存在」（やまだ，2021，p. 92）

であり，両行モデルとは「『喪失』を必ずしもネガティブなものとみないで，見方によってはポジティブにもなり，見方しだいでポジとネガが逆転したり，二つの価値が共存しうる」（やまだ，2021，p. 92）ものだと書いている。やまだ（2021）は，両行モデルについて「異なる観点からみた二つの矛盾する価値が共にあるという見方」（p. 92-93）であるとし，「一次元尺度を仮定したうえで量的に増減をみる見方」（p. 93）ではなく，「ものさしは複数あり，あるものさしからみれば『プラス』だが，あるものさしでみれば『マイナス』という多次元的な見方」（p. 93）であると説明している。

両行する物の見方は，喪失体験に限らずすべての事象に適応されるものである。しかし，成長に焦点があてられる子ども時代や，発展に注目される成人期とは異なり，衰退にさらされながら生きていかざるを得ない老年期には，特に重要な視点であると考えられる。北山（2018）は伝承文学を参照し，「老い」自体が多様なイメージを持っていること，老いの多義性や両義性について若さ—老い，生—死，賢さ—愚かさなどといった対称性の観点から簡潔にまとめ，老いは視点によって矛盾を含んでいることを指摘している。

老年期の多義性や両義性について興味がある読者には，Ⅱ節でも紹介したグッゲンビュール＝クレイグが著した『老愚者考』や，河合隼雄著作集の第13巻『生きることと死ぬこと』，山中康裕の『老いのソウロロギー——魂学——老人臨床での「たましい」の交流録』，氏原寛・山中康裕編の『老年期のこころ』をお勧めしたい。

Ⅶ. 成熟の時期としての老年期

ここまで，老年期は「衰退の時期」だという立ち位置から論じてきた。しかし，古代より長老制度など高齢者を指導的立場とする文化が複数あることからもわかるように，老年期について，衰退の対極とも言える「成熟の時期」という捉え方も一般的である。

この見方で代表される心理学理論の一つが，エリク・エリクソン（Erikson, E.）の心理社会的発達理論である。読者のみなさんも老年期の「統合 vs 絶望」というキーワードを一度は聞いたことがあるだろう。エリクソンの老年期の

第3章 老年期と生と死，そして再生

課題は多くの書籍や論文で紹介されているが，エリクソン本人およびその妻であるジョーン・エリクソン（Erikson, J.），そして下の世代の心理学者であるキヴニック（Kivnick）によって，老年期の意味や死について再考されており（Friedman, 1999/2003），主張に変化がみられる。今回は，エリクソンらにまつわる著作を参照しながら，老年期についてまとめることとする。

(1) エリクソンの『幼児期と社会』における老年期

エリク・エリクソンは，1950年に出版した『幼児期と社会』にて，人生を8つの段階にわけた漸成的図式（**図2-1**）を呈示した（Erikson, 1963/1977）[1]。『幼児期と社会』は，カリフォルニアの児童に関する長期的研究を含めた，エリクソン自身の精神分析医としての臨床経験を踏まえ，主に幼児期の自我の発達と社会との関係性について精神分析学の視点から書かれた本である。しかし，エリクソンは自我の発達理論をフロイトのように幼児期のみに留めず人生周期全体に適応させることを考え，概念的探究として同著に心理社会的発達段階を掲載した。ここで，エリクソンは老年期を「円熟期」（**図2-1**）と呼び，円熟期について，この段階に至るまでの7つの自我に関する段階を「統合」する時期だと述べている。この自我の統合が欠如すると死の恐怖が頭をもたげ，統合への焦りが「絶望」になるとしている。『幼児期と社会』での老年期の心理社会的発達段階に関する論考は2ページ程度にすぎず，「自我の統合」という言葉を明確に定義することもしていない。エリクソンも書いているとおり，1950年の時点では草稿であることがわかる。

なお『幼児期と社会』は1963年に増補版が出版されており，すでに上述の心理社会的発達段階について考えを深めている。

---

1 エリク・エリクソンは1950年に『幼児期と社会』を出版し，1963年に増補版を刊行した。よって，『幼児期と社会』増補版は，エリクソンが1950年に綴ったものに加えて，1963年に書かれた内容が両方載っている。『幼児期と社会』日本語版は1963年の増補版が翻訳されたものである。

75

図2-1 『幼児期と社会』の漸成的図式

		1	2	3	4	5	6	7	8
VIII	円　熟　期								自我の統合 対 絶　望
VII	成　年　期							生殖性 対 停　滞	
VI	若い成年期						親密さ 対 孤　独		
V	思春期と 青年期					同一性 対 役割混乱			
IV	潜　在　期				勤勉 対 劣等感				
III	移　動 性器期			自発性 対 罪悪感					
II	筋　肉 肛門期		自律 対 恥と疑惑						
I	口　唇 感覚器	基本的信頼 対 不信							

(Erikson, 1963/1977, p.351)

(2) エリクソンらの『老年期　生き生きとしたかかわりあい』以降の老年期

　『幼児期と社会』の36年後の1986年，当時80代だったエリク・エリクソンは妻のジョーン・エリクソンと，当時30代の心理学者キヴニックと共に『老年期　生き生きとしたかかわりあい』を上梓した（Erikson et al., 1986/1990）。エリクソンらは，『幼児期と社会』で紹介していた，カリフォルニアの児童に関する長期的研究の協力者とその両親を50年以上追跡調査する中で，80代の人びと29人に行われた2回の面接をもとに，心理社会的発達理論をブラッシュアップしたのである。漸成的図式も『幼児期と社会』以降更新され続け，『老年期　生き生きとしたかかわりあい』にも掲載されている（**図2-2**）。同著には，「同調的」（適応を促進する傾向）と，

第**3**章　老年期と生と死，そして再生

「非同調的」（ディストニック）（心理社会的危機を助長する傾向）と呼ばれる一見正反対に見える2つをどちらも体験し，両方のバランスがとれることで，その人生の段階の発達課題を獲得すると書かれている。老年期の場合は，「統合」が同調的（シントニック）で「絶望」が非同調的（ディストニック）であり，双方を経験することで「英知」が得られるとされている。なお同調的が強くなりすぎると不適応（老年期は「無遠慮」）を起こし，非同調的（ディストニック）が強くなりすぎると「悪性傾向」（マリグナンシー）（老年期は「侮蔑」）となることが記されている。

図2-2　『老年期　生き生きとしたかかわりあい』の漸成的図式

老年期							統　合 対 絶　望 **英　知**
成年期						生殖性 対 自己没入 **世　話**	
成年前期					親密性 対 孤　独 **愛**		
思春期				アイデンティティ 対 混　乱 **忠　誠**			
学童期			勤勉性 対 劣等感 **才　能**				
遊戯期		自発性 対 罪悪感 **決　意**					
児童初期	自律 対 恥と疑惑 **意　志**						
幼児期 基本的信頼 対 基本的不信 **希　望**							

（Erikson et al., 1986/1990, p. 35）

「英知」について，『老年期　生き生きとしたかかわりあい』（Erikson et al., 1986/1990）では「死そのものを目前にしての，人生そのものに対する

超然とした関心」（p. 37）であり「身体的精神的機能の衰えにもかかわらず，経験の統合を保持し，それをどう伝えるか」（p. 37）と説明されている。1997年には，ジョーン・エリクソンが『ライフサイクル，その完結』の増補版（Erikson & Erikson, 1997/2001）を出し，老年に関する内容を書き足しているが，数千年前のシュメール語では「英知」と「耳」をあらわす語が同じであった可能性に触れ，英知が五感と密接に関わっていることを示唆している。「統合」についても，語源が"tact"（触覚）であるとし，派生語に「触れ合い（contact）」，「手つかずの（intact）」，「触覚の（tactile）」，「触知できる（tangible）」，「つなげる（tact）」，「触れる（touch）」を挙げた上で，「世界との触れ合い，ものとの触れ合い，なかんずく他者との触れ合いを促進する機能を持っている」（Erikson & Erikson, 1997/2001, p. xiv）と述べている。統合も英知も，高尚な理想や高徳な目標といったどこか現実離れしたものを目指しているものではなく，身体感覚という自分自身に根付いたものへと還元されていく点が興味深い。

　また，エリクソンの心理社会的発達段階の老年期において，「統合」「絶望」「英知」と並んで重要な概念は「祖父母的生殖性」であろう。「生殖性」という言葉は，老年期の一つ前の段階である成年期の同調的傾向であるが，老年期になると「世界を維持するための中年期の直接的な責任を超えた『祖父母的生殖性』を発揮するようになる」（Erikson et al., 1986/1990, p. 79）とエリクソンらは指摘している。老年期になると，成年期のように自分たちの子どもを世話する時期は過ぎているが，祖父母として，古い友人として，教師として，アドバイザーとして，さらには「世話される者」として，すべての年代の人びとに対して，様々な関係性の中で，生殖性を発揮することができる。「世話される者」とは，高齢者が下の世代から世話されることより，その世代の生殖性を強化することを指す。高齢者は，祖父母的生殖性によって，他者の世話を自己の関心へと統合していくのである。

　さらに，祖父母的生殖性は，若い世代の未来や，まだ生まれていない世代，世界全体としての存続への関心と結びついており，高齢者にとっては，近づきつつある自分自身の死への絶望を乗り越えようと努力する際に，非常に重

要な感覚となるとされている。

(3) ジョーン・エリクソンによる第9段階

ところが，人生の最後の段階とされていた第8段階である老年期について，統合と絶望のせめぎあいを中心とした想定は，エリクソン夫妻が中年だった時に考えられたものであった。Friedman（1999/2003）には，彼らは年をとるということについて想像することができなかったと認めていることが書かれている。

エリクソンの妻であるジョーン・エリクソンは，自ら超高齢者となり身体的虚弱を経験したことで，93歳の時に第8段階の後にもう一つ人生の段階を付け加えた（Erikson & Erikson, 1997/2001, p. xiv）。ジョーン・エリクソンは，第8段階と第9段階では「絶望」の様相が違うことを指摘している。Erikson & Erikson（1997/2001）には，第8段階では，それまでの人生に関する回想的な評価をするということ，すなわち「様々な好機を逸したとして後悔するのではなく，良く生きたとして自分の人生を受け容れられるかどうかが，その人が経験する嫌悪や絶望の程度を決定する」（p. 163）ということが書かれているが，第9段階では，それまでの人生の満足度に関係なく「その日その日を無事に過ごせるかどうか」（p. 163）が最大の関心事となり，「贅沢な回想」（p. 163）はしていられなくなるというのである。

しかしジョーン・エリクソンは，人間は人生の一番はじめの段階で，環境が適切に反応し支えとなる感覚である「基本的信頼感」を得ることで，超高齢となった時に迎える困難に対処するための足場を持っていると述べている。この足場を頼りに，第9段階における困難を容認することができれば，トーンスタム（Tornstam, L.）の提唱する「老年的超越」へ向かう可能性があることを示唆している（Erikson & Erikson, 1997/2001）。

(4) トーンスタムの「老年的超越」

「老年的超越」は，スウェーデンの社会老年学の先駆者であるトーンスタムによって論じられた。ここからはTornstam（2005/2017）に基づき，老

年的超越について解説することにする。

　トーンスタムは，これまでの老年学は「若年・中年世代の理論家の机上の意見」（Tornstam, 2005/2017, p. 4）だったとし，高齢者を「研究対象者」ではなく「共同研究者」とすることで，高齢者自身の声に耳を傾けて本理論を作成した。そのために，豊富な質的研究と量的研究を実施した。さらに高齢者をケアするスタッフに対しても調査を実施し，高齢者と関わる際のスタッフへのガイドラインを示した。

　質的研究によって認められた老年的超越における発達の変化の3つの次元には「宇宙的な次元」「自己の次元」「社会と個人の関係の次元」がある。**表2**にまとめたため，参照されたい。

表2　老年的超越の3つの次元と兆候

次元	兆候	内容
宇宙的な次元	時間と幼年期	時間の定義の変化と幼年期への回帰。現在と過去の境界を超越することが生じる。時には新しい意味が付加され，幼年期が人生の中で再現される。
	過去の世代とのつながり	愛着の増加。つながりから鎖への認識の変化。個人生活（つながり）よりも生命の流れ（鎖）がより重要になる。
	生と死	死の恐怖がなくなり，新たな生と死の理解に達する。
	人生の神秘	人生における神秘を受け入れる。
	悦び	大きな出来事からささやかな経験へ。自然の中での経験などから，小さな世界を通して大きな世界を経験する悦びを感じるようになる。
自己の次元	自己対峙	自分自身の隠れた善と悪の両面を発見する。
	自己中心性の減少	自己中心性が取り払われるようになる。しかしながら，自己評価が最初から低い時は，自分なりの自信を取り戻すという課題が生じる。
	身体的超越の発達	身体のケアは続くけれど，そのことで悩まされることはない。
	自己超越	利己主義から利他主義に移行する。
	自我統一	ジグソーパズルの断片が全体を形成することを認識する。これはデリケートな状態であり，静けさと孤高を必要とする。

第**3**章　老年期と生と死，そして再生

社会と個人の関係の次元	意味の変化と関係の重要性	人はより選択的になり，表面的な交際について興味がなくなる。孤高の時間の必要が増大することを示す。
	役割の遂行	自己と役割の違いを理解し，時には役割の放棄をせまられる。その結果，しばしば新しく居心地の良い役割の必要を理解するようになる。
	解放された無邪気さ	人生における無邪気さは成熟を促進させる。社会の慣習を不必要とする新しい超越への可能性が生まれる。
	近代的禁欲主義	富の重荷を理解し，"禁欲"という自由を発達させるようになる。近代における物を十分に保有した上で，それ以上の必要性を感じなくなる。
	日常の叡智	善悪の表面的な区別に躊躇するようになり，判断やアドバイスを与えることを辞める。善悪の二元性に対する超越が起こり，広い心や寛容が増加する。

(Tornstam（2005/2017）p. 185-186から文章を引用抜粋し，筆者が作成)

「老年的超越」という言葉について，トーンスタムは「宗教的または形而上学的な意味合いのない，簡素な意味」（Tornstam，2005/2017，p. 49）だとし，加齢や発達の危機を突破しようとする際の様々な方法を含んでいることを説明している。

また，トーンスタムは，老年的超越に関してユングの「集合的無意識」と近い部分があると言及している。トーンスタムは集合的無意識について「私たち一人ひとりが，過去の世代の人々の経験を反映した素質を，各々の心の中にも受け継いでいるというもの」（Tornstam, 2005/2017, p. 39）と要約している。

そして，トーンスタムは，自身の理論がエリクソンの心理社会的発達段階の第8段階を想起させることを指摘している。その上で，エリクソンの自我統合は，それまでに経験してきた人生の要素から再構築や統合がなされるものであり，自己認識の変化の可能性に言い及んだものである一方，老年的超越は「世界と自己の理解における在論的変化を含む発達的プロセスを示唆し，また人間の成熟と叡智へ向かう発達を考察することにより，エリクソン理論のさらなる先を行くものである」（Tornstam, 2005/2017, p. 140）と，違いを解説している。

トーンスタムは老年的超越について「人間の本質，すなわち生きるという

真のプロセスは根本的には世界共通で，文化の違いに左右されない老年的超越へと向かう普遍的な傾向を内包している」（Tornstam, 2005/2017, p. 47）と書いている。しかし，増井ら（2010）による調査では，日本人超高齢者における老年的超越について，時間・空間の超越という表現はあまり見られず，自己意識の領域や他者との関係の領域に関する内容が多いという特徴が示された。その後，増井ら（2013）は，日本版老年的超越質問紙（Japanese Gerotranscendence Scale：JGS）を作成し，その結果Tornstam（2005/2017）では見られなかった「無為自然」という因子が抽出された（**表3**）。もしかすると，老年的超越には多少の文化差があるのかもしれない。

表3　日本版老年的超越質問紙および改訂版（JGS・JGS-R）の下位因子とトーンスタムの老年的超越の内容との対応

因子名	内容	トーンスタム（2005）の内容
「ありがたさ」・「おかげ」の認識	他者により支えられていることを認識し，他者への感謝の念が強まる	前の世代とのつながりの認識の変化（宇宙）
内向性	ひとりでいることのよい面を認識する，孤独感を感じにくい，肯定的態度でいられる	社会的関係の意味と重要性の変化（社会）
二元論からの脱却	善悪，生死，現在過去という対立的な概念の境界があいまいになる	経験に基づいた知恵の獲得（社会）
宗教的もしくはスピリチュアルな態度	神仏の存在や死後の世界など宗教的またはスピリチュアルな内容を認識する	生と死の認識の変化・神秘性に関する感受性の向上（宇宙）
社会的自己からの脱却	見栄や自己主張，自己のこだわりなど社会に向けての自己主張が低下する	社会的役割についての認識の変化・自己中心性の減少（社会・自己）
基本的で生得的な肯定感	肯定的な自己評価やポジティブな感情を持つ，生得的な欲求を肯定する	自我統合の発達（自己）
利他性	自分中心から他者を大切にするようになる	自己に対するこだわりの低下（自己）
無為自然	「考えない」，「無理しない」といったあるがままの状態を受け入れるようになる	本研究でのオリジナルな内容

（増井，2016）

第3章 老年期と生と死，そして再生

⑤ エリクソンらからトーンスタムへ

　本節では，老年期を「成熟の時期」という観点から切り取るために，エリクソンらによる心理社会的発達段階の変遷およびトーンスタムの老年的超越について概観した。

　エリクソン夫妻は老年期を非常に前向きに捉えており，Friedman (1999/2003) では「心と精神と感覚のあらゆる面で豊かな生を送ることのできる時期」(p. 498) と考えていたことが述べられている。このことは『老年期　生き生きとしたかかわりあい』や『ライフサイクル，その完結』を読むとよく伝わってくる。特に『ライフサイクル，その完結』増補版では，エリクソンがやり残した老年期に関する考察をジョーン・エリクソンが引き継ぎ，さらに下の世代であるトーンスタムにバトンを渡そうとしている。『ライフサイクル，その完結』増補版におけるジョーン・エリクソンの文章は生き生きとしており，読んでいる私たちは祖父母的生殖性が息づく姿を見ているような気分になる。

　本節の最後に，注解として老年心理学の歴史について説明を加えておく。先のⅢ節では老年期は衰退の時期だと説明し，Ⅵ節にて，老年期の多義性や両義性について触れているが，老年心理学領域では，老年期について衰退の見方からはじまり，次に成熟の見方があらわれ，その後多義性や両義性がより強調されるようになった。よって，老年心理学領域における議論の歴史的な時系列としては，Ⅲ節，Ⅶ節，Ⅵ節となる。

Ⅷ. 高齢者と死について話題にするために

　本節では，内容を変えて「死」について話題にしたい。Ⅲ節でも述べたとおり，老年期の特徴は明らかに自身の死に近いところにあることである。しかし，死に対する反応は人それぞれで大きく異なり，超高齢期になっても自分が死ぬことを認めたくない高齢者もいれば，「早く迎えにきてほしい」という高齢者もいる。高齢者の死に対する気持ちや態度についての生（なま）の声を聞きたい読者には，高齢者専門病院で働くケアスタッフのグループインタ

83

ビューと，ケアスタッフおよび患者のグループインタビューをまとめた『豊かな老いを支えるやさしさのケアメソッド』（黒川，2022）をお勧めする。逐語録形式で書かれており，非常に読みやすい。

　今しがた書いたように，老年期は自身の死が近いところにあることは現実であるが，生まれれば年代問わずいつでも死ぬ可能性があり，「死」自体は老年期の特権ではない。しかも，本書は各章で「死」について触れられている。このようななか「老年期」に限定して死を語ることについて，筆者は悩ましく感じているが，高齢者に対しては他の年代に対してよりも，死について話題に出しやすい，ということはあるかもしれない。例えば青少年と話をする際に希死念慮の確認を行うことはしばしばあるが，「残りの人生の過ごし方について希望はありますか」「ご自分が亡くなった後，どのように供養してもらう予定ですか」「自分の死後に残される家族のことを考えたりしますか」などとは質問しないだろう。しかし，高齢者に対しては，特に希死念慮を訴えたり，大病を患ったりしていなくても，上記のような質問をしやすく，高齢者の方から話題にしてくることもある。

　死についての気持ちや考えについて話を聞くということは，裏を返せば，生きている現在および未来に関する気持ちや考えを語ってもらうということになる。死を見据えることで，今をどのように生きるか，あるいは生かされているのか，ということに焦点をあてることができる。だからこそ，高齢者との間で死をテーマにすることについて，配慮しつつ，私たち心理職のほうがひるまないようにしたい。

　そのためには私たち自身が，死や死のテーマに触れることに，ある程度慣れておく必要があるだろう。筆者は医療領域で働いていた経験があり，出勤すれば人の死が日常茶飯事だった時期があった。たくさんの死を目の当たりにすることで，「すべての人がいつか死ぬこと」，「みんな立派に死んでいくこと」，「自死以外は自分で死にようを選ぶことはできないこと。自死についても，自殺企図が完遂されるかどうかは当人に選べないこと」を知った。「自然の摂理」もしくは「運命」，はたまた「神の御手の中」など，人によって表現は異なるが，基本的に死は人間が干渉できないところにあるのである。

この学びは，筆者にとって大変貴重なものとなった。

　本節では死生観の説明として，上村（2020）による「『自分はどう死ぬか』『死んだら自分はどうなるのか』についてのイメージ」という，ほかと比べて極めて限定的な定義を取り上げたい。人間の死を経験したことのない人でも，上村（2020）のいう死生観であれば思いを巡らせやすくなるのではないだろうか。同著によると，人が死ぬのに死生観が必要だといわれるようになったのは，ここ30年から40年ほどだという。医療が発達して昔に比べると病気が治るようになり，寿命が延び，病院で死を迎える人が多くなったことで「人は必ず死ぬ」ということが見えづらくなってきているのである。昔は今よりも死が身近なところに存在したことで，死についての意見や態度を自然に養うことができたのだろう。その分，現代を生きる私たちには，死について考える努力が課せられているのだと思う。

　死生観を養うための材料として，日本の死生学の先駆けであり，上智大学で教鞭を取っていたデーケンの『死への準備教育のための120冊』を紹介する。Ⅱ節にて，心理職として高齢者と出会う前に老年観に注意を向けることを勧めたが，死生観についても同様に，自分でできる準備をしておこう。

Ⅸ．心理職として高齢者と接する時に

　ここまで，心理職として高齢者と出会うまでの準備として，筆者は老年観や死生観を養うことを読者のみなさんに勧め，老年期の捉え方について，衰退，成熟，多義性・両義性といくつかの観点から参照してきた。最後に，心理職として実際に高齢者に接する際の留意点について，老年期の心理臨床の第一人者である黒川由紀子の著作より，一部抜粋して紹介したい（**表4**）。

表4　心理職として高齢者と接する際の留意点

1.　高齢者の人生の歴史に関心を寄せ，耳を傾ける[a]

● 「話をしたいという気持になってもらえば，あとは静かな聞き手になればよい。高齢者の長い歴史に誠実な興味を持つことができれば，わざとらしいテクニックはむしろ円滑なコミュニケーションを妨げる」（黒川，1998，p. 18-19）

2.　慎み深い聞き手となる：高齢者のこころに土足で踏み込まない[a]

● 「人が心を開いて語りたいと思うには，いろいろな条件がそろわなければならない。高齢者は相手を吟味し，場所を選び，時が熟すのを待っている」（黒川，2008，p. 80）

● 「意識的にせよ，無意識的にせよ，忘れられない悲しみや苦しみを，こころの奥底に封印することで，かろうじてこころのバランスを保っている人は少なくない。過去の未解決の葛藤をむやみにあばき，問題を指摘したりすることは論外である」（黒川，1998，p. 19）

✧ 話を無理に聞かないことと無関心であることは異なり，わからないことに対しては「あたたかい関心」と想像力を働かせることが必要である。（黒川，1998）

3.　安易な「受容」や「共感」もどきは避ける[a]

● 「カウンセリングを受けにくる人と同じような経験があってもなくても，専門家としての訓練を積めば，ある程度の，時としての，かなりの程度の『受容』，『共感』はできる。しかし，そこには限界があり，それを自覚することが重要である。（中略）人生経験豊かな高齢者は，にせものの『受容』や『共感』には驚くほど敏感に反応する」（黒川，1998，p. 20-21）

✧ 自分の想像を超えるエピソードが語られた際には，安易に「なるほど」などと相づちを打たず，たじろぎや自分の気持ちの揺らぎを率直に伝えることが大切である。（黒川，1998；黒川，2008）

4.　揺らぎつつも揺るぎないどっしりとした構えをもつ[a]

● 「細部は揺らぎつつも，肝心な部分では揺らがないこと。葉っぱや小枝は風に揺れても，根っこはどっしりと，あらゆる事態をあるがままに受け止める覚悟を育てる」（黒川，2008，p. 81）

5.　答えを与えようとしない[a]

● 「こうした人生の問いの大部分に，正答はない。正答を与えようとしても，空まわりするだけである。無力感に耐えながらも，打ちひしがれることなく，患者さんの苦しい心情に，静かに柔らかくそっと寄り添う。答えを出すのではなく，支えようとする気持をもち続けることに意味がある」（黒川，2008，p. 82）

6.　笑い，遊び，色の心を大切に[a]

● 「老いやそれにともなう障害など，辛い現実があればなお，きまじめに対峙するだけでは能がない」（黒川，2008，p. 82）

✧ 高齢者のケアには「笑い」「遊び」が必要である。また，「色（色気，性愛的な欲求に通じる心）」をもっていることは自然なことである。（黒川，2008）

第3章 老年期と生と死，そして再生

---

7. ひとりひとりの高齢者に固有の「意味」,「価値」をともに再発見していく[b]

- 「高齢者の臨床においては，『問題』や『負担』に対する対応と同時に，ひとりひとりの高齢者の，かけがえのない人生を再評価しつつ，『意味』,『価値』に焦点をあて，共に再発見していく姿勢が不可欠である」（黒川，1998，p. 24）
- 「何かを達成したから，何かを生産しているからではなく，さまざまな人生を経験して，『今，目の前にいる』存在そのものに対する敬意の念をもつこと」（黒川，1998，P. 24）

8. 死の問題に，その時どきに誠実に対処できるよう，自らの死生観を養う[b]

- 「死の話題に決まった回答はないため，心理臨床家自身の死生観が問われる」（黒川，1998）
- 「死生観を育むといっても，容易ではないが，日々出会う，高齢者自身が最大の先生である。十分に理解しきれなくても，耳をふさがず澄ませていれば，了解しようとしつづけていれば，いろいろな声や思いが聞こえてくる。死に直面する高齢者の声に真摯に耳を傾けつつ，とまどい，困惑，おそれ，不安などのごちゃごちゃと整理されない気持ちを，そのままに感じ，味わい，とらえなおして，少しずつ自分の中にとりこんでいく過程を歩むことが大切だと思う。時には，あまりにも重い現実を，ユーモアでさらりとかわすことも必要であろう」（黒川，1998，p. 23）
- 「いずれにせよ，理想的で完璧な生がないように，理想的で完璧な死もないことを認識し，あるがままの，高齢者の死に対する思いや死の過程を誠実に受け止め，敬意の念をもってお見送りすることが求められる」（黒川，1998，p. 23）

9. 終結への配慮[b]

- 「数多くの喪失体験を持つ高齢者にとって，心理療法を含む心理的アプローチの終結があらたな深い喪失体験とならないように，終結への配慮が必要である。何年にもわたる見通しを持った計画が，現実的でない場合もある」（黒川，1998，p. 26）

a）黒川（2008）p. 80-82 から引用，b）黒川（1998）p. 24-26 から引用
※黒丸は直接引用，ひし形は間接引用

以上の9項目を読んで，みなさんはどう感じただろうか。筆者の感想の一つは「ほとんどの項目について，特別高齢者に限定される留意点ではないように感じる」である。事実，黒川（1998）にも，臨床現場で高齢者と出会う時の前提条件として「高齢者に対する心理療法は，他の年齢層に対するものと基本的に異なるものではない」（p. 18）と書かれている。Ⅱ節でも，筆者は自身のありようを内省し自分の特徴に開かれることや，臨床場面で出会う人びとに対して自分自身をどのように役立てうるか考えることは，高齢者臨床に限らず勧められることだと述べた。

それなら，なぜ「老年期の心理臨床」などと銘打つのか。黒川（1998）は，先述の内容に続けて「しかしながら，一見高齢期の問題と無関係と思われるケースでも，面接を行い，じっくり話を聞いてみると『老いのプロセス』の影響がないことはまれである」（p. 18）と指摘している。「老いのプロセス」とは，そのまま日本語に訳すと「老いの過程」となり，さらに言い換えると「老いゆくこと」となる。「老いゆく」という時間的背景は共通しながらも，高齢者は一人ひとりが唯一無二なのである。

北山（2018）は「高齢者にとって，『今』をいかに生きるのかということは，きわめて個別的な体験だと考えられる」（p. 7）と述べている。筆者はⅧ節で，死を話題にすることは生きている現在や未来について話をすることだと書いたが，人間は何歳であっても，死ぬ瞬間まで多様な生にせまりながら「今」を生きているのである。私たち心理職は「高齢者に会っていることを意識しつつ」も，「その人が高齢者であることを忘れて，その人自身がどんな人か」を見ていくという，一見矛盾した態度でいる必要があるだろう。

次に，**表4**に関するもう一つの筆者の感想は「多様な姿勢や態度に触れられているが，どこか一本芯が通っているように感じる」であった。筆者はこの感想を，自身の体験をあわせて「私が私のままいればよい」ということだと解釈している。この理解の原体験となった出来事を記して，本章を締めたいと思う。

Ⅹ．おわりに──私の中で再生する高齢者たち

筆者の修士論文は，長崎の原爆被爆者を対象としたものであった。当時修士課程1年生だった筆者は，データ収集のために長崎にてフィールドワークを予定していたのだが，東京を発つ前日，東日本大震災が発生した。地震が起きた時，筆者はフィールドワーク前の最終指導を受けるため，大学で待機しているところだった。指導は中止となり，筆者はそのまま一夜を大学で過ごした。その晩，筆者は避難所となっていた学食に設置されたテレビにて，福島第一原子力発電所の事故の報道を見た。筆者は，予定していたフィールドワークの指導がなくなり，予約してある飛行機に乗れるか見通しが立たず，

無事に長崎にたどりつけたとしても原発事故が発生しているさなかに原爆被爆に関する話を聞いてもよいのだろうか，と心配し，フィールドワークを半ばあきらめたような気持ちでいた。

幸いなことに，翌朝になると公共交通機関の運行が再開し，驚くほどスムーズに長崎に到着した。筆者は修士課程の学生ながらも，自分がうろたえていては協力者を困らせるだろうと思い「私がしっかりしなくてはいけない。原発事故が報道されるなか原爆被爆の話をするということの侵襲性の高さについて丁寧に説明をして，無理な協力は仰がないようにしよう」と自分に言い聞かせていた。

しかし，ほとんどの協力者は，筆者の顔を見るとすぐに笑顔と安堵の表情を浮かべた。そして「よく来たね。大変だったでしょう。心配していたのよ」と温かく迎え，自ら東日本大震災のことに触れ，原爆被爆と比較して話をしてくれた。筆者は協力者たちのその姿を見た時，それまでは協力者を心配する気持ちが強かったが，本当は自分自身が非常に不安で心細かったのだと，はっきりと思い至った。また，フィールドワーク前は，トラウマティックな体験を想起させて語ってもらうことに尻ごみする気持ちがあった。ところが，彼らは筆者が思っていた以上に色々なことを昔話として懐かしく語り，生々しい情緒を喚起させたとしても自分で「今」に戻ることができていた。そして，協力者たちは筆者を若造扱いしたり，下に見たりするようなことはなく，対等な相手として接してくれた。

その時，筆者は高齢者の器の大きさや安定感，温かさを知り，無理をして専門家を装う必要はないのだとわかった。携えていくものは相手に対する敬意と興味だけでよく，高齢者がこころの扉を開いてくれたら，私は私のままお邪魔すればよいのである。気負わずとも，高齢者は素朴な私をそのまま迎え入れてくれるのである。筆者は，協力者たちを前にする自分は，親鳥から大切に育てられるひな鳥のようだと感じた。この出来事は，エリクソンらの言う祖父母的生殖性を体験させてくれたものであり，筆者の高齢者臨床における，高齢者への信頼の揺るがない礎となった。

あれから長い月日が経ったが，筆者は今でも毎日のように協力者のことを

思い出す。そして記憶の中の彼らは，筆者が思い悩むことがあるといつも，筆者の心理臨床家としての原点を照らしてくれる。亡くなった協力者も多いが，彼らは筆者の心の中で再生し，生き続けているのである。

▶これからの皆さん（読者）に問いかけたいこと／自分も考え続けたいと思っていること

・自身の老年観や死生観はどのようなものか，また，老いや死について考えた際に起こる情緒的な動きはどのようなものか。

・高齢者の「こころの再生」とはどのようなものか。『おわりに——私の中で再生する高齢者たち』では，筆者のこころの中にいる高齢者の再生について書いた。これは言い換えると，筆者の記憶が「再生（playback）」されることにより，筆者のありかたを「再生（regenerate）」させる体験であった。それでは，高齢者のこころにおける「再生」とは，どのようなものであろうか。臨床現場で，それぞれの事情で滞っていた高齢者のこころが再び動きだす様子に出会うことがあり，これは一種のこころの「再生（revive）」と表現できるかもしれない。一方で，もっと適当な言葉があるかもしれない，とも感じている。多義性や両義性に満ちた老年期のこころは多様性に富んでいる。「再生」という言葉も含めて，その高齢者固有のこころをあらわす際にしっくりとくる記述や表現を探していきたい。

引用・参考文献

デーケン，アルフォンス・梅原優毅（1996）．死への準備教育のための120冊．吾妻書房．

Erikson, E. H.(1963). *Childhood and society: 2nd revised & enlarged edition.* New York: W. W. Norton & Company.(仁科弥生（訳）(1977). 幼児期と社会1. みすず書房.）

Erikson, E. H., & Erikson, J. M. (1997). *The life cycle completed: A review expanded edition.* New York: W. W. Norton & Company. （村瀬 孝雄・近藤邦夫 （訳）

第**3**章　老年期と生と死，そして再生

（2001）．ライフサイクル，その完結増補版．みすず書房.）

Erikson, E. H., Erikson, J. M., & Kivnick, H. Q.（1986）．*Vital involvement in old age.* New York: W.W. Norton & Company.（朝長正徳・朝長梨枝子（共訳）（1990）. 老年期——生き生きとしたかかわりあい．みすず書房.）

Friedman, L. J.（1999）．*Identity's architect: A biography of Erik H. Erikson.* New York: Scribner.（やまだようこ・西平直（監訳）（2003）．エリクソンの人生（下）——アイデンティティの探求者．新曜社.）

Guggenbühl-CraigAdolf, A.（1978）．*Macht als gefahr beim helfer: Psychologische praxis, Band 45.* Basel: S. Karger AG.（樋口和彦・安溪真一（訳）（2019）．心理療法の光と影——援助専門家の《力》．創元社.）

Guggenbühl-Craig, A.（1986）．*Die närrischen Alten.* Zürich: Schweizer Spiegel.（山中康裕（監訳）李敏子・奥田智香子・久保田美法（訳）（2007）．老愚者考——現代の神話についての考察．新曜社.）

長谷川和夫（1977）．老化の概念．長谷川和夫・霜山徳爾（編）．老年心理学．岩崎学術出版社，pp. 3-20.

長谷川照子（2005）．近頃思うこと．村瀬嘉代子・黒川由紀子（編）．老いを生きる，老いに学ぶこころ．創元社，pp. 94-96.

河合隼雄（1994）．河合隼雄著作集第13巻　生きることと死ぬこと．岩波書店.

北山純（2018）．高齢者の心理臨床——老いゆくこころへのコミットメント．創元社.

黒川由紀子（1998）．高齢者の心理．黒川由紀子（編）．老いの臨床心理——高齢者のこころのケアのために．日本評論社，pp. 9-32.

黒川由紀子（2008）．認知症と回想法．金剛出版.

黒川由紀子（編）．青梅慶友病院（監修）（2022）．「豊かな老い」を支える やさしさのケアメソッド——青梅慶友病院の現場から．誠信堂新光社.

増井幸恵（2016）．老年医学の展望——老年的超越．日本老年医学会雑誌，53(3)，210-214.

増井幸恵・権藤恭之・河合千恵子・呉田陽一・髙山緑・中川威・高橋龍太郎・蘭牟田洋美（2010）．心理的well-beingが高い虚弱超高齢者における老年的超越の特徴——新しく開発した日本版老年的超越質問紙を用いて．32(1), 33-47. https://doi.org/10.34393/rousha.32.1_33

増井幸恵・中川威・権藤恭之・小川まどか・石岡良子・立平起子・池邉一典・神

91

出計・新井康通・高橋龍太郎（2013）．日本版老年的超越質問紙改訂版の妥当性および信頼性の検討．老年社会科学，35(1), 49-59. https://doi.org/10.34393/rousha.35.1_49

内閣府（2004）．平成15年度「年齢・加齢に対する考え方に関する意識調査」結果 第2章調査結果の概要 3高齢者のイメージ（Q3）． https://www8.cao.go.jp/kourei/ishiki/h15_kenkyu/pdf/2-3.pdf（2023年10月2日取得）

プラトン（著）．藤沢令夫（訳）（1979）．国家（上）．岩波書店．

橘覚勝（1977）．老いの探求．誠信書房．

竹中星郎（2010）．老いの心と臨床．みすず書房．

Thane, P (Ed.). (2005). *The long history of old age*. London: Thames & Hudson LtD. （木下康仁（訳）（2009）．老人の歴史．東洋書林．）

Tornstam, L. (2005). *Gerotranscendence: A development theory of positive aging*. New York: Springer Publishing Company. （富澤公子・タカハシマサミ（訳）（2017）．老年的超越——歳を重ねる幸福感の世界．晃洋書房．）

上村くにこ（2020）．死にぎわに何を思う——日本と世界の死生観から．アートヴィレッジ．

氏原寛・山中康裕（1994）．老年期のこころ．ミネルヴァ書房．

やまだようこ（2007）．喪失と語りのパッチワーク．やまだようこ．やまだようこ著作集第8巻 喪失の語り——生成のライフストーリー．新曜社，pp. 1-19.

やまだようこ（2021）．やまだようこ著作集第7巻 人生心理学——生涯発達のモデル．新曜社．

山中康裕（1991）．老いのソウロロギー——魂学——老人臨床での「たましい」の交流録．有斐閣．

山中康裕（2005）．老いるということ——その生物学的・社会学的・心理学的考察への一寄与．村瀬嘉代子・黒川由紀子（編）．老いを生きる，老いに学ぶこころ．創元社，pp. 14-29.

第3章 老年期と生と死,そして再生

高齢者の精神科デイケアにおける死と再生

北山　純

「あなたも年をとったらわかるよ」

　編物か,あるいは裁縫だっただろうか。高齢者デイケアのプログラムとして,ある高齢者と一緒に細かな手作業を行っていた時のことだった。若い頃はむしろ好んで手芸を趣味にしていたけれども,今は手指が思うように動かないし,針先がよく見えない。そんな説明をした後に,彼女は私にそう言ったのだった。

　その言葉には,以前のように思うままにはならない今の自分に対してだけでなく,そんな苦労を味わうことなく目の前にいる私に対しても向けられた苛立ちが感じられた。「私のことがわかるのか,いや,今のあなたにわかるはずもないだろう」という思いも込められているようだった。同時に,棘だけではなく,抗えない時の流れへの諦めや,年下の者に諭し教えるような声音も含まれているような気がした。私は,人生の先をゆく老いた姿を前にして,「自分も同じ道を歩んでいるのだ。私もいずれ何かがうまくいかなくなり,同じような苛立ちを感じる時がくるのかもしれない」などと考えていた。そんなことごとが頭を巡った刹那,私は思った。「彼女の言う通りだ。今の自分はこの方の思いをわかってない」と。

　彼女の言葉から少しの時間が経ったあと,私はただ「そうですね」とだけ,頷きながら答えた。その方は「そうでしょ」と笑みを滲ませて,手を動かし続けていた。

　私が心理士として携わっていた精神科デイケアは,主に認知症の高齢者を対象とした介護保険サービスによるものではなく,不安,抑うつ,不眠といった精神症状を呈していたり,家族関係の問題や対人交流の機会の減少など,いわゆる市井の精神科クリニックで治療を受けている高齢者のための場として企図されたものだった(北山,2018)。デイケアの折々で,日常のほんのわずかな瞬間に,老いの一端が現れる。そこには上述の例のように,年を重ねてゆくことには,様々な次元での「わからなさ」が含まれている。

　Jung, C. G. が述べる「キルクムアンビュラティオ(circumambulatio)」とは,心の中の対立項を一つに結び付けることのできる中心の周りを巡る円

93

環的な運動であり，心理学的な作業である（猪股，2021）。私が高齢者の背中を後ろから目にしながらも決して追いつかないように，高齢者の心理臨床においては老若の二項対立が常に存在する。それが一つになることは決してないけれども，離れていて結び付かないからこそ，すなわち，わからないからこそ，そこに心理学的な運動が生じる。山中（2018）がキルクムアンビュラティオについて「グルグル廻って聞いていく」と述べているように，臨床実践の中では，クライエントの表現をセラピストが聴き，こころを巡らせてそれに応じ，といったことを繰り返し続けてゆくことになるのだろう。そして，わからないからこそ，安易な正解もどきにたどり着こうとするのではなく，わからないことに真摯に目を向けながら，共に歩み続けることになるのだろう。

　私はここで「共に」と書いた。なぜなら，きっと齢を重ねた彼女にとっても，この先がどうなっていくかは「わからない」はずだからだ。様々なプログラムを土台にしながら，安定した場を定期的に設えるデイケアの場の中で，参加するメンバーも，スタッフも，共に未知なるものを巡ってグルグルと心を動かし続けている。そのような心の作業こそが，高齢者の心理療法なのではないだろうか。

引用文献

猪股剛（2021）．〈心理学と錬金術〉の再生——解題として．C・G・ユング（著）．S・ギーザー（編）．河合俊雄（監修）．猪股剛，宮澤淳滋，鹿野友章，長堀加奈子（訳）．C・G・ユングの夢セミナー　パウリの夢．創元社．pp. 343-356.

北山純（2018）．高齢者の心理臨床——老いゆくこころへのコミットメント．創元社．

山中康裕（2018）．精神療法家・心理療法家にとって，必須の根底．精神療法，44（3），76-78.

●読書ガイド・・・・・・・・・・・・・・・・・・・・・・・・・・・・・・・・・・・・・・

黒川由紀子（2005）．回想法——高齢者の心理療法．誠信書房．

　回想法は，心理のみならず，福祉や介護を含めた高齢者支援の領域で広

く知られるようになり，類書もみられるが，本邦における礎を築いたのは著者らによる実践である。老年期という世代特性への理解，繊細な心理アセスメント，多様な問題を抱えた老人たちへの創意工夫をこらした関わりなど，回想法という窓を通じて，まさに高齢者の心理療法そのものが描出されている。著者の先駆性に満ちた本書は，老年臨床に携わる者にとって必読であろう。

山中康裕（1991）．老いのソウロロギー（魂学）．有斐閣．（1998／ちくま学芸文庫）．

「魂学」と題される通り，夢や箱庭といったイメージ，俳句や連句などの表現を通じて，高齢者のこころの「コア」にまっすぐに向き合っている数々の事例には圧倒的な迫力がある。本書にある，「老人たちそれぞれが耳を傾ける価値のある内界を持っている」という著者の言は，心理臨床家が高齢者に出会うときの要石となるだろう。コラムに記した「キルクムアンビュラティオ」という視座は，私が著者から教えていただいた貴重な財産である。

竹中星郎（2019）．精神科医がみた老いの不安・抑うつと成熟．朝日新聞出版

精神科医である著者と患者たちとの関わりの記述はみずみずしく，そのバックボーンたる広範で精緻な精神医学の知見が本書全体に散りばめられている。それと綾をなすように，内外の小説，随筆など多様な文献を引用しながら，老いが深く論じられてゆく。私は，著者自らが老いを生きる姿に触れ，そこから多くを学びたいと願っていたが，残念ながらそれは叶わぬこととなった。本書は著者最後の書である。

久保田美法（2020）．「老いの時間」を共に生きる──心理臨床からの試み．ナカニシヤ出版．

認知症の高齢者から「こぼれる」言葉を，著者が全身の柔らかな身体感覚をもってすくいとる様子が端々から伝わってくる。それは著者が心理臨床家として，意味を超越した世界にいる高齢者とも同行していることの証左であろう。重度の認知症の方々とこのような時間が過ごせれば……と思わせる一書である。

第4章
小児医療における生と死，そして再生

横山　恭子

Ⅰ. 子どもと死をめぐる問題

(1) 子どもと死

　柳田國男の「七つ前は神のうち」という説は非常に有名である。私たちは
あたかもそれが常識のように考えてきたところがある。それだけこの説は，
人の心に説得力を持って伝わるものなのだろうと思う。しかし近年，この説
に関しては様々な疑義が提出されている（福田，1993；柴田，2008；島津，
2020）。「神のうち」かどうかはさておいて私たちは，子どもが生にも死に
も近い存在であると体験的に理解しているように思う。生まれたばかりの赤
ちゃんは，ケアしてもらえなければすぐに死んでしまう，極めて弱い存在で
ある。しかしながら同時に，全存在をかけて泣き，おっぱいを飲む。その生
きようとする力，成長しようとする力には感動を覚える。

　子どもであろうと大人であろうと，生きているものは，必ず死ぬ。それは
100％の確率で起きることである。長いとか短いとかは関係なく，その人そ
れぞれの生きた時間がある。どれひとつ同じではなく，どの生も周りの人に
かけがえのないものを贈っているように思われる。ただそれが子どもに生じ
る時に，周囲の大人はあたかもこころから血が流れているような痛みを抱え
る。このような子どもの生と死に際して，私たちのこころの中では，子ども
は〈授かる〉ものであり，〈オカエシモウス〉存在として受け止められてき
ている（中山，1992）。西洋でも，後述する Massimilla の詩にあるように，「神
様からの特別な贈り物」と捉える考え方がある。このような考え方は，人間
の知恵というべきものという側面がある。この世にいる限りは，私たちはそ
の子どもに責任を負っているが，しかしその子どもは決して私たちの所有物
ではない。大切なものとしてお預かりしているものであり，いずれは返さな

ければならないこともありうる存在である。そこには人間の力を超える計らいがあると考えることができることは，子どもを失った親にささやかな慰めになりうることがある。余談ながら，子どもを自分の所有物であるかのように考えること，場合によっては全責任を自分が担うという考え方は，親を追い詰めたり子どもを追い詰めたりする印象がある。子どもは大切な預かり物であるという考え方は，それによって少しお互いのありようを客観視し，子ども独自のあり方を認めていくことに役立つ考え方のようにも思われる。

⑵　子どもと死の近接性

　子どもは思っているよりも，「死」に近いところで生きている。

　「人は必ず死ぬ」という理とその無情さに気が付いた時に，恐ろしくなって不安が強くなり，眠れなくなって相談にやってくる子どもは珍しくない。その恐ろしさに圧倒されて立ちすくんでしまう気持ちは，ある意味当然のことであろうと思う。そこから，どうしたら「普通に」生きていかれるのか，あるいは怖さを抱えて生きていけるのか，考えていくことが必要になる。河合隼雄は，人生は丸木橋を渡っているようなものだという例え話をしたことがある。一生自分がどこにいるのか気が付かないで歩いていってしまう人もあるし，その人はある意味で幸せな人かもしれないが，その危うさに気が付いて立ちすくんでしまう人もいる。その立ちすくんでしまった人に同行しようとするのがわれわれ心理職の仕事であると説明していた。「死」ということに気が付いて，恐ろしくなってしまった子どもは，自分が丸木橋を渡っていることとその危険性に気が付いてしまった子どもだと言えよう。そこに立ち会わせていただけるのは，心理職としてとてもありがたいことでもある。このような時私たち心理職は，子どもが自分で立ち上がって歩いて行こうと思うまで，付き合わせていただくことになる。ただその時に，親のほうが当惑して混乱してしまうことも多い。親自身の不安が喚起されることに耐えられない親の場合には，頭ごなしに子どもを叱ったり，見ないようにという考えを押し付けようとしたりするように思う。親にとっても，素直に自分と向き合い，自分の感じる不安と向き合いながら子どもを抱えていかれる体験に

なると良いと思いつつ私たち対話を繰り返すことになる。

　子どもは「死」という考えから遠いわけではないことを示すデータもある。『日本財団第5回自殺意識調査』（2023）によると，若者の44.8%が「死ねたらと本気で思った」あるいは「自死の可能性を本気で考えた」とある。また，19.1%が自殺未遂や自殺の準備の経験があるという。Adachiら（2020）によると，小中学生のうち16.2%が1週間のうち「数日」自殺や自傷行為について考えたことがあると回答し，そのうち2.4%の子どもが「ほとんど毎日」考えていると回答しているとしていることからも，子どもと「死」には近接性がうかがえる。私たち大人から見ると，たくさんの可能性を含んだ未来に続く時間を持っているように見える子どもだが，容易に絶望し，生きるに値しないと思い詰めてしまいがちである。大人よりも考えの幅が狭く，ストイックな考え方をしがちであることを忘れずに，子どもと関わる必要がある。

Ⅱ．小児医療心理学における支援

(1)　小児医療の中に認められる生と死と再生

　小児医療の世界では生と死が近くにあることを肌で感じるが，実際の生と死ばかりではない「死」の体験も様々に存在している。例えば，初めててんかんの大発作を起こしてから学校に行けなくなった子どもは以下のようなことを話してくれた。「だって，いつどこでまた倒れるかわからないって，本当に怖い。自分がどうなっちゃったのか，自分では全然わからないんだよ。もうどうしたらいいかわからないよ。倒れたのを友だちに見られたらと思ったら，もう恥ずかしくて学校になんか行けない」。また，脳の手術を受けた子が「先生，脳を触られるって，どういうことかわかる？　なんかどう言ったらいいかわからないけど，とにかくものすごく嫌なんだよ。なんかわからないけど，嫌だったんだよ。それで目が覚める時に，すごく叫んだり，暴言を吐いたりしちゃったんだよ。それを思い出すとまたはずかしくて……」と語ったりする。大人でも，言葉にするのが難しく，想像を超えるような体験をしているのだなと思う。一つひとつが子どもにとっては「死」であるかも

しれず，同時にそこから新しい「生」が生まれる可能性を持つとも言えよう。

医療の世界の進歩は目を見張るものがあり，四半世紀前と現在とを比べても，長足の進歩を遂げている。この背景には，治療に関わる医師や看護師，その他すべての医療関係者の治療への献身と研究への邁進がある。そのおかげで以前であれば助からなかった子どもが助かるようになってきている。一方で，生き残ることと引き換えに，強い薬や治療の副反応により日常生活の妨げが生じたり，不可逆的な，場合によっては進行していく問題を抱えるようになったりする子どももいる。また子どもによっては，「きちんとコントロールさえすれば，日常生活を普通に送れますよ」と言われることがあるが，どのような「日常生活」なのか，本人，家族，医療従事者それぞれが頭に描いている「日常生活」が異なることから，黙って苦しむ子どももいる。「きちんとコントロールする」ことにこだわって辛い思いをする親と子どももいる。辛い治療の後にせっかく助かった命のように思われるが，「こんなんだったら生きていても仕方がない」とつぶやく子どももいるし，「自分は子どもの命を助けたくて一生懸命に治療をしたのに，その結果としてこのような（晩期合併症の）状態にしてしまった」と苦しむ医師もいる。子どもたちのためにと献身的に働き，結果的に過労死とも思えるような状態で亡くなる医師を見ることもある。それらすべてが小児医療で生じている様々な生の形であり，死の形でもある。子どもの周囲で起きていることは，多かれ少なかれ子どもに影響を与えていく。特に，苦しみや死というものは連鎖をすることも多い。そうは言うものの，多くの子どもは，苦しみを体験している時でさえ，同時にそこから立ちあがろうとする力，生き抜こうとする力を示すように思われる。心理職は子どもと家族と周囲の人々の苦しみを聴くと同時に，その中にある力や可能性に注目し，再生を支援すべく努力をするのが仕事である。そのために必要な能力は，的確なアセスメントの能力と，それを人にわかるように伝える能力であろう。

(2) 小児医療心理学とは

ありがたいことに，小児医療の分野で心理職として仕事をしたいという人

は増加傾向にある。非常に幅が広く，奥が深い領域であり，臨床心理学のみならず発達心理学や認知心理学，社会心理学等の知識を総動員して関わり方を探究できる，刺激的な領域である。ただし，時にセンチメンタルな関心から支援を志す人もいるように思う。関心を持たれないということよりも良いことかもしれないが，「かわいそう」ということは，相手を無力な存在だとみなし，下に見ていることになる。相手の中に存在している可能性や能力を信頼し，それに対する畏敬の念をいだきながら関わっていくことに意味があると考えている。

武野（2015）は，医学の中で老年医学geriatricsのほかには，小児科pediatricsと精神科psychiatryのみが治療を意味するiatreiaに由来する接尾語を持つことから，logiaすなわち学問を意味する接尾語を持つ大多数の科とは異なるのではないかと指摘している。iatreiaに由来する領域では，横軸として子ども本人，家族，医療者，学校，地域等の広がり，縦軸としてそこに至るまでの子どもや家族の歴史そして子どもや家族の未来までを含めた，広い視点を持ち，全体を捉えていくことが必要だと考えられる。

(3) 小児医療心理学の歴史

小児医療心理学は，1896年，アメリカでLightner Witmerが臨床心理学 Clinical Psychologyという言葉を提案した時に発すると言われている。Witmerはペンシルバニア大学で，Psychological Clinicを設立し，小児科医や学校と連携して，一般の子どもや小児科関連の問題を持つ子どもの支援にあたった（Routh, 1975）。

その後，医師でも心理士でもあったGesell, A.（1919）が，子どもの医学的治療に取り組む臨床心理士の必要性について主張した。またAnderson（1930）は米国医師会の講演で，臨床心理士と小児科医の協力がもたらす潜在的な利点について，繰り返し述べている。具体的にはAndersonは，子どもの発達に関する心理学者の高度な訓練を強調し，知能検査や発達のアセスメントや子どもの行動療法における助言などを通して，小児医療に貢献できる可能性があることを強調した。とはいえ，全体的にはこの動きはゆっくり

であり，あまり歓迎されていたというわけではなかった。1960年代半ば以降，小児科医は発達，行動，学業上の問題を抱えた子どもの増加に直面し，心理学者も従来の相談機関では満たされていないニーズを持った子どもと家族がいることを見出し，両方のグループにとって新しい実践モデルが必要であるということが明らかになった（Aylward & Lee, 2017）。

　その後，Kagan（1965）が小児科と心理の新しい結合を呼びかけている。

　小児医療心理学という言葉を提案したのはWright（1967）である。Wrightは心理士に，小児医療実践で求められているものを理解し，医療現場にあったアセスメントと介入を行うように促した。同時に，明確な役割定義とトレーニング，それに基づくアイデンティティの形成を開発する必要性を求めた。その後，1968年にアメリカ心理学会の臨床児童心理学部門の支部として小児医療心理学会が形成され，1980年には臨床心理部の独立した部門となっている（Roberts（ed.）, 2007）。

　小児医療心理学は1960年代以降様々に発展してきている。小児医療の世界では，「生命を脅かす病気」が「慢性疾患」に変わってきている。しかしながら，それは子ども自身や家族が対処しなければならない問題が増えてきているということでもある。1960年代も今も「アドヒアランス[1]」は大きな懸念事項であり続けている（Roberts & Steele, 2017）。小児医療心理学者は，家族関係や友人関係などを理解することを通じて，家族を中心に置いた，発達段階に相応しい，そして子どもに配慮したケアの概念を活用することを掲げて活動している（Aylward & Lee, 2017）。

⑷　小児医療心理学の臨床業務

　小児医療心理学の範囲は，以下のとおりである（Roberts, Aylward & Wu, 2014）。

①　小児の疾患に関連する問題に対する心理社会的サービス

②　小児の問題とともに医療現場に現れる精神保健上の問題に対する心理

1　患者が，服薬，食事療法や生活習慣の改善，運動などに関して，医療者の勧めに自ら同意し，一致した行動をとっている程度（WHO, 2003 ただし桜井, 2022による）。

社会的サービス

③　併存疾患のない医療現場における心理的問題の診断と治療

④　健康増進，病気や怪我の予防と早期介入のためのプログラム

⑤　知的あるいは発達的なハンディキャップを持った子どもや青年に対するアセスメントや介入，機能を向上させるプログラムの策定

⑥　子どもと家族を支援し，公衆衛生の向上を推進する公共政策の擁護

⑸　小児医療における心理学の貢献

様々な小児医療の分野への心理学の貢献は，Robertsら（2017）に集約されている。そのすべてに触れることはできないが，例えば，小児腫瘍学における貢献について考えてみたい。

従来小児腫瘍学では，急性期での本人と家族への支援が中心であった。しかし前述したように，小児がんの生存率は近年非常に高くなっている。今から約半世紀前の1975年の日本では，小児がん全体の生存率の推計は約45%（「日本の小児がん」による）であった。しかし現在では5年生存率は70.5%〜96.6%（国立がん研究センタープレスリリース，2024.1.25）に上昇している。それにしたがいサバイバーシップが注目を集めており，特に近年では晩期合併症[2]に注目が集まっている。吉本-鈴木らの研究（2022）では，実に93.1%に晩期合併症が認められると指摘されており，大きな課題となっている。

このような現状を踏まえた上で，Kazakら（2015）は小児腫瘍学における心理学の貢献として，7点を挙げている。

①　処置中の痛み，吐き気，その他の症状を和らげる

2　子どもは発育途中であることなどから，成長や時間の経過に伴って，がんそのものや，薬物療法，放射線療法など治療の影響によって合併症が起こることがある。このように，治療が終了して数か月から数年後に，がんそのものからの影響や，薬物療法，放射線治療など治療の影響によって生じる合併症のこと。晩期合併症は，がんの種類，発症の年齢や部位，治療法の種類や程度によって様々で，身体的な症状や二次がんの発症のみならず，精神的・社会的な問題なども含まれる。そのため，がんの治療終了後も，個別の状況に合わせて長期の経過観察（フォローアップ）がなされる（以上がん情報サービス，https://ganjoho.jp/public/life_stage/child/follow_up/follow_up.html）。

② 神経心理学的影響を理解し軽減する

③ 子どもを家族や社会生態学の文脈で捉える

④ 発達の視点からのアプローチ

⑤ 能力（コンピテンシー）と脆弱性を見極める

⑥ 意思決定やその他の臨床ケアの問題に心理学の知識を応用する

⑦ 緩和ケアと死別への移行を支援する

以下はKazakら（2015）を紹介し，説明を加えるものである。

① 処置中の痛み，吐き気，その他の症状を和らげる

痛みには生物学的，認知的，感情的な側面があることは従来から指摘されてきている。また，痛みや吐き気，その他の症状に対しては，子どもの発達段階によって対応が変わってくる。例えば，低年齢児に関しては気晴らしが有効であるが，年齢の高い子どもや青年には，誘導イメージ，リラクゼーション，自己催眠などが有効であることがわかっている（Cohen, 2008）。

② 神経心理学的影響を理解し軽減する

ある種のがん（脳腫瘍等）や治療法（血液脳関門を通過する化学療法，頭蓋照射，外科的切除等）には，発達中の脳に神経毒生を及ぼし，その結果，認知や学業成績に短期的・長期的な障害をもたらすことがわかってきた（Campbell et al., 2007; Robinson et al., 2010）。IQや言語的・非言語的推論，記憶，注意，処理速度，実行機能への影響は重大な懸念事項である（Hocking & Alderfer, 2012; Takahashi, S. et al., 2022）。

心理職は知能検査や様々な神経心理学的検査を通じて，それらの子どもの問題の発見に貢献できる可能性がある。また，学習障害やその他の子どもの支援計画に携わってきた経験を応用すれば，これらの問題に対してどのように支援をしていったら良いのかという方針を立てていくことに貢献できるだろう。

筆者は，近年多くの学校に配置されるようになっているスクール・カウンセラーが小児がんサバイバーの認知的問題に関する知識を持てば，問題の早

第4章　小児医療における生と死，そして再生

期発見や支援を後押しできる可能性があるのではないだろうかと考えている。

③　子どもを家族や社会生態学の文脈で捉える

　小児がんは家族の病気であると言われている。子どもとその家族のあらゆる面に影響を及ぼすし，それが長期にわたる。多くの場合，子どもが幼いということもあり，インフォームド・アセントという考え方が適用される。すなわち，できるだけ子どもにわかるように丁寧に説明を行い，子ども自身の納得を得るように努める。しかしながら最終的な決定は，未成年者の場合，親権者が行うことになる。親は，子どもが重篤な病気であるという悪い知らせを受け，その病気や治療に関して理解をすることを求められ，重大な決定をしなければならない。その重圧は，非常に大きいと言えるだろう。加えて，入院児のケアやきょうだい児のケア，家事や学校との連携，仕事の調整等，多くの負担が家族の生活の中に侵入してくる。ひとり親の場合には，特に負担が大きく，苦痛を経験することが明らかになっている。一方で，ほとんどの子どもは，心理的な適応障害を示すことなく適応すると言われている。両親も，診断時にはかなりの苦痛と負担を経験するが，1年後には適応が改善すると言われている（Vrijmoet-Wiersma et al., 2008）。きょうだいは，潜在的な脆弱性を持っている（恐怖，心配，悲しみ，学校での困難，家族内での注目や地位の欠如に対する葛藤等）（Alderfer et al., 2010）が，同時に回復力も持っていることも知られている。

　苦痛が継続することに関連する要因には，子どもが元々持っていた特性（年齢，気質，行動），病気と治療（特に脳腫瘍），家族構成（ひとり親，10代の親），がんとその治療によって悪化する可能性がある経済的な問題，家族の精神病理，家族の機能不全と社会的支援の欠如の歴史，治療経過と治療結果に関する親の信念などが関与すると言われている（Kazak et al., 2018）。

④　発達の視点からのアプローチ

　小児医療の現場においてはクライエントである子どもが非常に幼い場合が

105

ある。医療者の側でできるだけわかりやすく説明することが常態となっているが，病気や治療に対する理解が十分でないことも生じうる。

就学前の子どもの場合，指示に従い自分をコントロールするということが難しいことがある。学齢期の子どもにとっては，学習の保証や友人関係をどのように保証するかが大きな課題となる。子どもの発達にとって，友人関係は極めて重要である。小児がんの子どもは，学校を休んだり，見た目が変わったりしたとしても，一般的には同世代の子どもたちとうまくやっているようである（Noll et al., 1999; Reiter-Purtill et al., 2003）。ただ，脳腫瘍の子どもや中枢神経に影響を受けた子どもについては，家族や学校との連携が重要になる（Vannatta et al., 2007）。

AYA世代と言われる15歳以上の子どもは，がん自体の治癒の確率が，それよりも小さい子どもたちよりも低いこと，見た目の変化が低年齢の子どもに比べて大きな影響を及ぼす可能性があること，親からの自立が一般的に大きなテーマになる時期であるということに由来する反抗や，反対に自立が困難になることからくる問題がある。親も，いつ子どもから離れたら良いのかについて，迷うことも多いのではないだろうか。

⑤ 能力（コンピテンシー）と脆弱性を見極める

前述したように，小児がん患者とその家族は，全般的には良好な適応／回復力を持っていることがわかってきている。家族成員は診断の前後に苦痛を感じるが，治療が進みそこに適応していくにつれて軽減していく（Dolgin et al., 2007）。全体的には適応の良い軌跡を辿るとはいえ，治療に関連した出来事が適応に影響を及ぼし，苦痛を増大させることがある。最も重大な出来事は，当然のことながら再発または緩和ケアに紹介されるという可能性である。一方，肯定的な出来事（例えば，治療の終了）であっても，不安の原因となることがある（Wakefield et al., 2010）。医療につながっているということは，不安があったらいつでも相談できる場が保障されているということでもある。退院すること，あるいは外来通院の間隔があいていくことは，日々のちょっとした不安を本人や家族で抱えていかなければならないことでもある。

Kazak（2006）は，**図1**に示すような小児心理社会的予防健康モデル（PPPHM）を示し，家族のリスクのレベルをアセスメントし，それに応じた治療戦略をとることを提唱している。

図1 小児心理社会的予防健康モデル（PPPHM）

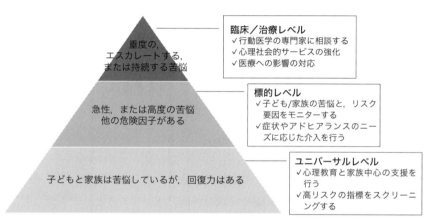

(Kazak, 2006)

小児がんの家族のほとんど（65%以上）はユニバーサルレベルである。彼らは一時的な苦悩を体験するが，病気以前から持っている危険因子は最小限であり，子どもの病気にうまく対処し，適応するのに役立つような十分な資源を持っている。このような家族に対しての介入においては，基本的な心理社会的ケア（例えば心理教育，情報の提供，治療要求に対する支援など）が大切であり，短期間の行動介入も親の苦悩を和らげるのに役立つだろう。

標的レベル（20-25%）は，病気以前から持っているリスクの領域がある程度特定されていて，資源は中程度である。介入としては，症状（例えば痛み，子どもの過剰な不安，親の苦悩）を軽減し，家族システム全体に対してより適応を促進するための的を絞った介入を行うことが挙げられる。

臨床／治療レベルの家族はごく一部である（10%未満）。問題はより深刻で，病気以前から危険因子を多く持っており（例えば親あるいは子どもの精神病理，子どもの問題行動など），資源は少ない。一般的には，多方面からの集

約的な介入が必要とされる。

　リスク要因は時間経過とともに変化する可能性があり，その結果PPPHM
のリスクレベルや介入方法が変わる可能性がある。

　小児がんと診断されることは命を脅かされるような体験であることを考
えると，心的外傷後ストレス症状（posttraumatic stress symptoms; PTSS）
を生じることは，ある意味通常のことであり，病的なものではない。その体
験には，当然のことながら，痛みや恐怖を伴う医療的処置や治療体験に対す
る，子どもと家族の心理的・生理的反応が含まれる。心的外傷後ストレス
症状は，一般的に子どもよりも親に見られ，きょうだいにも認められてい
る。しかしながら，心的外傷後ストレス症（posttraumatic stress disorder;
PTSD）と診断されることは稀である。その代わりに，サバイバーである子
どもにも親にもきょうだいにも，心的外傷後成長（PTG）が認められている。
がんの診断や治療は子どもとその家族に大きな影響を与えるが，その逆境に
直面して成長する子どもや家族の健康な側面に注目することも重要だと考え
られる。

⑥　意思決定やその他の臨床ケアの問題に心理学の知識を応用する

　治療をきちんと受けることが重要であることは言うまでもないが，青少年
では一般的にアドヒアランスが低いことが問題とされている。小児がんでは
化学療法を処方通りに受けなかった場合に，生命を脅かす可能性がある。化
学療法の服薬アドヒアランスは非常に複雑な現象である。ケアへの参加，理
解，コミュニケーションに関連する要因のほか，発達要因や親子の相互作用
に関する研究が必要であり，求められている領域だと言えよう。

⑦　緩和ケアと死別への移行を支援する

　小児がんの生存率は劇的な改善を示しているが，現在でも20％前後の子
どもが，小児がんそのもの，あるいは治療に関連した合併症で亡くなってい
る。現在では多くの病院で，親の同意が得られれば，子どもに対して「がん」
という病気であることを告げている。それは，しばらく入院が必要であり，

辛い治療に耐えるためには必要なことと考えられている。しかし一方で子どもと家族には，治るという希望と楽観的な感覚を併せて伝えることが多い。

近年は，「がんと言われた時から始まる緩和ケア」（国立がん研究センター）と言われるようになってきており，緩和ケアチームが置かれる病院が増えてきている。治療目標の突然の移行（例えば，根治療法から終末期医療への移行）を最小限にするためにも，早くから緩和ケアサービスを行うことは有効である。

小児緩和ケアにおける共同意思決定では，ケアの目標，選択肢の長所と短所，ケアが提供される場所について，子ども（発達段階に応じて），両親，医療チームメンバーが参加して話し合う。アメリカの研究では，小児緩和ケアチームに紹介された子どもはより長く生きる可能性があること，両親の希望的思考や情緒的なウェルビーイングのパターンが子どものケアに関する意思決定に役立つ可能性があると言われている（Feudtner et al., 2010）。

子どもの死は，家族にとってこの上ない苦悩であり，想像するのも恐ろしい出来事である。子どもの死の前後は，悲嘆と混乱の時期である。このプロセスに子どもと家族がどのように向き合うかということは家族によって異なる。どのようなあり方であっても，助けを求める人だけでなく，家族全体を見ていく視点が重要である。

日本ではまだ小児医療心理学という言葉自体も定着しているとは言えない。しかしながら小児医療の現場で働く心理職の数は増えてきているし，日本で最大の心理学系学会である心理臨床学会において，毎年のように発表や自主シンポジウムが組まれてきている。これから小児医療の特殊性を踏まえた上で，そこに貢献する研究を積み上げていく必要があることを感じている。

(6) 身体治療の現場における特殊性

小児の身体治療の現場での心理面接を行う際に，気を付けなければならないことがある。

特にベッドサイドにて子どもの話を聞く際には，他の心理臨床現場とは異なり，身体治療が優先となるということである。点滴のチェックに看護師がベッ

ドサイドに来ることもある。検査を受けるために子どもが急に病棟外に連れていかれることもある。身体の治療をするために入院している子どもの場合は，当然のことながらそちらが優先である。子どものその日のスケジュールを確認して，その日の流れを理解しておく必要がある。学齢期の子どもの場合，院内学級等の予定があれば，それを優先する必要があることもあるだろう。子どもには学ぶ権利があるし，できる限りそれも尊重しなければならない。いつでも，あと5分以内に面接を終えられるように準備をする必要がある。子どもの体調変化により，毎回おなじように面接できないこともある。子どもが楽しみにしている外泊との関係も配慮しなければならないことの一つである。

　他の臨床面接のように，毎週の面接を同じ曜日の同じ時間に固定することは難しい。臨機応変に，しなやかな枠組みで面接しながら，しかし約束したならば必ず訪問してくれるという信頼感や安心感を子どもが持つことが可能になるように面接していくことになる。

　また，ベッドサイドというところは，必ずしも秘密が守られない可能性がある場所でもある。話していることを，誰かが聞いている可能性のある空間である。そのことも意識しながら面接を行っていく必要がある。

　心理面接を行っていくために必要な面接構造と守秘という2つの武器が使えないというのは，実のところ心理職にとっては大変な不自由である。しかしそれを上回る信頼関係を形成していくためには何が必要か，常に考え工夫をしていくことが，ベッドサイドでの心理面接での醍醐味かもしれない。

Ⅲ．心理職として存在することの意味

(1) 心理職にできること

　私たちは，道具として，心理検査を用いたり，遊戯療法や芸術療法を用いたり，認知行動療法を用いたり，マインドフルネスや呼吸法の技法を用いたりすることができる。それらはすべて，極めて役に立つものである。しかし，最終的に，究極の道具は，面接者自身である。

　子どもは時として，様々なことを投げかけてくる。「僕，死んじゃうの?」

とか「死んだらどうなるの?」とか「死ぬのが怖い」とか。子どもが真剣に
問いかけてくる時に，そこから逃げることは好ましくない。こちらも真剣に
向き合って何を答えるかが面接の勝負所となる。そこには，面接者自身の死
生観や生き様が反映されるように思う。生きること，死ぬことについて自分
が何を考えてきているか，逃げずに正直に見つめることが大切なことである
ように思う（横山，2022）。そして，誰かの言葉ではなく，自分の言葉で子
どもに語りかけようと真剣に向き合った時に初めて，不安になっている子ど
もに言葉が届くのではないかと感じている。目前に生と死の興亡が繰り広げ
られている時，最終的には，専門職としてというよりも，「人として」そこ
に存在していることが求められるのではないだろうか。

　終末期の子どもに対しては，ただそばにいることしかできない心理職であ
るが，逃げずにそばにいること，誰にも奪うことができない"今"という時
間を一緒に味わうことに意味が生じてくると考えている（横山，2022）。真
木（2003）は，われわれが「現在それじたいへのコンサマトリーな意味の感
覚を喪わないかぎり，そして未来への関心が有限な具象性のうちに完結する
構造を喪わないかぎり，死はわれわれの生をむなしいものとはしない」と言っ
ているが，そうであるならば，面接者がクライエントと共に「いる」ことが「完
結して充足しうる時間」につながる可能性を開くことにつながるのであろう。

　「死」は圧倒的なものであり，向き合うことが恐ろしい体験である。それ
は，最終的には自分を超えた大きなものに自らを委ねることをどのように思
うのか，という体験でもあるように思う。それは嫌だと闘い続けるのも一つ
の生き方である。自分を委ねていくのも一つの生き方である。私たちにでき
るのは，その人がそうでありたいように生きることを，最後まで支えること
であると思っている。そこに「再生」があるのかどうか，私にはわからない
が，少なくとも私のこころの中では，クライエントはその後もいきいきと生
き続けるように感じている。

(2)　子どもと家族

　子どもが苦しんでいる時，常にそれと同じだけ，あるいはそれ以上かもし

れないほど苦しんでいるのはその家族である。苦しんでいる子どもを見たくなくて，病院に来られなくなってしまう親に会うこともあるが，ほとんどの親は逃げずに子どものそばに居続けている。当たり前のように見なされているそのことが，どれだけ苦しいことで，辛いことで，素晴らしいことであるだろうか。

　最後に，そのような家族に対し，ダウン症の子どもと家族の支援に尽力した丹羽（1985）が大切にしていた詩を贈らせていただくことにしたい。これが，その家族の様々な意味での「再生」に少しでも寄与できれば幸いである。

　【天国の特別な子ども】

　会議が開かれました。
　地球からはるか遠くで
　"またつぎの赤ちゃん誕生の時間ですよ"
　天においでになる神様に向かって
　天使たちは言いました。
　"この子は特別の赤ちゃんで
　たくさんの愛情が必要でしょう。
　この子の成長は
　とてもゆっくりに見えるかもしれません。
　もしかして
　一人前になれないかもしれません。
　だから
　この子は下界で出会う人々に
　特に気をつけてもらわなければならないのです。
　もしかして
　この子の思うことは
　なかなかわかってもらえないかもしれません。
　何をやっても

うまくいかないかもしれません。

ですから私たちは

この子がどこに生まれるか

注意深く選ばなければならないのです。

この子の生涯が

しあわせなものとなりますように

どうぞ神様

この子のために素晴らしい両親をさがしてあげてください。

神様のために特別な任務を引き受けてくれるような両親を。

その二人は

すぐには気が付かないかもしれません。

彼ら二人が自分たちに求められている特別な役割を。

けれども

天から授けられたこの子によって

ますます強い信仰と

豊かな愛をいだくようになることでしょう。

やがて二人は

自分たちに与えられた特別の

神の思し召しをさとるようになるでしょう。

神からおくられたこの子を育てることによって。

柔和でおだやかなこのとうとい授かりものこそ

天から授かった特別な子どもなのです"。

公益財団法人日本ダウン症協会発行 『この子とともに強く明るく』より転載
　出典：愛と祈りを込めて　Edna Massimilla〈大江祐子　訳〉
　この詩は，アメリカ・ペンシルバニア州　ハートボロ　私書箱21号
　This Is Our Life Publications　より掲載許可を得ております

113

▶これからの皆さん（読者）に問いかけたいこと／自分も考え続けたいと思っていること

・子どもが「死」を意識する時，というのはどのような時でしょうか？ あなたが子どもの時に，そのようなことを考えましたか？ 考えたとしたらどのようなきっかけがありましたか？

・「死ぬのが怖い」と言っている子どもに，「死んだらどうなるの？」と問いかけられた時，あなたならどう答えますか？

・最後のMassimillaの詩を読んで，どのような感想を持ちましたか？

引用・参考文献

Adachi, M., Takahashi, M., Hirota, T., Shinkawa, H., Mori, H., Saito, T., & Nakamura, K. (2020). Distributional patterns of item responses and total scores of the Patient Health Questionnaire for Adolescents in a general population sample of adolescents in Japan. *Psychiatry and Clinical Neurosciences*, 74, 628-629. doi:10.1111/pcn.13148

Alderfer, M. A., Labay, L., & Kazak, A. (2003). Brief report: Does posttraumatic stress apply to siblings of childhood cancer survivors? *Journal of Pediatric Psychology*, 28, 281-286. doi:10.1093/jpepsy/jsg016

Anderson, J. E. (1930). Pediatrics and child psychology. *Journal of the American Medical Association*, 95, 1015-1018.

Aylward, B. S., & Lee, J. L. (2017). Historical Developments and Trends in Pediatric Psychology. In M. C. Roberts, & R. G. Steele (Eds.) (2017). *Handbook of Pediatric Psychology. 5th ed.* The Guilford Press.

福田アジオ（1993）．民俗学と子ども研究──その学史的素描．国立歴史民俗博物館研究報告，54, 145-162.

がん情報サービス　小児がんの患者数（がん統計）

https://ganjoho.jp/public/life_stage/child/patients.html（Access on 29 June 2024)

Campbell, L. K., Scaduto, M., Sharp, W., Dufton, L., Van Slyke, D., Whitlock, J., & Compas, B. (2007). A meta-analysis of the neurocognitive sequelae of treatment for childhood acute lymphocytic leukemia. *Pediatric Blood and Cancer*, 49, 65-73. doi:10.1002/pbc.20860

Dolgin, M. J., Phipps, S., Fairclough, D. L., Sahler, O. J. Z., Askins, M., Noll, R. B., Butler, R. B., Varni, J. W.,& Katz, E. R. (2007). Trajectories of adjustment in mothers of children with newly diagnosed cancer: A natural history investigation. *Journal of Pediatric Psychology*, 32, 771-782. doi:10.1093/jpepsy/jsm013

Gesell, A. (1919). The field of clinical psychology as an applied science: A symposium. *Journal of Applied Psychology*, 3, 81-84.

Cohen, L. L. (2008). Behavioral approaches to anxiety and pain management for pediatric venous access. *Pediatrics*, 122 (3), S134-S139. doi:10.1542/peds.2008-1055f

Feudtner, C., Carroll, K., Hexam, K., Silberman, J., Kang, T., & Kazak, A. (2010). Parental hopeful patterns of thinking, emotions, and palliative care decision-making. *Archives of Pediatrics and Adolescent Medicine*, 164, 831-839. doi:10.1001/archpediatrics.2010.146

Hocking, M. C., & Alderfer, M. A. (2012). Neuropsychological sequelae of childhood cancer. In S. Kreitler, M. W. Ben-Arush, & A. Martin (Eds.), *Pediatric psycho-oncology: Psychosocial aspects and clinical interventions*. 2nd ed., pp. 175-186. Wiley. doi:10.1002/9781119941033.ch15

Kagan, J. (1965). The new marriage: Pediatrics and psychology. *American Journal of Diseases of Children*, 110, 272-278.

Kazak, A. (2006). Pediatric Psychosocial Preventative Health Model (PPPHM): Research, practice and collaboration in pediatric family systems medicine. Families, Systems, & Health, 24, 381-395. doi:10.1037/1091-7527.24.4.381

Kazak, A. E., & Noll, R. B. (2015). Integration of Pediatric Oncology Research and Practice: Collaboration to Improve Care and Outcome for Children and Families. *American Psychologist*, 70 (2), 146-158.

Kazak, A. E., Hwang, W.-T., Chen, F. F., Askins, M. A., Carlson, O., Argueta-Ortis, F., & Barakat, L. (2018). Screening for Family Psychological Risk in Pediatric Cancer: Validation of the Psychosocial Assessment Tool (PAT) Version 3. *Journal of Pediatric Psychology*, 43 (7), 737-748. https://doi.

org/10.1093/jpepsy/jsy012

国立がん研究センタープレスリリース（2024. 1. 25）．特別集計　小児AYAがんの生存率集計．https://www.ncc.go.jp/jp/information/pr_release/2024/0125_2/index.html（Access on 29 June 2024）

真木悠介（2003）．時間の比較社会学．岩波書店．

中山まき子（1992）．妊娠体験者の子どもを持つことにおける意識――子どもを〈授かる〉・〈つくる〉意識を中心に．発達心理学研究．3. 51-64.

日本の小児がん．日本の小児がん推定生存率推移：アメリカと日本の比較 1975－2010年．http://www.childhoodcancer.jp/Survival_Rate_JP.aspx（Access on 29 June 2024）

日本財団子どもの生きていく力サポートプロジェクト（2023）．『日本財団第5回自殺意識調査』報告書要約版．日本財団
https://www.nippon-foundation.or.jp/app/uploads/2023/04/new_pr_20230407_01.pdf.（Access on 31 Jan. 2024）

丹羽淑子（編著）（1985）．ダウン症児の家庭教育．学苑社．pp. 1-3.

Noll, R. B., Gartstein, M. A., Vannatta, K., Correll, J., Bukowski, W. M., & Davies, W. H. (1999). Social, emotional, and behavioral functioning of children with cancer. *Pediatrics*, 103, 71-78. doi:10.1542/peds.103.1.71

Reiter-Purtill, J., Vannatta, K., Gerhardt, C. A., Correll, J., & Noll, R. B. (2003). A controlled longitudinal study of the social functioning of children who completed treatment for cancer. *Journal of Pediatric Hematology/Oncology*, 25, 467-473. doi:10.1097/00043426-200306000-00008

Roberts, M. C. (Ed.) (2007). *Handbook of Pediatric Psychology. 3rd ed.* The Guilford Press. （奥山眞紀子・丸光恵(2007). 小児医療心理学. エルゼビア・ジャパン.）

Roberts, M. C., Aylward, B. S., & Wu, Y. P. (2014). Overview of the field of pediatric psychology. In M. C. Roberts, B. Aylward, & Y. P. Wu (Eds.), Clinical practice of pediatric psychology (pp. 3-16). Guilford Press.

Roberts, M. C., & Steele, R. G. (Eds.) (2017). *Handbook of Pediatric Psychology. 5th ed.* The Guilford Press.

Robinson, K. E., Kuttesch, J. F., Champion, J. E., Andreotti, C. F., Hipp, D. W., Bettis, A., Barnwell, A. & Compas, B. E. (2010). A quantitative metaanalysis of neurocognitive sequelae in survivors of pediatric brain tumors. *Pediatric Blood and Cancer*, 55, 525-531. doi:10.1002/pbc.22568

Routh, D. K.（1975）. The short history of pediatric psychology. *Journal of Clinical Child Psychology*. 4. 6-8.

櫻井秀彦（2022）. アドヒアランス研究の意義と現状. 薬局薬学. 2022. 9. 21. https://www.jstage.jst.go.jp/article/yakkyoku/advpub/0/advpub_ra.2022-3000/_pdf（Access on 23 June 2024）. doi: 10.32160/yakkyoku.ra.2022-3000

柴田純（2008）. "7つ前は神のうち"は本当か――日本幼児史考. 国立歴史民俗博物館研究報告, 141, 109-139.

Takahashi, S., Sato, S., Igarashi, S., Dairoku, H., Takiguchi, Y., & Takimoto, T.（2022）. Neurocognitive deficits in suvivors of childhood acute myeloid leukemia. BMC PEDIATRICS. 22 (1), 298.

武野俊弥（2015）. 山中康裕 心理臨床プロムナード――心を巡る13の対話. 遠見書房.

横山恭子（2022）.「からだ」「こころ」「いのち」と分析心理学. 精神療法, 48. 78-80.

Yoshimoto-Suzuki,Y., Hasegawa, D., Hosoya, Y., Saito, G., Nagase, K., Gunji, M., Kobayashi, K., Ishida, Y., Manabe, A., & Ozawa, M.（2022）. Significance of active screening for detection of health problems in childhood cancer survivors. Frontiers in Pediatrics. 10.3389/fped.2022.947646

Vannatta, K., Gerhardt, C. A., Wells, R. J., & Noll, R. B.（2007）. Intensity of CNS treatment for pediatric cancer: Prediction of social outcomes in survivors. *Pediatric Blood and Cancer*, 49, 716-722. doi:10.1002/pbc.21062

Vrijmoet-Wiersma, C. M., van Klink, J. M., Kolk, A. M., Koopman, H. M., Ball, L. M., & Egeler, M.（2008）. Assessment of parental psychological stress in pediatric cancer: A review. *Journal of Pediatric Psychology*, 33, 694-706. doi:10.1093/jpepsy/jsn007

Wakefield, C. E., McLoone, J., Goodenough, B., Lenthen, K., Cairns, D. R., & Cohn, R. J.（2010）. The psychosocial impact of completing childhood cancer treatment: A systematic review of the literature. *Journal of Pediatric Psychology*, 35, 262?274. doi:10.1093/jpepsy/jsp056

World Health Organization: Adherence to long-term therapies: evidence for action. : WHO Library Catalogu-ing-in-Publication Data. 2003. http://apps. who.int/iris/bitstream/ handle/10665/42682/9241545992.pdf. Access on 23 June 2024.

Wright, L. (1967). The pediatric psychologist: A role model. *American Psychologist*. 22. 323-325.

第4章 小児医療における生と死,そして再生

小児集中治療室における死と再生

別所　晶子

　小児集中治療室(PICU)は,生と死が交錯する場所である。
　交通事故で足を骨折しても,ゲーム三昧の入院生活を楽しみ,元気に退院していく子どもがいる。脳腫瘍の手術後に入室し,両親が絶望の淵にいる時に心理士がお話しを伺っていたが,経過が良好で外来でのフォローとなった子どももいる。時折外来に顔を出すと,両親と一緒に笑顔で迎えてくれる。体育の授業中に鉄棒から落ち,もう下半身は動かないだろうということを聞き,本人は毎日泣き暮らしていたが,理学療法士などの関わりで笑顔を見せるようになり,前向きになって遠くのリハビリ病院に転院していった。虐待を受け,硬膜外血腫で保護された乳児も,看護師に甘え,笑顔で施設に退院していく。誰もが先のある未来を見ている。
　一方で,死が避けられない子どももいる。交通事故など様々な理由で,一度は心肺停止してから蘇生して入室してきた子どもたちが脳死とされうる状態(脳死)になる確率は高い。子どもが入室すると,すぐに心理士が両親に関わり始める。家族の動揺は当然激しいが,心理士と話して少し落ち着くことが多い。心理士が家族から得た情報を基に,どの医師がどこまでの情報をどの家族メンバーに話すかというカンファレンスを開く。その間に,脳死が確定する。家族の動揺に心理士は付き添う。そのカンファレンスを基に,医師と看護師と心理士が同席して,医師から家族に「積極的な治療を続けて家に連れて帰るか」「積極的な治療はせず,このまま静かに看取るか」「臓器提供するか」という選択肢を示す。時にその意思決定の支援は心理士が行っている。「家に連れて帰る」という決断をした家族の子どもは,意識はないままでも,今までのように家族に囲まれながらその子らしい最期を生きる時間が少しはあるかもしれない。「看取る」という決断をした家族は,その子の人生の最期までその子らしく生きてもらいたいと,周りを好きな人やキャラクターや音楽で囲む。「臓器提供する」という決断をした家族の多くは,「誰かを助けたい,無駄な死にしたくない」と語る。そしてその子の命は,臓器を受け取った人の中で生き続けていく。
　「脳死」と聞くと,悲観的に捉える人が多いだろう。家族にとっては子ど

119

を失うというこの世の中で最もつらい出来事の一つである。けれども，私は，必ずしも「死」であるとは考えていない。最期までその子らしく生ききるということであると思う。

　PICUは，生と死が交錯する場所なのである。

第5章
がん医療における死と生

増田 紗弓

Ⅰ. はじめに

　本章ではがんを経験する患者や家族が，がんと診断されてから死を迎えるまでに生じる様々な苦悩，こころの世界について説明する。また，がんと共に生きる上でがんの体験を通して見出すことや得るものについても紹介していく。そして，そのような人に対して心理職がどのように関わっていくかについて述べていく。がんの方と出会う場所は主に病院であり，心理職も医療者の一人としての役割が求められている。緩和ケアチームやリエゾンチームといった多職種からなるチームの活動に従事していなくても，現代の医療では多職種連携やチーム医療が一般的である。そのため，がん領域で働く心理職は他の医療者に倣い「患者さん」と呼んでいることが多く，この章でも「患者」と記す。

Ⅱ. 病気になること

　がんについて述べていく前に，身体の病気になることが与える影響，意味について考える。身体の病気になることによって，それまでの生活や人生から変わってしまったと感じる場面にたくさん遭遇する。すぐに生命に直結しない病気であっても，定期的な通院や服薬が必要となり，生活習慣の変容を求められることもある。さらに，これまでと同じ仕事を続けられない場合や，あらゆる制限を感じながら生きる場合もある。病気になる前は当たり前であった生活や人生の目標を失ってしまう人もいるため，自分の人生の価値について問われるような体験をすることもある。そのため，「心からは遠く離れているように考えられてきた身体疾患においても，一層深いところで心とつながっている」ものであり，身体の病と切り離せない人間のあり方や生き方の根本に関わる問題が現れ出てくることから，身体疾患の治療において

も心理臨床の視点が求められている（伊藤, 2009）。

　通常身体の病気になると，いかに病気を治すか，どのように病気と付き合っていくかという医学的な視点での対応は十分受ける。しかし，実際には身体の病気をきっかけに思うように生きることができなくなった結果，自分のあり方を考えざるを得なくなり，必然的にこころの世界と向き合うことになる。したがって，その人のこころの世界や，こころの世界が変化していく過程に寄り添う心理職の存在も意味があるだろう。

III. キューブラー・ロスの5段階モデル

　がんに限らず病気や事故などで死を目の前にした時や，大切な人や何かを失った時にすんなりとその事実を受け入れ，これまで通りの生活を続けることができる人はほとんどいない。まさかそんなことは起こるはずがない，なぜそうなったのか，これからどうしたらいいのか等様々な思いを巡らせることになる。自分の身に降りかかった出来事や死を受容していく過程についてキューブラー・ロスは5段階モデルで述べている。5段階は，否認，怒り，取引，抑うつ，受容から構成されている。本節では鈴木訳（1998）で示されていた内容をもとに概説する（**図1**）。

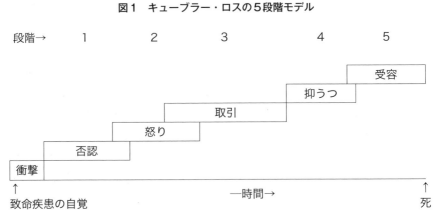

図1　キューブラー・ロスの5段階モデル

（鈴木訳（1998）を基に筆者が作成）

第5章　がん医療における死と生

①　否認

　病気の診断や自身の死が迫っていることを知らされると患者は不安が生じ，事実を直視できないために「そんなはずはない」と否認をする。予期していないショッキングな知らせを受けた時，その衝撃を和らげるものとして否認という機能を使うことになる。第1段階で起きる否認は多くの患者に認められることであり，不快で苦痛に満ちた状況に対する健康的な対処法という面も持っている。

②　怒り

　否認を続けることによって次第に患者は落ち着いてくる。しかし，時間が経つにつれて「どうして自分なのか」という疑問から第2段階である怒りが生じるようになる。怒りは，自分以外の人間に対してあらゆるところへと向けられる。

③　取引

　自分の病気や死という「避けられない結果」を先延ばしにしようと第3段階である取引に入り，なんとか交渉しようとする。

④　抑うつ

　交渉がうまくいかず，自身の病気や死について否定できなくなると，無気力さが出てくる。苦悩や怒りではなく喪失感が強くなり，第4段階である抑うつが生じる。

⑤　受容

　死が迫っている患者はこの世と別れるためのこころの準備をする上での苦悩を抱えるようになり，第5段階である受容に移っていく。受容というのはポジティブな結果であるように受け止められる可能性があるが，実際には周りに対する関心が薄れていくために生じることであると言われている。

123

本節では説明の都合上5つの段階について番号を記したが，5段階モデルにおいて重要なことは，各段階は継続する期間も様々であり，1から5段階へと順番に現れるものではないということである。順序を変えて生じることもあれば，同時にいくつもの段階が起こることもある。

Ⅳ. がんになること

「がん」という言葉を聞いて，まず何が思い浮かぶだろうか？　現在日本人の2人に1人ががんになり，2022年のデータではがんで死亡する確率は男性が4人に1人（23.1%），女性は6人に1人（17.5%）ということが明らかになっている（がん情報サービス）。身近な人や有名人ががんになったという話を耳にする機会は少なくないはずだ。最近は学校でもがん教育が行われており，がんや検診の重要性について学んだ経験がある人も多いだろう。私たちは様々な場面で日常的に「がん」という言葉に触れている。また，現在がんの治療を経験した後に長く生活している人も増えており，がんを慢性疾患の視点から捉えることもある。そのため，「がん＝死ぬ病気」というイメージを持たない人も増えているかもしれない。しかし，40年近くがんは日本人の死因のトップであり，命を脅かす病気であることには変わらない。また，がんの終末期と聞くと，痛みに苦しみながら亡くなる姿を想像する人もいるだろう。もし今自分ががんを患っていること，残された時間が少ないことを知らされたらどう思うだろうか？　大切な人，やりたいことが思い浮かぶかもしれないし，絶望して何も考えられないかもしれない。大切な家族ががんであること，死が迫っていることを知ったら何を考えるだろうか？

近年身体科領域，特にがん領域で心理職が活動する機会も増えている。2022年4月にはがん患者指導管理料を算定できる職種に公認心理師も追加された。これまでは医師，看護師だけであったが，公認心理師が患者の心理的不安を軽減するための面接を行った場合にも患者1人につき6回に限りがん患者指導管理料「ロ（200点）」を算定できる体制が始まった。今後さらに心理職ががん医療に携わっていくことになるだろう。

また，教育領域や産業領域，私設の心理相談室といった医療以外の場にが

んを経験した人あるいはその家族がクライエントとして相談に訪れることもある。例えば，スクールカウンセラーとして勤務している学校の生徒の保護者ががんになり，子どもの学校生活に影響が生じたため担任から相談を受けることもあるだろう。心理相談室で仕事とがんの治療を両立している人の相談を受けること，大切な家族を亡くした後に悲嘆が強い人の相談を受けることなども考えられる。そのため，医療を主としない心理職もがんとの関わりを求められることがある。

したがってがんというものは，私たち自身が患者または家族として経験する可能性もあれば，心理職としてがんを経験した人やその家族に出会う可能性もある。筆者は総合病院の緩和ケアチームや緩和ケア病棟，ペインクリニックで心理職としてがんを経験した方々（治療中の方，亡くなっていく方，治療を終えた方など）とその家族にお会いしている。また，がん領域での心理職の仕事を始めてから，がんを患った祖父と最期の数日を一緒に過ごし，在宅で看取った経験がある。

つまり心理職にとってもがんという病気は身近なものであるため，がんになること，そしてがんによって死を迎えること，がんと共に生きる患者本人や家族のこころについて知っておくことにも意味があるだろう。

(1) がんになることで抱える苦悩

がんといってもがんの種類やステージ，診断された際の年齢や状況によって治療経過が異なる場合もある。また，がんや死に対する考え方，向き合い方もそれぞれであり，がんの治療に関する意思決定をしていく上で，生活背景や家族背景などといったその人が置かれている環境やその人のこれまでの経験や価値観なども影響する。がんに罹患する人びとやその家族に対して，医療費の負担を軽くする公的制度や介護保険制度，生活を支えるための制度など現在多様な支援やサービスが提供されているが，がんの診断や治療，さらにその後の生活において，がんと診断された人やその家族，周囲にいる人は様々な面で大きな影響を受け，悩むこととなる。

全人的苦痛

　がん患者が抱える様々な痛みや苦悩について全人的苦痛という考え方で対応するようになっている。全人的苦痛とは身体的苦痛，精神的苦痛，社会的苦痛，スピリチュアルペインという多面的な苦痛である（**図2**）。

図2　全人的苦痛

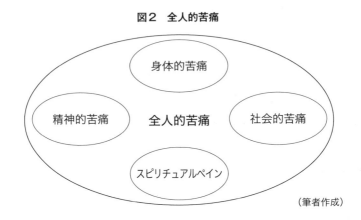

（筆者作成）

　精神的苦痛のうち，特にがん患者に多い精神症状として適応障害やうつ病をはじめとした不安やうつ状態が挙げられる。また，心理的苦痛が主な原因となりがん患者の自殺につながることもある。明智（2018）によると，特に男性，診断から間もない時期，がんの診断時にすでに進行がんであることなどの場合自殺の危険率が高い。

　スピリチュアルペインという言葉はあまりなじみがなく，想像がつきにくいかもしれない。五十嵐（2016）はスピリチュアルペインについて，「自己の存在や意味の消滅による苦痛」としている。がんの診断や治療，病状の進行によりその人がこれまで担っていた家庭や社会での役割を果たせなくなったり，その人らしい生活ができなくなったりすることによる苦痛であると考えることができる。

⑵　がん患者のこころの動き

　このように，がんにまつわるこころの問題は多様であり，様々な段階で心理的な問題が生じる。この節では，がん患者のこころの動きについて概観す

第**5**章　がん医療における死と生

る。一般的に**図3**で示したことが生じやすい。

図3　経過ごとに生じやすいこころのつらさ

① がんを患っていることを知った時（診断・告知）	・がん告知の衝撃（ショック，絶望，怒り，自責の念，孤独感　など）
② 治療を受ける時	・症状や治療のつらさ，今後への不安　など
③ 治療後の生活	・安堵感と再発の不安・がんによる様々な影響から生じる苦悩　など
④ 再発や転移がわかった時	・診断された時や治療中の気持ちのつらさが再燃
⑤ 死が近づいた時（進行・終末期）	・死の恐怖，様々な喪失感　など

①　がんを患っていることを知った時（診断・告知）

　がんと診断される前に体調の異変を感じたり，精密検査を受けるように言われたりすると，多くの人はがんを含めて何らかの病気の可能性を考え，命に関わる重大な病気だろうか?，これから自分はどうなってしまうのだろうか?，と不安で落ち着かない日々を過ごすことになる。その後実際にがんと診断されることによって，これまで当たり前であった生活が変わってしまう。がんの診断を告げられると，死を意識するために強い衝撃を受け，絶望を感じる人がいる。告知後に不眠や不安，情緒的な動揺，集中困難などのストレス反応が生じることがある。

　また，なぜ自分ががんになったのか，これから自分はどうなっていくのかと思い悩むことになる。健康に気を付けた生活をしていなかった自分を責める気持ちや後悔が生じる人もいる。発見までに時間がかかった場合にはそれまで受診していた医療機関に対してなぜ見つけてくれなかったのか?と怒りが生じるかもしれない。身近にがんを経験した人がいる場合には，いつか自分ががんになることを予期していても，実際にがんであることを伝えられる

127

と動揺することもある。自分の身に降りかかったことを受け入れられず，病気や今後の治療に関する医師からの説明を理解できていないように見える言動をとる人もいる。

このようにがんと告知されることは，これまで思いもしなかった死というものが自分にとって身近な問題となり，どのように対処していけば良いのかわからず，人生が変わってしまうような体験である。そして，がん患者ががんであると知った時，それまでその人にとって価値があると思われていた様々な事柄や，当たり前のように世間一般に価値をおいているものが価値を失うように感じられる。このようながん患者の体験について，岩宮（1997）の言葉を引用して「異界」を体験していると表現されることもある（岸本，2020）。

しかし，いつまでも心理的に混乱した状況が続くわけではない。告知直後は衝撃や否認，絶望，怒りを強く感じて気持ちが大きく落ち込み日常生活がままならなくても，徐々に自分の気持ちや状況を整理し，たいていは，2週間程すると大きな支障を来さずに日常生活を送れるように戻っていく。そして，仕事の調整をしたり入院中の家庭内での役割分担を決めたり，これから始まる治療に向かっていくための準備を進めていくことになる。告知直後に強い衝撃を受け，何も手がつかない人や悲観的になってしまう人がいたとしても，それは誰しもに起こりうる正常な範囲内の反応である可能性が十分考えられる。

しかし，長期間の集中力の低下，食欲低下，不安，悲嘆，気分の落ち込みなどが続いた場合には適応障害やうつ病に至っている可能性もあるため，心理職や精神科といったこころのケアを専門とするところで適切な対応をしていく必要がある。

② 治療を受ける時

がんの告知後に治療が始まるまでの過程において丁寧な説明があったとしても，患者にとってこれから受ける治療は未知のものであり，自分の身体に何が起こるのだろうかと不安を抱えながら治療に臨む。そして，治療が始ま

ると身体的に大きな変化を余儀なくされる。がん患者は,「身体の一部の喪失,欠損, 変形, 変質, 痛み, 違和感, 機能不全という現実にさらされる。その様々な場面で, 一人の女性として男性として, 母として父として, 妻として夫として, 恋人として友人としてのアイデンティティやジェンダーなどセクシュアリティへの影響が少なくない」(伊藤, 2013)。また, 病気と直接関係のない部位であっても, 抗がん剤や放射線の治療によって男性, 女性共に将来妊娠して子どもを持つことが難しくなるといった影響が生じることもある(妊孕性の問題:詳細は「第7章 生殖医療の死と再生」を参照)。

　手術を受けた場合には, 術後に機能障害が生じたり, 傷痕が残ったりすることもある。乳房切除や人工肛門の造設などでは外見上の変化が起こる。筆者がこれまで出会った患者でも乳房切除により変形した胸や傷痕を他者に見られたくないと思い, 以前は好きであった温泉に行くことを控えてしまう人もいた。このようにがんの治療のために必要な手術によって生じた変化だと頭では理解していても, 日常生活の様々な場面で苦悩を感じることとなる。

　化学療法を受けた場合には, 悪心, 嘔吐, 脱毛, 味覚障害といった副作用が生じることが多い。化学療法は決められたサイクルで行うものであり, 治療直後は倦怠感や様々な副作用で動けない時間を過ごし, 少し回復した頃にまた次の抗がん剤を投与されることを繰り返していく。治療期間が長くなると治療による影響を受けやすい時期とそうではない時期とを自分で把握し, 体調が良い時期には活動的になれる人もいるが, 思うように動かない身体や生活上の不便さに困る人もいる。また, 味覚障害によって味を感じにくくなったり, 反対に敏感になってしまったりするためにこれまでと同じように食事を楽しめないというようなこともある。塩気を感じやすくなったり, いつも口の中が苦いような感じになったりなど, 症状や感じ方は人によってそれぞれである。また足の疲れが残り, 砂の上を歩いているみたいな違和感が続くため, 歩きにくさを感じることもある。手の痺れによって細かい作業がしにくいために, 思うように包丁を握れなくて食事が作りにくいと話す人もいる。

　したがって, 治療による影響は外見上に現れる変化だけでなく, 周囲から

はわからないものの患者にとっては生活の支障や苦痛となるものも多い。身体的な負担だけではなく，心理的にも負担がかかり，抑うつや不安障害，適応障害が生じる可能性がある。さらに，これまで通りの家庭内や社会での役割を思うように遂行できず，患者は自信を失い，日常生活や社会生活が思うように送れないことにつらさを抱えることとなる。

　入院での治療中は，医師だけでなく日頃から関わる看護師やリハビリのスタッフ，心理職などが連携し，患者が苦悩を抱えていないか気にかけ，サポートしている。しかし，患者側はこんな悩みを話していいのだろうか?，忙しそうにしている医療スタッフに迷惑をかけてはいけないのではないか?，といった思いからこころの問題について自ら話さない場合もある。また，現在外来での化学療法が増えており，家での生活を送りながら治療ができるということで安心感を得る場合や治療と仕事を両立できることにメリットを感じる場合もあるが，入院での治療と比べて医療スタッフとゆっくり関わる機会が減り，様々な問題に自分で対処しないといけないことに戸惑う患者もいる。

　また，そばにいる家族は，一番身近な理解者として患者の支えとなることが多い。一方で，これまで家族が担っていた仕事や社会生活上の役割に加えて，家事など家庭内での分担が変わったり，病院への送迎などをお願いすることになったり，経済的にも負担をかけることになってしまう。患者は，これ以上家族に心配や迷惑をかけたくないという思いから家族に対しても自分の悩みや苦しみを話せないことも多い。

　患者が治療を受ける過程で様々な苦悩を抱えながらも，その思いを他者に話すことができずに治療を続けていくことは不安感や孤独感を強め，より深刻なこころの問題につながる可能性もある。そのような時に患者会やピアサポートといった同じ病気の体験をした人びととの出会い，関わりが支えとなっていくこともある。

③　治療後の生活

　治療を終えると，患者は日常生活に戻っていく。治療が終わったことに喜び，安心する気持ちがあるが，同時に再発や転移の不安が消えることはない。

治療が終わって何年経っても心理社会的，感情的，身体的など様々な面で苦痛が生じることがある。体調は安定し，日常生活に大きな支障がない場合でもがんというものに付きまとわれているように感じる人も多い。筆者がこれまで出会ってきた方でも，がんの治療をした医師からは身体的な問題がないと伝えられていても，身体の痛みを感じるとがんが再発したのではないかと不安になり，受診することを繰り返していた。

　治療が終わった後に病院から以前の生活の場などの社会生活に戻っていくことは，治療前にはなかった機能障害や外見上の変化を喪失として感じやすくなる。また，身体の喪失が少ない場合でも，がんになる以前の家庭や社会での役割が変化し，周囲から疎外感を感じてしまい気分が落ち込んでしまうこともある。がんの治療の前と外見上の変化は生じていないように思える場合でも，目には見えない治療の影響，例えば体力の低下，抗がん剤による手足の痺れといった症状が残っていることもあり，つらい症状があるということだけでなく，周囲に理解してもらえない，適切なサポートをしてもらえないという苦しみもある。さらに，治療が終わると医療との接点が減るため，治療中に病院で受けていた身体面や心理面でのサポートを受ける機会も減少する。そのことによって，がんに関連する諸問題への対応や新たに直面する問題に対して患者が一人で対応していかなければならないように感じ，苦悩が続くこともある。

　このような場合でも患者会やピアサポートでの活動が支えとなることが多い。治療による影響を受けているのは自分だけではないことを知って孤独感が減り，安心感を得ることもある。また，現在の身体に合わせた具体的な生活上の知恵やケアの方法などの情報を得ることで，生活がしやすくなり，毎日感じていた様々な負担が小さくなることもある。そして，がんによって変わってしまった自分の身体やこころとの付き合い方を考えることができることもある。がんを通して体験した苦悩だけでなく，得たと思うことや変化したことについては「VI．がんと共に生きること」で再度説明する。

④ 再発や転移がわかった時

　一度治療を終えて社会生活に戻った後に，定期的に受診をしている中で検査や体調不良をきっかけにがんの再発や転移がわかる人もいる。再発や転移がわかった時は，一度つらい治療を乗り越えた後になぜ再発や転移が起こったのかと思い，これまでの治療に対する怒りが生じる人，希望を失う人，より死を意識して絶望する人など最初にがんと告げられた時以上に苦しい思いをすることがある。また，新たな身体症状の出現による苦痛や障害など，身体的な苦痛を感じる機会が増えることもある。現在がんの治療中に利用できる社会資源やサービスは増えてきているが，長期間がんの治療が続くことは経済的にも負担を強いられ，初期の治療の頃よりもより複雑な要因によって心理的苦痛，社会的苦痛，実存的苦痛が生じることになる。

　一方で，死を意識するからこそ今後の自分のあり方について考えるきっかけとなることもある。以前の治療の経験をもとにこれから始まる治療に対してどのように臨んでいくのか心構えができ，自分なりの準備を進める人もいる。また，今回の治療を終えた後，もしまた再発した際に治療を受けるかどうか，自分に死が迫った時に用意しておいた方が良いことは何だろうかといった準備や心構えをする人もいる。

⑤ 死が近づいた時（進行・終末期）

　病状が進行し，死が近づいてくると，痛みや呼吸苦，倦怠感や食欲低下などの様々な症状が出現し，これまで当たり前であった生活ができなくなる。自分の足で歩くこと，トイレに行くことが難しくなり，横になって過ごす時間も増える。自分のことを思うようにできず，他者の力を借りる機会が増え，周囲に迷惑をかけて申し訳ない気持ちとともに，自律性が保たれなくなることによる苦痛が大きくなる。そのような中で，死というものをより現実的で間近に迫った問題として感じるようになる。死に近づくにつれ，無力感や喪失感を感じる機会が増え，スピリチュアルペインが強くなっていく人も多い。

　また，積極的な治療ができない段階になると，医師から残された時間（週単位，月単位など）を伝えられることが一般的であるが，がんの終末期では

急に身体症状が出てくることが多く，まだまだ時間が残っていると思っていた中で急な変化が起こり，本人も周囲も戸惑うことも多い。

　がんで終末期を迎える人の姿についてなかなか想像がつかない読者もいると思われるため，実際に筆者が出会ってきた方たちについて振り返ってみる。

　ある人は，長い闘病を経てがんの積極的な治療ができないと知り，自分の身体が動くうちに荷物の整理や家族に引き継がなければならない作業を行い，遺された家族が困らないようにと過ごしていた。そして自宅で生活することが難しくなり入院した際には，「これまでたくさん家族と楽しく過ごしてきて幸せでした。私は死ぬのは怖くないんですよ」と言って最期まで穏やかに家族と過ごしていた。

　平均寿命を超えてもなお元気に動いていたものの次第にがんの症状が出たため入院に至った人は，「早くお迎えに来てくれないかしら。長生きしすぎちゃった」と言いながら，毎日好きなおやつを食べることを楽しみにしていた。

　がんと診断された時点で治療ができないこと，残された時間が数か月であることを知らされた人は，自身の置かれている状況に強い衝撃を受け，「まるで交通事故に遭ったみたい」と表現していた。当初は落ち着いて自分の葬儀の手配を済ませ，スタッフを気に掛ける言葉も聞かれていたが，次第に身体の痛みや倦怠感，せん妄が生じると，不安が強くなり「つらい」と繰り返し，常に誰かが側にいることを求めていた。

　元気な頃は家族や周囲に対して威圧的に振舞っていた人は，思うように動けない自分に対するもどかしさやこの先への不安からイライラするようになり，家族や医療スタッフの些細な言動に対して怒りを表現していた。

　家族の強い希望で死が近いことを知らされずにいた人でも，徐々に変化していく自分の身体に異変を感じ，「これからどうなっちゃうのかな。もう死んじゃうのかな」と死が近いことをわかっていたように見えた。

　家族のために元気になりたいとがんと向き合い治療をしていた人は，自分が亡くなった後の家族の生活を心配し，子どもの成長をそばで見られないことを悲しみ，「死にたくない」と口にしていた。

最期は自分の建てた家の畳の上で死ぬことを希望していた人は，自分で動けない状態になってからでも家族の協力のもと自宅に帰っていった。

　がんを治すための治療ができないと言われたことを理解していても，もっと生きたい，がんの治療を受けたい，まだまだやりたいことがたくさんあると話していた人もいた。

　この先食事を摂ることは難しいと伝えられた人は，食べられないくらいなら早く死んでしまいたいと言って，自宅に帰って好きな物を食べて過ごすことを選択した。

　身の置き場のない身体のつらさが取れない状態が続き，スピリチュアルペインが強くなった人は，つらい症状から解放されるために「もう終わりにしてほしい」と早く死が訪れることを望んでいた。

　このように死を目の前にした患者の様子は多様であり，それまでのその人の生きてきた過程や価値観だけでなく，治療の経過，その時の全人的苦痛の状態，医療スタッフや家族などの周囲の人との関係などによって影響を受けるものである。さらに，終末期を迎えてからでも身体や心の状態によって死に対する思いは変化するものである。

Ⅴ．子育て中のがん患者に関する問題

　本書では，小児医療における死と再生の章やAYA世代に関するコラムにおいて小児から若年のがんについて紹介している。そこで，この章では様々な問題に直面し，医療だけではなく，多くのサポートが必要になる子育て世代でがんになった人が抱える苦悩について取り上げる。

　主に30代から40代で子育て中の人は，家庭で様々な役割をこなしながら仕事もしている人が多い世代であり，自分が今がんになることは全く想定せずに日々忙しく過ごしている。そのため，がんを患っていることを知ると，自分自身の命や今後の治療に関する気がかりだけではなく，仕事や家庭での役割をどうしていくか，経済的なことも含めてどのように生活を回していくのか，高齢になってきた親との関係をどうしていくかなど多くの悩みが浮か

ぶ。その中でも特に子どもに病気のことをどのように伝えるか，子どもの生活をどうしていくかといった悩みを抱える。子どもに心配をかけたくない，病気のことを伝えたら子どもが不安定になってしまうのではないかという思いから，子どもに自身の病気，さらには死について伝えることを躊躇する人も少なくない。

　また，積極的な治療ができなくなり死が近づいた時には，患者自身や配偶者，また患者の親の悲嘆も大きく，治療を諦めたくないという思いから最期まで闘いたいという意思を表示する場合もある。このように大人が混乱していたり，現実とかけ離れた希望を持っていたりすると，子どもは状況を知らされていないことも多く，亡くなっていく親との思い出を作ったり，お別れをできないまま死を迎えるということも起こりうる。

VI. がんと共に生きること

　がんと診断された時から死を迎えるまでのすべての段階にある人を「がんサバイバー」と表現している。そして，がんの状態にかかわらず，がんを経験したすべての人，およびその家族，友人などを支えるすべての人の生き方について，がんと診断されたその時からその治療後も生涯をいかにその人らしく生き抜いたかということをより重視する考え方を「がんサバイバーシップ」と呼んでいる。

⑴　がんサバイバーシップに関連する概念

　前節までで述べてきたように，がんになること・死を迎えることによって，思い描いていた人生と変わってしまう経験をし，全人的な苦痛を抱えることになる。しかし，がんになったからといってその人がそれまで大事にしてきたことのすべてを失うわけではなく，最期までその人らしく生きようとする人もいる。Ⅳ節の⑵において，診断されたあと衝撃を受け，一時的に混乱することがあっても，次第に日常生活を取り戻し，これから始まるがんの治療と向き合っていく人が大半であることを述べたが，このようにがんと診断された時の衝撃を乗り越えていくプロセスはレジリエンスと親和性があるとも

言われている（岸本，2022）。レジリエンスとは，『心的外傷後成長ハンドブック』（Calhoun & Tedeschi，2006；宅・清水（監訳），2014）によると，著しく困難な出来事を体験したにもかかわらず良好な適応を示すことであり，そして，逆境からの回復の際に，心のありようが「しなやかで折れない」こと，恐怖や不確かさと共に生きられることでもある。

　また，がんの経験を経てこれまでと違う価値観を得たことによって改めて自分のあり方を考え，がんの治療が終わったあとに新たな人生を歩み，活躍していく人もいる。がん患者は，がんによる全人的苦痛や様々な困難を抱えてはいるが，がんによって変わってしまった自分に折り合いをつけ，その中でもありのままの自分として生きようとしながらがんに適応していくだけでなく，何かを得たと感じることもある。したがって，「新しい心身の再生が起こる」ことで得たものもあると捉えることができる（伊原，2009）。

　このようにがんという非常に困難な経験を経て起こる変化について「心的外傷後成長」という概念で説明されることもある。心的外傷後成長とは，危機的な出来事や困難な経験との精神的なもがきや闘いの結果生じるポジティブな心理的変容の体験である（村岡，2020）。また，『心的外傷後成長ハンドブック』（Calhoun & Tedeschi，2006；宅・清水（監訳），2014）によると，大きな危機に遭うことによって，人は試されているという感覚や不安定な状況に置かれているという感覚を持つ。しかし，そのあとに自分が最悪な状況を生き抜いたということを自覚することによって，自身の強さを知る。そして，新たな強さを得るだけでなく，自らの中にあったけれどもこれまで目を向けられていなかった強さを発揮することもある。

　レジリエンスと心的外傷後成長という2つの概念について紹介したが，がんの経験を通して人生において前向きな変化が起きたかどうか判断していくのはサバイバー自身であるということに注意していく必要がある。また，このような変化が生じるタイミング，プロセスの進み方は人によって異なる。そのため，本人から語られる前に周囲の人がんの経験から得たものがあるはずだ，肯定的な変化が起きたはずだと決めつけることや変化を求めることはしてはならない。

(2) 終末期を迎えた人が持っている力

「Ⅳ. がんになること」の「⑤死が近づいた時（進行・終末期）」では，終末期を迎えた患者さんの苦悩について多く紹介した。しかし，終末期を迎え死が近づき，自分でできることが少なくなっていく人であっても新たな発見を得ることや，成長の可能性を秘めている。特に，様々な喪失を経験している中で，自分が大切にしている人やもの，信条，経験などの価値を改めて感じることとなる。家族との何気ない会話がどんなに大切なものであり，自分にとっての家族の存在が，家族にとっての自分の存在がいかに大きな意味のあることであったのか改めて感じることもある。また，がんという経験を通して気が付いたこと，出会った人，様々な体験を振り返り，つらく苦しい治療の中でも幸せを感じられたり，自分が持っている力に気が付くこともある。

さらに，人生の最期をどう迎えるかというプレッシャーが，「創造性への爆発」への道を切り開き，がんと共に生きることのポジティブな側面が短期間で凝集されることもある（Goldie & Desmarais, 2005：平井・鈴木（監訳），2022）。筆者がこれまで緩和ケア病棟で出会った人でも，自分が生涯大事にしてきた勉強を続け，体が動かなくなっていく中でも本を読むことを止めなかった人がいた。また，以前小説を書いていたものの日々の忙しさから遠ざかっていた執筆作業を再開し，「命をかけて書き上げる」と言って机に向かっていた人もいた。長年恨んでいた家族についての思いを話していく中で，気持ちの整理ができ，関係を見直すことができた人もいる。このように命の期限が限られていることを知ったからこそ，自分にとって何が大切なのか改めて考えるだけでなく，自分の人生の集大成としてこれまで完成できなかったものを仕上げていこうと創作活動に打ち込んだり，何かに挑戦したり，毎日を大切に暮らそうとするなど，死を間近にした人であってもできることがたくさんある。

Ⅶ. 家族が抱える問題

　ここまでは，がんになった患者本人が抱える問題や苦悩について述べてきた。この節では家族について考える。大切な家族ががんという命に関わる病気であることがわかると，家族を失うかもしれないという不安や悲しみを抱える。また患者の病状や心理状態に家族の心理面も左右され，どのように患者と関わっていけばよいのかと思い悩むことも多い。そのようながん患者の家族は「第二の患者」と呼ばれている。家族はこれまでの家庭内での役割に加えて患者をケアする役割も担うことになり，身体的にも精神的にも様々な影響を受ける。

　家族が抱えるストレス要因として大西・石田（2014）は主に3つのことを挙げている。1つ目は，ケアの提供である。患者の治療の経過を待つ，見守る中で家族が責任を負う機会が増えるが，周囲からの支援が受けにくいために社会から孤立してしまうことがある。2つ目は意思決定に関わる問題である。治療の方針や療養場所，終末期の対応など病状が進むにつれて家族が患者の運命を決定する決断を迫られる機会が増えていく。3つ目は，家庭内バランスの変化である。治療やその後の療養のために，患者だけでなく家族も家庭内での役割や社会生活の変化を余儀なくされることも多い。

　終末期には，家族を失うことの不安や悲しみ，混乱，喪失感を経験しながら，患者や他の家族のための役割と元々担っていた社会での役割を継続することを求められるため，家族の心理的な負担も大きくなっている。介護に伴う心理的，身体的負担を強く感じる家族や，身体症状やせん妄などが生じ，以前の姿と変わってしまった患者のそばにいることに苦痛を感じる家族もいる。残された時間が少ない患者に対してとにかくそばにいてできることをやってあげたいという思いから献身的に介護を続ける家族もいる。患者本人の希望を叶えてあげたいと，食べたいものを用意したり，一緒に出掛けたり，家族の大事な思い出を作って穏やかに死を迎える準備を進める家族もいる。しかし，慣れない介護や日常生活での役割との両立から疲労が溜まり，心身の調子を崩し，やむを得ず自宅で介護を続けることができなくなり，患者に対し

て罪悪感を抱く家族もいる。息苦しそうにしている患者の姿を見て，「つらそうだから見ていられない」とそばにいることが苦痛になり，面会に来なくなる家族もいる。食事を摂れない患者の姿を目の当たりにして，何とか元気になってほしいと思い，頑張って食べなさいと励ます家族もいる。せん妄でこれまでの本人とは違う状態になってしまったことが病状の進行であるということを受け入れられず，医療スタッフに対して攻撃的になる家族もいる。

　このように，亡くなる前から家族は予期悲嘆と言われるような様々な反応を示す。そして，死別後は，悲しみ，不安，不眠などの精神症状を呈することもあるが，次第に適応的となり，自然に回復し日常生活へと復帰していく。しかし，悲嘆が強く，長期間死別による影響を受ける場合は複雑性悲嘆となっていることもあるため，精神科や遺族ケアを行っている医療機関や相談機関での対応が必要となる。悲嘆に関しては，「第6章　グリーフケアにおける死と再生」でより詳しく解説していく。

がんの親を持つ子どもの反応

　前述したように，がんになった親は子どもにがんを伝えるかどうか悩み，病気であることを伝えないという決断をすることや，がんという言葉を用いずに曖昧な表現で病気を伝える場合がある。しかし，大人から詳しい説明を聞いていなくても，子どもは治療によって心身への影響を受け，体調が悪そうにしている親を見たり，脱毛や手術の影響で外見に変化が生じた親の様子を見たりして，何か重大なことが起こっていると感じ取っている。また，成長過程にある子どもにとって親ががんになる経験は，日常生活にも影響が生じ，非常にストレスフルな体験となる。最初は親の病気を受け入れられず否認をするが，次第にこれからのことについて不安や恐怖を抱えるようになる。その後はなぜこのようなことになったのかと怒りが生じたり，親ががんになった原因を自分にあると考えてしまう場合もある。そして，ストレスフルな状況が続くことで身体症状が出現したり，不登校などの学校生活上の問題や，好ましくない行動が増えたりすることも珍しくない。学校の友だちには親ががんであることを言わず一人で悩みを抱えることも多い。

また，もし親ががんであることを知らされなかった場合，家族の中で自分だけ知らされていないことに疎外感を感じることがある。親には聞いてはいけないように感じ，どうしたらいいのだろうと親との距離感に悩むこともある。さらに，急に親が亡くなった場合には家族への信頼感を失ったりし，その後の子どもの成長や発達に支障を与える可能性もある。

子どもだからわからないのでは？と大人は思ってしまうかもしれないが，子どもなりに自分の置かれている環境の変化を感じ，今の生活がどうなるのか，これから自分や家族はどうなっていくのかと考えを巡らせている。子どもの個性や発達段階を踏まえ，病院や家族だけでなく，学校や地域と連携して，がんの親のサポートと共に子どもの成長を見守っていく体制作りも必要である。

Ⅷ． がん患者・家族に対する心理職の役割

身体の治療を主としているがん医療の場において，がんを治すこと，身体症状を改善させることが優先され，患者のこころの部分は見落とされやすい。しかし，がんになることに伴って，様々な心理的な問題や身体の病と切り離せない人間のあり方や生き方に関わる問題が生じているため，こころと身体を切り離して考えることはできない。がんの告知や治療，再発，積極的治療の中止など患者の将来への見通しを根底から変えてしまう悪い知らせを受けたあと，時間の経過とともに回復していく通常の心理反応なのか，うつや適応障害といった専門的な介入が必要なものなのか判断することが重要である。特に，精神症状や心理的問題については，患者の元々の特徴や取り巻く環境によって左右されることもある。また，多くの患者が抱える心理的問題のうち，不安の背景には治療自体や治療後の見通しをうまく理解できていない場合もある（小川，2016）。

このような状況を踏まえ，心理的な問題に対してだけでなく，社会的な問題，スピリチュアルな問題など全人的苦痛を抱える患者に対して，がんと診断された時から緩和ケアを行うことが一般的になっている。医師，看護師，薬剤師，理学療法士等のリハビリの専門職，管理栄養士，ソーシャルワーカー

といった多職種で構成される緩和ケアチームの一員として心理職も活動している。最近では緩和ケアチームや緩和ケア病棟，がん相談などにおいて心理職が配置される機会も増えている。そのためがん患者や家族と関わる際には必然的にチーム医療が求められ，心理職ならではの視点や考え方を発揮するだけでなく，他の職種へのコンサルテーションや連携を通して対応を行っている。患者や家族が抱えている困りごとや苦悩の内容によっては，心理職では対応が難しいことがある。そのような時にそれぞれの専門家である他の職種に橋渡しをするということもチーム医療において心理職ができる役割である。この節では，がん患者や家族に対する心理職の役割について整理していく。

(1) 患者に対して

① アセスメント

アセスメントはいかなる心理療法においても日頃から行っているものであるが，がん患者と接する際には患者が抱える様々な問題を把握するために包括的にアセスメントすることが推奨され，小川（2020）を含めて多くの文献で紹介されている。包括的アセスメントとは患者に生じている事象について，ⅰ）身体症状，ⅱ）精神症状，ⅲ）社会経済的問題，ⅳ）心理的問題，ⅴ）実存的問題に分けて考え，ⅰ）からⅴ）の順番に沿って検討することである。

ⅰ）身体症状：疼痛や倦怠感，呼吸困難感や基本的日常生活動作（ADL）の問題など

ⅱ）精神症状：せん妄やうつ病，認知症や薬剤性の精神症状など精神医学的な対応が必要な問題のこと

ⅲ）社会経済的問題：経済的問題，介護の問題，就労の問題など患者や家族の生活や療養に関わる問題

ⅳ）心理的問題：病気に対する取り組み方やコミュニケーションの問題

ⅴ）実存的問題：生き方に関わる問題

包括的アセスメントを踏まえた上で心理職の視点からさらにアセスメント

できることは，生育歴や対人関係の特徴などを踏まえてパーソナリティや発達特性などの人となりに関することである。医療の場において，患者そのものやその人の生きてきた過程に目を向けることは，患者ががんと共に生きていくことを支える上で心理職ができる大事な役割の一つである。

　実際に心理職ががん患者と関わる際に，患者の希望があって介入に至ることもあるが，担当している医師や看護師などからの依頼が中心である。医療スタッフは患者が何かしらの心理的問題を抱えていることに気が付いていても十分な対応ができない場合，医療スタッフと患者の関係が円滑に築けない場合，生活背景を踏まえて心理面でのサポートが必要と判断された場合などに心理職が関わることとなる。そのため，まずは事前にカルテや多職種から情報を集め，身体的な状況（がんの種類や状態，治療の経過，身体症状）や生活背景などを可能な限り把握して患者に会いに行く。そして，患者が困っていることや気がかりなことなどから聞いていき，次第に家族背景や生活背景，趣味や大事にしていることなどに話を進めていく。これまで身体以外のことについて医療スタッフと十分話ができていなかった場合は，堰を切ったように自身の気がかりや状況を話す患者もいる。しかし，痛みや呼吸困難感などの身体症状により話をすることが負担になる状況では，自分の思いを伝えることが難しい場合もある。また，患者本人が心理的な問題があると認識していない場合などは心理職の介入を望んでいないこともある。そのため，一度に情報を集めることが難しい状況もあるため，信頼関係を築きながら徐々にアセスメントを行ったり，直接患者と関わらなくても多職種から得られた情報をもとにアセスメントを行ったりするなど，アセスメントの段階から心理職の介入の工夫が求められる。したがって，アセスメントを通して今目の前にいる患者の話を聞いたり，情報を集めながら，その人の過去の姿も探り，今後起こりうることも想像していく作業を行っていく。

② 心理的支援

　このようなアセスメントを経て支援を行う際は，支持的な心理療法だけでなく，問題解決的な心理療法，認知行動療法，心理教育，集団療法，実存的

問題や価値観へのアプローチなどがある。また，患者と直接関わらずに，日頃関わっているスタッフから得た情報をもとに患者を理解し，患者の感情や行動，今後の対応について，多職種へのコンサルテーションをすることもある。

　心理的支援において重要なことは，患者がこれまで生きてきた中で大切にしてきたことや価値観を尊重し，がんを抱えながらも主体的に生き，意思決定ができるようにすることである。また，病気である自分と向き合っていくこころの作業に寄り添い，がんによって生じた様々な苦悩や，これからどのように生きていくのかといった疑問，その人の中での病気の意味づけなどについて一緒に悩んでいくことも心理職が行う大事な役割である。

　どんな人にも死は必ず訪れ，まだ生きたいと願っていてもがんによって命の期限を決められてしまうことがある。死が身近に迫った時，患者は自分ではどうしようもできない事態に対して「なぜこのようなことになったのか」「なぜ自分なのだろうか」「死とはどういうことなのだろうか」といった答えのない問いが生じる。そのため終末期においても，身体的苦痛を取り除く治療だけでなく，こころの作業も必要となる。しかし，話すことが難しくなり，眉間に皺がよるほどの痛みを感じている患者に対して，身体の向きを調整したり，医療用麻薬の機械を操作したりすることなどの医療行為を心理職はできないため，無力感を感じることもある。筆者が経験した患者でも，体調が安定し穏やかに過ごしていた時期は筆者の訪問を歓迎し家族に対する思いや自分のこれからに対する考えを落ち着いて話していたが，傾眠となり，身の置き場のないようなつらさが出てきてからは，「もう話せないから」と言って筆者の訪問を断るようになった。これから死を迎える不安，以前のように話せないことの喪失感などスピリチュアルペインを抱える患者に対して，筆者は何もできないように感じた経験がある。また，徐々に自由に身体が動かなくなり，病院から出ることができない患者との会話の中で「普通の生活がしたい」と言われた際に，筆者が想像していた以上に患者は様々な思いを抱えていることを痛感し，どのような言葉を返したらいいのかわからなくなったこともあった。

　しかし，無力感から逃げず，患者から話される思いを受け取り，わかろう

とすることに意味がある。死を間近にして孤独感を抱えている患者にとって，そばに寄り添い思いを受け止める人として心理職が共に時間を過ごすことができる。そして，心理職との対話を通してこれからの時間をどう生きていくかということを考えることに貢献する。どんなに重篤な状態であっても，「包容されている」と感じることができると，未来があると感じることができる（Goldie & Desmarais, 2005：平井・鈴木（監訳），2022）。このように，患者のことを一人の人として尊重して話を聴き，これまで何を大切にして，どのように生きてきたかを心理職が受け取ることで，患者が抱えているスピリチュアルペインを軽くすることができるかもしれない。

　筆者が経験した患者でも，亡くなる数日前まで自分が何を大切にしてどのように生きてきたのかということや，次の世代に伝えたいことを語っていた。筆者はその患者から学ぶ姿勢をもって会い続けた。長年家族に対して抱えていながらも言うことができなかった様々な葛藤について，死を目前にして感情をあらわにしながら語った人は，筆者と共に家族やこれまでの人生，信仰などの話をしながら時間を過ごし，家族を大事に思う気持ちを取り戻していく過程を通して，自分が今病気になった意味について考えていた。また，思うように話せなくなった患者でもこれまでと同じように筆者は患者のもとを訪れ，誰かにそばにいてほしいと筆者の手を握ってくる患者とその時を一緒に過ごし，そのわずか数時間後に亡くなった人もいた。

　心理職として亡くなっていく患者と接することは，無力感以外にも様々な感情や苦しさが生じることもある。自身のこれまでの経験を想起し，人生に対する価値観や死生観を問われることもある。特に比較的若年の患者や自身と年齢の近い患者が亡くなる時などは，患者本人，家族，医療スタッフ共に無力感や戸惑いが大きく，心理職もどのように患者と接したらいいのか悩むこともある。しかし，どのような患者であっても，死が迫った患者に対して，最期まで目の前にいる人がその人らしく生きられるように考え，一緒に時を過ごすことに意味があるように思う。

⑵ 家族に対して

「Ⅶ. 家族が抱える問題」で述べてきたように，がん患者の家族も困難に直面し，悩むことが多い。そして，がんになる以前から生じていた家族関係の問題が，がんになること，終末期を迎えることといった家族の危機的な場面で顕在化してくることも珍しくない。心理職が家族関係の問題に直接介入することは難しいことが多いが，家族が抱えている問題を一緒に整理し，対処できることがあれば適切な職種につなぐなどの関わりができるかもしれない。また，患者に対する支援は様々な立場から行われているが，家族へのサポートは十分ではないことも多い。患者のためにと思う家族の言動が病院の方針と合わない場合や医療スタッフとの関係が悪化していることもある。そのため，家族が孤立しないように気にかけていくこと，家族とスタッフの関係調整を図ることなども心理職の役割となってくる。

また，子どもがいるがん患者の場合，子どもにどのようにがんや死を伝えるのか，限られた時間をどのように子どもと過ごすか，子どもの困りごとに対してどう対処していくか悩むことが多い。子どもも親の変化に気が付きながらどうしたらよいかわからなくなってしまっている。そのような子どもを持つがん患者と，がんの親を持つ子どもへの支援が広がってきている。がんがわかった時に最初に課題となることが，子どもにがんを伝えるか，伝えるとしたらどのように伝えたらいいのかということである。そこで，子どもにがんを伝える時には，3つのCを伝えることが重要であると言われている。3つのCとは，Cancer（がん）という病気であること，Catchy（伝染）する病気ではないこと，がんになったのは子どもが思ったことや，やったこと，やらなかったことがCause（原因）ではないことである（特定非営利活動法人ホープツリー　～パパやママががんになったら～ http://hope-tree.jp/）。また，具体的に子どもの生活にどのような影響が出るのか，または変わらずにこれまで通りに過ごせることは何かといったことを年齢に応じて子どもにわかる言葉で伝えることも子どもの不安の解消につなげることができる。このような子どもへの対応の仕方について，患者本人や日頃患者家族と関わっ

ている医療者から心理職が相談を受けることは少なくない。患者やその配偶者の気がかりや子どもへの思いを聞き，対応を共に考えていくことで，子どもが柔軟性と寛容，思いやりや忍耐力などを学んでいくこと（小澤・久野，2016）を心理職が支えることができる。

IX. おわりに

　がんという命に関わる病気になることは，将来への希望を失うだけでなく，これまで当たり前だと思っていた日常を手放さなければならないことがある。全人的苦痛を抱え，以前の自分とは変わってしまったと思うこともある。がんになる前に持っていた力は失われ，まるで自分が死んでしまったように感じることもあるかもしれない。しかし，がんサバイバーは苦悩を抱えたまま一生を終えるわけではない。一時的に見失うこともあるかもしれないが，本来その人が持っていた力を取り戻することもある。がんになる以前とは違った形で新たな力を見出す人もいる。このようにがんサバイバーが再生していく過程に寄り添う一人として，心理職が存在することに意味がある。

　また，がんの体験を通して何かを獲得したり，生み出したりしていくことは残された命の時間が少ない人にも起こる。筆者はこれまでに緩和ケア病棟において，自由に身動きが取れなくなったことで家族や支えてくれている人の存在の大きさを感じ，感謝を述べていた人，自身が行っていた仕事や趣味を続け，自分のあり方を貫こうという姿勢で死を迎えた人など多くの方に出会った。そして，様々な喪失を体験している死を間近にした人であっても，その人らしさを持ちながら新しく何かに気が付き，他者に何かを与えることができる存在であること，希望を持ちながら生を全うしようとすることを学ばせてもらった。このような人たちに心理職ができることは，一緒に時間を過ごすこと，その人から学んだことを家族や周囲の人びとに伝えていくことである。

　現在はがんと診断された時から緩和ケアを行うことが一般的になっており，がん患者が抱える様々な痛みや苦悩に対して，医療の中だけでも多様な職種が専門性を発揮し，社会においても利用できる資源が徐々に増えてきて

いる。また，がんの治療を終えた後に長い期間生きていく人びとへの支援も始まっている。筆者が出会った方でも，がんになったこと，その後身体の痛みが生じたことをきっかけに心理療法を行ったが，心理療法を通して自身のこれまでの生き方を，がんや痛みの意味を考え，これからどう生きていきたいかを模索し，自分の人生を楽しめるようになった。したがって，がんサバイバーのこころに目を向け，いずれ死が訪れる時までその人らしく生きられるように寄り添っていくことが心理職の役割として大切なことであると考える。

▶これからの皆さん（読者）に問いかけたいこと／自分も考え続けたいと思っていること

・もし自分がもうすぐがんで死ぬとなったらどうしたいか，何を大切にしていきたいか。

・患者さんとの出会い，人生での様々な経験によって生きることや死ぬことに対する思いは変化していくもの。その時々の自分の価値観に気が付きながら患者さんのことを抱える役割を果たしていきたい。

引用・参考文献

明智龍男（2018）．サイコオンコロジーの重要性　現状と今後の展望．精神医学，60(5)，447-454.

Calhoun, L. G. & Tedeschi, R. G.（2006）. *Handbook of Posttraumatic Growth: Research and Practice*.（宅香菜子・清水研（監訳）（2014）．心的外傷後成長ハンドブック．医学書院．）

がん情報サービス　ganjoho.jp/reg_stat/statistics/stat/summaly.html（2024年10月15日）

Goldie, L. & Desmarais, J.（2005）. *Psychotherapy and the Treatment of Cancer Patients: Bearing Cancer in Mind*.（平井正三・鈴木誠（監訳）（2022）．がん患者の語りを聴くということ　病棟での心理療法の実践から．誠信書房．）

Hope Tree　http://hope-tree.jp/（2023年8月31日）

五十嵐友里（2016）．終末期患者のケア―緩和ケアチームの日々の関わりから．鈴木伸一（編）．からだの病気のこころのケア　チーム医療に活かす心理職の専門性．北大路書房．pp. 142-152.

伊原千晶（2009）．女性乳がん患者の心とからだ．伊藤良子・大山泰宏・角野善宏（編）．身体の病と心理臨床　遺伝子の次元から考える．創元社．pp. 103-119.

伊藤良子（2009）．心身論再考―心と身体・遺伝と環境・偶然と必然．伊藤良子・大山泰宏・角野善宏（編）．身体の病と心理臨床　遺伝子の次元から考える．創元社．pp. 11-20.

伊藤朋子（2013）．セクシュアリティ．矢永由里子・小池眞規子（編）．がんとエイズの心理臨床　医療にいかすこころのケア．創元社．

岩宮恵子（1997）．生きにくい子どもたち―カウンセリング日誌から．岩波書店．

岸本寛史（2020）．がんと心理療法のこころみ　夢・語り・絵を通して．誠信書房．

岸本寛史（2022）．がん患者の異界．精神療法，48⑴，48-51.

Kübler-Ross, E.（1969）．*On Death and Dying*．（鈴木昌（訳）（1998）．死ぬ瞬間　死とその過程について．読売新聞社．）

村岡香織（2020）．障害受容・適応―がん患者を中心に―．*The Japanese Journal of Rehabilitation Medicine*, 57⑽, 936-941.

小川朝生（2016）．がん患者の「からだ」と「こころ」．鈴木伸一（編）．からだの病気のこころのケア　チーム医療に活かす心理職の専門性．北大路書房．pp. 18-29.

小川朝生（2020）．精神科医と心理職の違い．緩和ケア，30⑵, 102-103.

大西秀樹・石田真弓（2014）．家族と遺族のケア．心身医学，54⑴, 45-52.

小澤美和・久野美智子（2016）．子育て世代のがん患者への支援．鈴木伸一（編）．からだの病気のこころのケア　チーム医療に活かす心理職の専門性．北大路書房．pp. 125-141.

第5章 がん医療における死と生

コラム⑤

AYA世代のがんにおける死と再生

森田　日菜子

　AYA世代とは，"Adolescents and Young Adults"の頭文字をとったもので，日本のがん対策においては15〜39歳を指すことが多い。AYA世代は，就学や就労，結婚，妊娠・出産など様々なライフイベントの時期と重なる。また，心理社会的側面から考えると，自己のアイデンティティを確立し，社会的に自立して新しい家庭を築いていく世代と言える。AYA世代にがんに罹患することで，治療期間中だけでなく，晩期合併症の問題など，寛解後にも長期にわたって影響が及ぶ。また，治療優先となり自己のアイデンティティを模索する時間を十分に取れなかったり（小泉，2017），就学・就労の遅れや中断による不安を抱えたりする患者も多い。

　また，AYA世代のがん患者数は少なく，がん種については小児に発生しやすいがん種から成人に多いがん種まで多岐にわたる。そのため，高校生であってもがん種によっては子どもたちに混ざって小児病棟に入院することも少なくない。また，成人病棟に入院しても周囲は高齢者の患者が多いという環境は，AYA世代のがん患者の孤立感を高める要因となっている。

　岸田（2019）によれば，治療中のAYA世代がん患者の悩みの上位は，自分の将来のこと，仕事のこと，経済的なこと，診断・治療のこと，不妊治療・生殖機能に関する問題であった。また，自分・家族の将来のこと，自分らしさ，生き方・死に方，治療環境，同世代患者との交流，性・恋愛・結婚に関する情報や相談がアンメットニーズであった。

　がんの告知後，患者は告知によるショックや混乱の中，治療方法や精子・卵子の凍結保存など，その後の人生にも大きな影響を及ぼす重大な意思決定を行うことを迫られる。このとき支援者は，意思決定の優先順位を一緒に考えていくこと，その人の人生観やライフプランなどを踏まえた意思決定のサポートなどができるであろう。治療開始後も，その時々で患者のニーズに合った心理的サポートや情報提供，環境調整などを医療従事者のみならず，患者家族や学校・職場などと連携して行っていくことが求められる。

　また，同世代患者の少ないAYA世代がん患者にとって，同世代の話し相手の存在は大きいと考えられる。同世代患者との交流の場を設けたり，SNSを

活用したりすることで，情報交換や励まし合いなどピアサポートを得ることができる。さらに，同世代の友人や支援者と一緒に病気とは関係のない同世代ならではの話ができることは，治療中であっても自分が病気であることを忘れてその人らしく過ごすことのできる時間となりうる。

　AYA世代がん患者と関わる時，先に述べたように患者の状況やニーズが多岐にわたることを支援者側が理解しておくことが重要となる。一人ひとりのライフステージやニーズについて聞き取り，それに合ったサポートをしていくことが求められる。

引用文献

岸田徹（2019）．AYA世代のがん患者のピアサポート―「がんノート」の役割と展望―．保健の科学，61 (8)，549-553.

小泉智恵（2017）．AYA世代がん患者への精神的・社会的ケア．調剤と情報，23/13，22-24.

●読書ガイド・・

がんノート　https://gannote.com

　WEB上でがん経験者の経験談のインタビュー動画を視聴できる。がん治療中の思いや実情について知ることができる。

総合的な思春期・若年成人（AYA）世代のがん対策のあり方に関する研究班（編）（2018）．AYA世代がんサポートガイド．（平成27－29年度厚生労働科学研究費補助金（がん対策推進騒動研究事業））．金原出版．

　これまでのAYA世代のがんにまつわる研究成果を踏まえて，患者が抱えている問題とそのサポートについて具体的にまとめられている。

第6章
グリーフケアにおける死と再生

田　佳潤

Ⅰ．はじめに

　大切な人を亡くすことは，多くの人にとって，とてもつらく悲しい出来事である。Holmes & Rahe（1967）が社会再適応評価尺度の開発にあたって，配偶者の死を最もストレスフルなライフイベントとして明確に位置付けたのも有名である。大切な人を亡くした時，どのような反応を示すかは人それぞれであるが，人によっては，自分の人生や日常に価値を見出せなくなることがある。それまでのような日常を送ることが難しくなったり，あるいは自らの命を絶つことを考えたりするかもしれない。それほど人の心に大きな影響を与える出来事であるからこそ，臨床心理学においては長年研究されてきたテーマでもある。読者の皆さまが将来臨床家としていかなる領域で働く場合も，あるいは臨床家でないとしても，今後大切な人を亡くした人と出会う可能性がある。臨床家としてグリーフケアを行うのは，医療現場あるいは個人カウンセリング，被災地，グリーフケア団体の活動においてかもしれない。臨床に足を踏み入れるのであれば，代表的な文献に一度は目を通していただきたいものだが，ここでは，その紹介を兼ねつつ概観していきたい。

　臨床家にとって，言葉は最も重要な道具の1つであると筆者は考えている。特に，終末期の患者さんやそのご家族とお会いしていると，「自分の発した言葉がその人の聞いた最後の言葉になるかもしれない」「大切な人と死別するようなとてもつらい瞬間と結びつく言葉となるかもしれない」と考え，言葉選びに非常に慎重になる。そのため，本章では，各節において言葉の解説から入るという構成になっている。また，本章では，基本的に亡くなった対象のことを「故人」，大切な人を亡くした人を「大切な人を亡くした人」と呼ぶ。そのように呼ぶのがグリーフケアの対象である「大切な人を亡くした人」の立場を想像しやすいと考えるからである。

Ⅱ. 悲嘆／グリーフ／griefとは

(1) 悲嘆と悲哀・喪

　山本（1996）（2014）やWorden（2018/2022）は，死別と悲嘆に関する諸概念を過去の研究と臨床的視点から丁寧にまとめ，考察している。ここでは本章を読み進める上で最低限知っておいていただきたい内容を一部抜粋し，言葉の説明に代えたい。

図1　悲嘆と悲哀の違いイメージ図

　大切な人と死別（bereavement）すると，深い悲しみを体験することとなる。その悲しみを表す言葉として「悲嘆」（grief）と「悲哀・喪」（mourning）の2つが存在する。前者は，喪失に伴う悲哀の過程で生じる情緒的反応を総称的に表す用語であり，悲しみ・怒り・後悔・罪悪感・抑うつなどを含む複合的な感情を指している。一方で，後者は，大切な何かを喪失した後，①心理的な非痛を克服していく心理的過程と，②その過程で営まれる精神内界の戦いや対処行動を意味している。すなわち「悲哀・喪」（mourning）には2つの意味が含まれており，①は「悲哀の過程」（mourning process），②は「喪の仕事」（mourning work）とそれぞれ称され，喪失理論の鍵概念となった。以上を簡単にまとめると，「悲嘆」（grief）は喪失に伴う各情緒的反応を指し，「悲哀・喪」（mourning）は大切な人の死に適応していくプロセス全体を指すとされている。

(2) 通常の悲嘆反応

　大切な人と死別すると，感情面・身体面・認知面・行動面などにおいて
様々な体験が引き起こされる（**表1**）。はじめはショックを感じ，次第に悲
しみを感じるようになる場合もあれば，悲しみと怒りと安堵感を同時に体験
することもある。同時に複数の反応が入り混じることもあれば，時間経過と
ともに変化していくこともある。もちろん，大切な人を亡くした人が皆ここ
に挙げたすべての反応を示すわけではない。しかし，臨床に携わる者として，
通常の悲嘆反応パターンを知っておくことは重要である。特に，初めて大切
な人を亡くした人は「自分がおかしくなってしまったのではないか」と不安
を感じてしまうこともある。正常な範囲内の悲嘆反応を示していることにつ
いて，心理教育として伝えることが安心感を与える場合もある。

表1　通常の悲嘆反応

感情面	身体感覚面	認知面	行動面
悲しみ	胃の不快感	死を信じられない	睡眠障害
怒り	胸の締め付け	心，ここにあらず（混乱）	食欲の障害
他を責め，非難すること	喉のつかえ	故人へのとらわれ	うわの空の行動
罪悪感と自責の念	音への過敏さ	故人がいるという感覚	社会的引きこもり
不安	離人感	幻覚	故人の夢を見ること
孤独感	息苦しさ		故人を思い出すものの回避
消耗感	体力の衰え		探し求め，名前を呼ぶこと
無力感・孤立無援感	エネルギーの欠乏		ため息をつくこと
ショック・衝撃	口の渇き		休みなく動き続けること
思慕			泣くこと
開放感			ゆかりの地を訪れ，思い出の品を持ち歩くこと
安堵感			故人の所有物を宝物にすること
感情の麻痺			

（Worden（2018/2022）より抜粋・整理）

⑶　子どもの悲嘆反応

　先述したWorden（2018/2022）による通常の悲嘆反応（**表1**）は，様々な年代についてのものであった。通常の悲嘆反応について包括的に捉えるにはとても役立つものだが，知的発達に問題のない成人の悲嘆反応と，死の概念をまだ理解できない乳幼児の悲嘆反応とでは，大きく異なるだろう。認知発達が未成熟である子どもにとっては，そもそも大切な人が死んだということすら認識できないかもしれない。また，人が死ぬということがどういうことなのか理解できていないのなら，「ママは死んだんだよ」と説明されても，自分に何が起こったのかということを理解することはできないだろう。そのような子どもにとって，大切な人の死はどのように感じられるだろうか。Christ（2000）やNPO法人 Hope Tree（2014）の文献をもとに，以下，子どもの悲嘆反応について概観する。

　1～2歳の子どもにとっては，故人の遺体を目の前にしても，眠っている時との違いはわからない。いつもと違うのは，いくら泣いてもその人は目を開けてくれないことである。愛着の対象であったその人と会えない時間が長くなると強い不安を覚えるようになるだろう。代わりに自分を世話してくれるようになった人たちもどこか不安や悲しさを抱えていて，それが強い感情として伝わってくる。純粋に自分に愛情を向けてくれる人はおらず，段々と自分の感情も不安定になってくる。この年齢の子どもにとって不安定な感情を表現する方法は限られており，泣くか世話を拒むか身体症状化するかである。

　3～6歳頃になると，死を認識することができるようになるものの，死の最終性を理解することは難しいようである。そのため，故人の所在を尋ねたり，いつ戻ってくるのかと尋ねたりするかもしれない。また，自己中心性が獲得されたゆえに，自分の過去の考えや行為が故人の死を招く原因になったかもしれないと考えてしまうこともある。一方で，今後自分の衣食住が守られるかどうか心配になり，周囲の人が悲しみに暮れている最中に「明日からご飯は誰が作ってくれるの？」と尋ねる様子も見られる。駄々をこねる，泣きじゃくるなど，大人の手を煩わせる行動をとることで周囲の人からの世話

第6章　グリーフケアにおける死と再生

を引き出そうとするかもしれない。行き場のない混乱や不安といった感情を，遊びや絵を描くことを通して表現する子どもも多い。

　6〜11歳頃になると，学童期となり，死の詳細について知りたいという知的好奇心が強まるだろう。周囲に「人は死んだらどうなるのか」と尋ねるかもしれない。その一方で，心理的な防衛反応として病気に関する情報や悲嘆感情を避けようとするかもしれない。9歳頃には死の最終性を理解し，10〜11歳頃には死の普遍性を理解するようになる。また，11〜12歳頃になると，周囲の気持ちを察し，死に関する質問を避けるようになる。周囲を和ませようとおどけたりすることもあるかもしれない。日記や詩，小説として自分の経験を残し，感情を表現することもある。洋服など故人が持っていたものを大切にする様子も見られるようになる。

　12〜18歳頃になると，認知発達が成熟していき，抽象的概念の理解や抽象的思考が可能となる。そのため，大人と同じように死を理解することができるようになる。しかし，この時期は第二次性徴により急激な身体的成熟が進み，身体的にも精神的にも非常に不安定になる。子どもから大人になっていく不安定な時期であり，大人に頼りながらも大人からの自立や特権を求め，親が決めたことなどに対して非難したり怒りをあらわにしたりすることがある（三浦・村瀬，2014）。また，親に感情や自分の思いを話さなくなったりと，コミュニケーションが難しくなる。このような時期に大切な人と死別すると，素直に悲嘆を表現したり周囲に頼ったりすることができず，感情を隠そうとして普段と変わらない態度をとったり，飲酒や対人トラブルなど一見悲嘆として理解しづらい行動をとったりすることがある。そして進路選択・職業選択などその後の人生を決めていく大切な時期でもあり，死別体験がその後の進路や人生観，アイデンティティに大きな影響を及ぼす可能性がある（金子ら，2007；倉西，2010）。

　以上のように，発達段階によって死の概念の理解や死別後の悲嘆反応は異なってくる。終末期患者の家族や，大切な人を亡くした人の支援にあたる際には，このような知識が大きく役に立つのはもちろん，周囲の大人に心理教育として今後起こりうる子どもの悲嘆反応を伝えることで，心の準備ができ

155

表2 子どもの死の概念の理解と悲嘆反応

年齢	発達と課題	死の概念の理解	悲嘆反応
1	▶基本的信頼 vs 不信 ▶8か月不安，人見知り，分離不安 ▶安全基地としての母親	▶死を認識していない。	▶故人がいなくなった不安を示す。 ▶世話をする人の不安を感じとる。
2	▶内的ワーキングモデルの形成 ▶対象の永続性の獲得 ▶シンボル機能の獲得	▶死を寝ていることと誤解。	
3	▶自律性 vs 恥・疑惑 ▶自発性 vs 劣等感 ▶愛着対象が目の前にいなくても，心の中に想起することで安定して行動できるようになる。 ▶自己中心性の獲得	▶死の最終性は理解しにくい。死は一時的で，再び戻ってくると思う。	▶自分の考えや行為が死を招く原因になったと考える（自己中心性）。 ▶今後自分の衣食住が守られるかどうか心配になる。
4			
5			
6			▶駄々をこねる，泣きじゃくるなど，大人の手を煩わせる行動をとる。 ▶故人と一緒にいたがる。 ▶遊び，絵を描くことを通して考えや感情を表す。
7		▶死の詳細について知りたいという好奇心がある（「死んだらどうなるのか」「死んだら体はどうなるのか」）。 ▶9歳頃には死の最終性を理解。 ▶10～11歳頃には死の普遍性を理解。	
8	▶勤勉性 vs 劣等感 ▶保存の概念の獲得 ▶脱自己中心性		
9			▶故人の病気や死に対する詳細な情報を知りたいと考えている一方で，病気に関する情報や悲嘆感情を避けようとする。 ▶周囲を和ませようとおどけたりする。 ▶洋服など故人が持っていたものを大切にする。 ▶日記，詩や小説として自分の経験を残していることもある。
10			
11			
12	▶同一性 vs 同一性拡散 ▶思春期，第二次性徴，第二次反抗期 ▶抽象的概念や知識が獲得される。 ▶抽象的思考が可能となり，言語による説明から具体的イメージが可能となる。 ▶知識や経験を応用し，仮説や結果を予測したうえで，行動し発言することができる。	▶大人と同じように死を理解。 ▶普段と変わらない態度でいる（感情を隠す）。	▶11～12歳頃になると，周囲の気持ちを察し，死に関する質問を避ける。
13			
14			
15			▶悲嘆としてわかりにくい行動をとることがある。 （例：飲酒，親との口論，感情の爆発など）
16			
17			
18			

(Christ（2000），NPO法人 Hope Tree（2014），無藤ら（1990）をもとに作成)

第**6**章　グリーフケアにおける死と再生

たり対応を予め話し合うことができたりする。

Ⅲ. 悲哀過程に関する仮説の変遷

　大切な人を亡くした人が，その状況にどのように適応していくかといった
テーマは，臨床心理学の領域では長年考究されてきたテーマである。

(1)　従来の悲哀過程に関する仮説

　精神分析の創始者であるFreud, S. は，死別後，大切な人を亡くした人は
その現実を認識することにより，愛する対象がもはや存在しないというこ
とを理解し，その対象に結ばれているリビドー[1]を撤収していくと主張した
(Freud, 1917/1970)。すなわち，大切な人を亡くした人は「記憶と希望を死
者から切り離すこと」であると述べている（Freud, 1912/2009）。このような
過程は「喪の作業」（grief work）と呼ばれ，大きくは①現実検討，②思慕と
回想，③対象の断念または脱カテクシスという3つの部分に分けられている。
　また，愛着理論を発展させたBowlby, D. W. は，死亡や遺棄などにより，
親子，夫婦，恋人同士，親友の片方が他方を永久に失うことによって被る
精神的打撃のことを「対象喪失」（object loss）という概念を用いて説明し
た（Bowlby, 1980/1981）。加えて，対象喪失の過程を①対象喪失を認めま
いとする抗議あるいは抵抗の段階，②絶望と失意の段階，③離脱あるいは「脱
愛着」[2]（detachment）の3段階に分けられると考えた。さらに，病的な悲
哀は「故人との絆を維持する過程で何らかの好ましくない経過をたどった
ため」であると述べ，防衛のために愛着対象から離脱していくことが重要
であると主張した。
　このように，従来の悲哀過程に関する仮説において，大切な人を亡くした
人は，死別後，故人との絆を断ち切ることが必要であり，故人との絆を保つ
ことは病的であると捉えられてきた。

1　性的エネルギーのこと。精神分析における概念。リビドーを支配しているのは快楽原
　　則であり，生の欲動と同一視されている。
2　愛着対象を喪ったつらさから逃れるために，対象への愛着を切り離すこと。

(2) 近年の悲哀過程に関する仮説

　大切な人を亡くした人が故人との絆を維持し続けることが正常であると
いった考え方は，全く新しい考え方というわけではない。Freud, S. 以降，
死別に限らず，大切な人を失った後の心のプロセスについては Abraham,
K. や Klein, M. ら対象関係論の流派において行われてきた。Abraham
(1927/1993) は「取り入れ」[3] (introjection) の観点から喪の過程を捉え，
大切な人を亡くした人は「取り入れ」によって故人との関係を維持し，喪失
感を埋め合わせて保証することができると仮定した。加えて，故人を取り入
れることによって，故人を精神世界で復活させることができると考えた。こ
のような Abraham の考えを引継ぎ，Klein (1940/1983) は「正常の喪だけ
に見られる特徴は失った愛する対象をその人自身の中に作り上げることにあ
る」と述べている。また，Shuchter & Zisook (1988) は，多くの妻たちが
夫を亡くしてから何年間も，まだ夫が生きているかのような感覚を持ち続け
ていることを発見した。さらに，Silverman et al. (1992) は，親を亡くした
子どもの死別研究から，子どもの多くが亡くなった親とのつながりを持ち続
けていることを示した。

　悲哀過程に関する研究の中で，故人との絆が維持されることが正常である
という考え方が主流となったのは，「継続する絆」(Klass et al., 1996) という
概念の提唱とともに，従来の考え方，すなわち故人との絆を断ち切ることが
必要であるという考え方が否定されてからである。Klass et al. (1996) は，死
別に関する諸研究を集約し，「継続する絆」(continuing bonds) という概念
を提唱した。この概念が提唱されてから，近年の悲哀過程に関する研究にお
いては，大切な人を亡くした人が故人との絆を維持することが一般的であり，
それは正常であるという考え方が主流となっている。つまり，故人との絆が
保持されることは異常ではなく，大切な人を亡くした人は生前とは異なる方
法で故人との絆を保ちながら，故人のいない世界に適応していくという考え

3　子どもは親の愛情を失いたくないので，親の考え方や態度などをあたかも自分のもの
であるかのように取り入れて行動する。この無意識的な過程をいう。

方である。また，Klass et al.（1996）は，親と死別した子どもに関する研究をまとめ，大切な人を亡くした子どもが故人とつながる方法として「故人を位置づけること」「故人の存在を体験すること」「故人に接触すること」「故人を思い出すこと」「対象とつながり続けること」という5つの特徴を見出している。

　一方で，この概念に対しても様々な疑問や批判が提起されている。Worden（2018/2022）は，継続する絆に対する疑問を次のような4点にまとめている。①いかなるタイプの絆が喪失に適応するためには最も有効なのか，②絆を継続させることは，誰にとって有効であり，誰にとって有効ではないのか，③喪失に適応する上で「継続する絆」が最も機能するのはどの時期なのか，④宗教的・文化的な違いは，健康な絆を維持する上でいかなる影響があるのか，といった4つである。さらに，山本（2014）は，「脱カテクシス」対「継続する絆」という二者択一ではなく，大切な人を亡くした人は失った対象との絆を結び直しつつ，その対象への自己愛的欲求や期待を断念できるようになることによって，喪失体験を乗り越えることができると述べている。

　Worden（2018/2022）は，「継続する絆」の概念と自身の調査研究，臨床家の知見を踏まえ，次のような「喪の過程における4つの課題」を提唱した（**表3**）。課題Ⅰは，喪失の現実を受け入れることであり，故人がもう帰ってこないという現実と正面から向き合うことである。反対の動きとしては，否認の防衛機制を用いて喪失を信じないことが挙げられる。この否認のかたちは，軽い歪曲から本格的な妄想まで様々な程度がある。課題Ⅱは，悲嘆の痛みを消化していくことである。大切な人を亡くした人は，この苦痛を認め，乗り越える必要がある。それが達成されないと，身体症状や異常な行動として表れる可能性がある。この課題を否定する動きとしては，苦痛を感じないようにすることであり，お酒や薬を常用するような行動を示すことがある。課題Ⅲは，故人のいない世界に適応することであり，外的適応，内的適応，スピリチュアルな適応の3つに分けられている。外的適応は，日常生活での役割やスキルに関する適応である。故人との関係性や個人が担っていた役割によって決まってくるが，例えば，妻を亡くした若い父親であれば，生前故人が担っていた子どもの世話や家事などを自分の新たな役割として獲得して

いく必要があるだろう。内的適応は、大切な人を亡くした人の自己感覚についてである。例えば、夫婦の片割れではなく独立した自分として認識することが必要になるだろう。自尊心や自己効力感を獲得していかなければならない。スピリチュアルな適応は、壊れた意味世界への適応である。この適応のためには、①喪失後もなお続いていく人生の意味を再発見しようともがきながら、死別というイベント・ストーリーを紡ぎ出すこと、②継続する絆を再構築する手段として、以前からの故人との関係性の在り方というバック・ストーリーにも耳を傾けることが必要である。課題Ⅳとして、Wordenは故人との永続的なつながりを見出すことを挙げている。

　日本でも、山本（1997）や倉西（2010）の研究によって、大切な人を亡くした人は死別後に様々なかたちで故人との関係を維持していることを示している。このように、近年の悲哀研究では、一般的に、大切な人を亡くした人は故人との絆を断ち切るのではなく、故人との絆を維持しており、それが正常であるということが主張されている。

表3　喪の過程における4つの課題

課題Ⅰ	喪失の現実を受け入れること
課題Ⅱ	悲嘆の痛みを消化していくこと
課題Ⅲ	故人のいない世界に適応すること
課題Ⅳ	故人を思い出す方法を見出し、残りの人生の旅路に踏み出す

(Worden（2018/2022）より抜粋・整理)

Ⅳ. 悲嘆のアセスメント

(1) 診断基準の変遷

　上記で述べてきたように、正常あるいは異常な悲嘆の状態像やプロセスは、時代や文化、社会によっても異なってくる。そのため、どこからが異常な悲嘆であるのか、その線引きは難しいところである。実際、悲嘆反応を精神医学的診断分類に入れるべきか、入れないべきかという論争がされてきた。例えば、アメリカ精神医学会の『精神疾患の診断・統計マニュアル』(Diagnostic and Statistical Manual of Mental Disorders：DSM) で悲嘆の診断基準が登

場したのはDSM-Ⅲからであった。当初は「単純な死別反応」という名称でVコード（精神疾患ではないが臨床関与の対象となることのあるほかの状態）に位置付けられていた。その後は，改定の度に，どの分類に位置づけるか，そもそも診断基準から外すべきかといった論争が繰り広げられてきた。診断名から「単純な」という言葉が省かれたり，大うつ病の診断は喪失後2か月以降とすることが明記・除外されたりといったプロセスを経て（瀬藤ら，2005），現在はDSM-5-TR（2022/2023）にて「遷延性悲嘆症」（Prolonged Grief Disorder）（**表4**）という診断基準が示されている。

　医学的診断としては，ほかにも世界保健機関（World Health Organization：WHO）の国際疾病分類（International Classification of Diseases: ICD）が挙げられる。ICDの改定においても，様々な変遷があった。ICD-10（1992）では，死別反応は正常な反応として疾患や障害とはみなされず，「Z63.4家族の失踪あるいは死」に位置づけられていた。しかし，ICD-11（2019）では，長期にわたる悲嘆反応として，「遷延性悲嘆症」（Prolonged grief disorder）が示された。すなわち，Post traumatic stress disorderやAdjustment disorderと並んで，「ストレス関連障害」（Disorders specifically associated with stress）カテゴリーの中の1疾患として位置づけられた。診断基準は，A基準（親しい他者の死），B基準（分離の苦痛），C基準（認知，情動，行動における症状：①悲しみ，②自責の念，③怒り，④亡くなった事実を否認する，⑤自己あるいは他者への非難，⑥死別の事実を受け入れることの困難，⑦自分の一部を失ってしまった感覚，⑧明るい気分になることができない，⑨感覚の麻痺，⑩社会活動参加の困難），D基準（期間：分離の苦痛が6カ月以上の期間持続），E基準（社会生活の障害）である。

　DSM-5-TRとICD-11における診断基準の最も重要な違いは，症状の持続期間である（岡村・篠崎，2022）。DSM-5-TRでは「少なくとも12カ月前」の死別とされているが，ICD-11では「最低でも6カ月以上」悲嘆反応が持続していることとされている。このような差異が生じる背景には，それぞれの期間についての根拠の不十分さが指摘されており，今後さらなる研究が必要とされている。

表4　DSM-5-TR「遷延性悲嘆症（Prolonged Grief Disorder）」の診断基準

A. 少なくとも12カ月前（児童や青少年の場合は，少なくとも6カ月前）の，悲嘆する者に親しかった人の死。

B. その死以来，以下の症状の1つまたは両方が臨床的に意味のある程度にほとんど毎日みられることを特徴とする，持続的悲嘆反応の出現，さらに，その症状は少なくとも過去1カ月間，ほぼ毎日起きている。

　　⑴　故人への強い思慕・あこがれ。

　　⑵　故人についての思考，記憶にとらわれている（児童および青年では，そのとらわれは死の状況に集中しているかもしれない）。

C. その死以来，以下の症状のうち少なくとも3つが，臨床的に意味のある程度にほとんど毎日，存在している。さらに，これらの症状は少なくとも過去1カ月間，ほぼ毎日起きている。

　　⑴　その死以来，同一性の破綻（例：自分の一部が死んだような感覚）。

　　⑵　その死が受け入れられないという強い感覚。

　　⑶　その人が死んでいることを思い出させるものからの回避（児童および青年では，思い出させるものを避けようとする努力によって特徴づけられるかもしれない）。

　　⑷　その死に関連した激しい情動的苦痛（例：怒り，恨み，悲しみ）。

　　⑸　その死以来，対人関係や活動を再開することの困難（例：友人と関わること，興味を追求すること，将来の計画を立てることなどの問題）。

　　⑹　その死の結果，情動が麻痺する（情動的体験の欠如または著しい減少）。

　　⑺　その死の結果，人生が無意味であると感じる。

　　⑻　その死の結果，強い孤独感を感じる。

D. その障害は，臨床的に意味のある苦痛，または社会的，職業的，または他の重要な領域における機能の障害を引き起こしている。

E. その死別反応の持続期間と重症度は，その人の文化や状況に対して期待される社会的，文化的，または宗教的な基準を明らかに超えている。

F. その症状は，うつ病や心的外傷後ストレス症などの他の精神疾患によってうまく説明されるものではなく，物質（例：医薬品，アルコール）または他の医学的状態の生理学的作用によるものでもない。

⑵　悲哀のアセスメントの枠組み

　異常な悲嘆を表現する言葉としては「複雑性悲嘆」（complicated grief）という名称も有名だろう。Prigersonら（1995）は複雑性悲嘆の重症度を評価する尺度として，「複雑性悲嘆質問票」（Inventory of Complicated Grief）を開発した。日本語版は中島ら（2010）によって作成されており，『複雑性悲嘆のための心理療法日本版研究ウェブサイト』で手に入れることができる。

第**6**章　グリーフケアにおける死と再生

　Worden（2018/2022）は，「適応」（adaptation）という用語を用い，「喪失状況にうまく適応している」とか「喪失状況に適応できていない」というように表現した。これは，正常から異常までをスペクトラムで考え，適応を基準にする現代の精神医学的な考え方に合致するものである。さらに彼は，喪の過程を左右する媒介要因として，①間柄―誰が亡くなったのか，②愛着の性質，③どのように亡くなったか，④過去の経験や既往歴，⑤パーソナリティに関する変数，⑥社会的変数，⑦芋づる式の喪失とストレス，の7つを挙げている。また，複雑な喪の過程を①慢性悲嘆反応，②遅れた悲嘆反応，③悪化した悲嘆反応，④仮面性悲嘆反応の4つに分類している。そして，複雑な喪の過程を診断する手がかりとして**表5**のような12の手がかりを提示している。アセスメントの枠組みとしてはほかにも，山本（2014）が悲嘆をアセスメントする際の6つの視点について示している（**表6**）。

　もちろん，実際の臨床においては，基本的に上記悲嘆に関する診断や枠組みのみならず，その人の強みやリソースなども含め，多面的にアセスメントすることが求められるだろう。例えば，自ら周囲に援助を求めることができるかどうか，周囲に支えてくれる人がどれだけいるか，といった援助希求能力やソーシャル・サポートの状況によっても悲哀の過程は大きく変わってくる。

表5　複雑な喪の過程の診断の手がかり

⑴　故人について話し出すと，激しく生々しい悲嘆を体験する
⑵　喪失に関する些細な出来事が，激しい悲嘆反応の引き金になる
⑶　喪失のテーマが話題にのぼる
⑷　故人の所有物を片付けたり動かしたりしたくない状態
⑸　故人が生前に罹っていた身体症状がクライエントにも生じている
⑹　生活スタイルを急激に変化させたり，親友や家族や個人と係わる活動を避ける
⑺　長期にわたる軽症の抑鬱の既往／状況にそぐわない多幸感が存在している
⑻　故人を強迫的に模倣しようとする
⑼　自己破壊的な衝動や行動が存在する
⑽　毎年，特定の時期に説明できない悲しみが起こってくる
⑾　病気に対する恐怖症が，故人が患っていた病気と関係して起こる
⑿　セラピストは，死をめぐる具体的な状況を把握すること

（Worden（2018/2022）より抜粋・整理）

163

表6　悲嘆のアセスメントの6つの視点

1. **喪失状況の概要──喪失のアウトラインは把握できたか**
    ① 故人は誰か：関係性・続柄・亡くなった年齢
    ② いつ頃：亡くなった日にち・経過日数
    ③ どのような経緯で：亡くなった経緯・死因
    ④ どのように知ったか：死に立ち会えたか，看取りはできたか
    ⑤ 最後の接点や会話は：別れ方，最後の言葉
    ⑥ 葬儀への参加と親族間の出来事：葬儀へのコミット度
    ⑦ 悲嘆反応の状態は：悲嘆反応の詳細はどうか
    ⑧ 社会生活の営み方は：仕事・家事・登校はどの程度できているか
    ⑨ 誰が一番の支え手か：周囲のサポート体制はあるか
    ⑩ 過去の喪失経験は：大きな喪失経験・どのように乗り越えたか
    ⑪ 今のニーズは何か：支援を求めた動機や今のニーズは何か
2. **悲嘆反応の鑑別──より専門的支援が必要か**
3. **個々の阻害要因──どこで，なぜ，スタックしているのか**
4. **リソースの発見──どこに快復への萌芽（資源）があるか**
5. **悲しむ人の理解──どう危機を生き抜こうとしているか**
6. **節目の反復評価──前に比べて今はどう変化したか**

（山本（2014）より抜粋・整理）

Ⅴ．特別な喪失と悲嘆

　これまで通常の悲嘆について述べてきたが，特別な配慮が必要である喪失状況がある。代表的なものとして，予期悲嘆，自殺（自死），突然死，乳幼児突然死症候群，死産，流産，妊娠中絶，HIV（エイズ）などが挙げられる（Worden, 2008/2011）。文字数に限りがあるため，ここでは，予期悲嘆，自殺（自死），災害による悲嘆について簡単に整理する。

(1)　予期悲嘆

　「予期悲嘆」（anticipatory grief）は，Lindemann（1944）によって提唱された概念である。当初は，戦地に向かった兵士の家族の心理的反応として示された。第二次世界大戦の最中，応召した兵士の家族は，戦地に向かう彼が死んでしまうかもしれないと悲しみつつ，もし彼が死んだらどうやって生き

ていこうかと心配した。この心理的反応は，将来の死別に備えるための安全装置として働く一方で，この心理的プロセスが進みすぎると，兵士が戦地から無事に生還してもそのことを喜んだり再び愛することが難しくなったりした。その後，この概念は，死にゆく患者の心理的反応にも援用され，終末期の患者やその家族の心理的プロセスとして示されるようになった。この心理的反応は，字義通り予期された死別に対する悲嘆反応，すなわち，近い将来に大切な人の死が予想される状況で生じる。したがって，日本の現代において考えると，予期悲嘆が生じる状況の多くは，その時間の長短には差があるものの大切な人の闘病期間中ということになる。

　Worden（2018/2022）は，自身の提唱した喪の過程における4つの課題のうちⅠ～Ⅲに照らし合わせつつ，予期悲嘆の内容を次のように述べている。まず課題Ⅰに関連して，その人が早晩亡くなるという事実を意識化し，受け入れるという課題がある。この時，大切な人の死は避けられないという意識と，その事実を否認したい意識とが交互に現れる。次に課題Ⅱに関連して，大切な人との分離不安が高まることに加え，自分もまたいつか死すべき存在だという自覚が強まる。また課題Ⅲに関連して，大切な人が亡くなった世界に自分自身を適応させるため，「役割リハーサル」（role rehearsal）を行う。すなわち，遺される人は，大切な人が亡くなった後「子どもをどうやって育てていこうか」「住む場所はどうしようか」と考えを巡らせ，心の準備をしようとする。そして，予期悲嘆の期間が長すぎると，実際に亡くなるよりもはるか以前に諦めて情緒的に離脱してしまい，そのような自分に罪悪感を覚えたり，よそよそしい関係になってしまったりする可能性があると述べている。

　なお，予期悲嘆が死別後の悲嘆の緩和につながるかどうかについては，様々な指摘がある。Parks（1975, 2010）の研究では，何らかの予告で死が近いことを知っていた人は，予告がなかった人に比べて，経過が順調であったと示している。一方で，Nielsen et al.（2016）は，予期悲嘆は死別後の悲嘆反応を軽減せず，その期間を短くすることもなかったと示している。死別後の悲嘆反応に影響を及ぼす要因には，愛着関係や個人のパーソナリティなど様々な要因があり，予期悲嘆の期間の有無や長短だけで死別後の悲嘆反応を

予測することは困難であると思われる。

(2) 自死遺族の悲嘆

まず,「自殺」という言葉は自分を殺すという反社会的行為が連想されるという理由から,特に遺族支援の分野では「自死」という言葉が多く用いられている。また,「自死遺族」という言葉について,その意味する範囲は,親子や配偶者,兄弟姉妹だけでなく,親戚,友人,恋人,同僚なども含む「自死した人と近い関係にあった人」とされることが多い。本節でも,このような言葉や定義を踏まえながら,自死遺族の悲嘆について述べていく。

ひとりの自死は,少なくとも周囲の5人から10人の人たちに深刻な影響を与えると言われている。しかし,自死に対しては未だ社会的に偏見も多く,自死遺族はその出来事を親族や親しい人にさえ話せない場合がある。周囲の人に話したり相談したりできず,心理的にも社会的にも孤立してしまう遺族が多い。そのため,自死遺族の悲嘆は,「沈黙の悲しみ」(silent grief)と表現されることがある。自死で身近な人を亡くした人からは,「理解が得られない」,「人に話せず,悲しみをわかち合えない」,「必要な情報が届かない」,「家庭内に問題が生じる」,「周囲の人たちの言葉や態度によって傷つけられた」などの声が多く聞かれる(自殺総合対策推進センター, 2018)。したがって,自死遺族においては,先述した通常の悲嘆反応に加えて,周囲からの誤解や偏見等によって孤立してしまうがゆえの心理的反応が多く見られる。自死遺族に生じうる心身の反応については,**表7**を参考にしていただきたい。また,自死遺族は,遺族として弁護士や警察などとやりとりしながら法的な問題や様々な手続きにも対応しなければならない場合がある。このようなことから,自死遺族の支援においては,二次的な傷つきが生じないよう受容・共感的な声掛けをしつつ,遺族の問題やニーズを明確にし,必要十分な情報提供をする必要がある。

第2章においても示されているように,近年においても日本では約2万人の人が自死している。現在,日本には自死遺族数に関する統計は公表されておらず,同居人・配偶者以外の自死遺族はそもそも集計がなされていないと

第**6**章　グリーフケアにおける死と再生

表7　自死遺族に生じうる心身の反応

心理的反応	具体例
疑問・愕然	何で自殺したの？
否認	自殺したなんて信じられない。
他罰感	○○のせいで自殺した，あいつが原因だ。
自責の念・罪悪感	あの時気付いていれば。私のせいで自殺したんだ。 私だけ生きて楽しい思いをして申し訳ない。
不名誉・屈辱	○○が自殺したなんて知られたくない。言えない。
不安	いつか私も自殺してしまうのかな。
安心・救済	正直ホッとした。安心した。
怒り	勝手に死ぬなんて卑怯だ。
離人感	現実感がなく，自分のことではないように感じる。
抑うつ	気分が重く憂鬱になる。自信を失う。 自分は役に立たない人間だとか生きる意味がないと感じる。
幸福感の喪失	幸せだと感じられなくなる，将来に希望が持てなくなる。 何事も悲観的に考える。
感情の麻痺	何も感じられない。悲しい気持ちさえおきない。楽しめない。
対人関係が困難になる	周りの人に親しみを感じなくなる。上手く付き合えなくなる。 周囲から孤立しがちになる。
身体的反応	**具体例**
食欲の低下	食欲がなくなる。食べ過ぎる。
体力の低下	疲れやすい。体重が減少する。風邪を引きやすくなる。
睡眠の変化	眠れなくなる。寝付きが悪くなる。途中で目が覚める。恐ろしい夢を見る。
不安・緊張	自分も自殺するのではないかと不安でたまらなくなる。自殺の場面が目の前に現れる気がする。一人でいるのが怖くなる。
生活能力の低下	元気ではつらつとは出来なくなる。集中力が落ちる。仕事や家事，外出，その他の日々の活動における能力が低下する。
胃腸の不調	胃の痛み，下痢，便秘

（自殺未遂者および自殺者遺族へのケアに関する研究（2009）より抜粋・整理）

思われる。そのため，自死遺族の数については推計するしかないが，自死した者1人に対して約4～5倍の自死遺族が発生していると仮定すると[4]，毎年

4　4～5倍とする根拠は『自殺実態白書2008』第4章「自死遺族の実状」を参照。

8万人～10万人の自死遺族が発生していると考えられる。自死遺族が増えていくということは，新たに自死の危険リスクの高い人が増えていくということでもあり，支援のニーズは高まるばかりである。

(3) 被災者の悲嘆

　災害には，地震や津波，台風，水害，噴火などの「自然災害」と，戦争や紛争，テロ行為，犯罪事件，交通事故など「人的災害」が含まれる。ここで取り上げるのは自然災害によって大切な人を亡くした人の悲嘆である。日本における自然災害は，台風が最も多く，次いで地震，洪水が多い（Asian Disaster Reduction Center, 2002）。一方で，死者数については，地震が著しく多く，次いで台風，洪水となっている。特に，地震による被害は大規模であり，関東大震災の死者・行方不明者は約10万5千人で，日本の自然災害史上最多数である（武村, 2007）。警察庁と復興庁の公表によると，2011年に発生した東日本関東大震災の死者・行方不明者は，震災関連死も含め2万2千人に上っている。

　自然災害によって大切な人を亡くした人には，喪失の甚大さ，トラウマ性，不明瞭さ，二次的ストレスといった注意すべき特徴があるとされている（伊藤ら, 2012）。大規模な災害が起こると，大切な人のみならず，家や家財，仕事，見慣れた故郷の風景，コミュニティ，人間関係など様々な喪失を同時に経験することになる。このような状況は「多重喪失」（multiple loss）と呼ばれ，すべてを同時に失ってしまった人の衝撃や悲しみは計り知れない。悲惨な状況を目にした者は，その後何度も思い出してしまったり（再体験症状），思い出させる物や場所を回避しようとしたり（回避症状），眠れなかったり（過覚醒）する「急性ストレス症」（Acute Stress Disorder: ASD）やPTSDを発症することがある。また，死因がわからなかったり，行方不明となっていたりすると，Boss（1999/2005）の言う「あいまいな喪失」の体験となり，大切な人を亡くした人は，原因を繰り返し考え，その状況を死と捉えるべきか否か，それはその人に対する裏切りとならないか葛藤する。ご遺体に対面できたとしても，様々な現実的理由で葬送儀礼を行うことができないことも

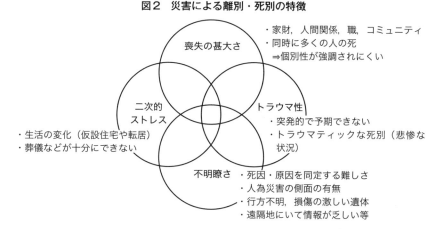

図2 災害による離別・死別の特徴

(伊藤ら, 2012, p.54)

あり，大切な人を亡くした人は悔しさや申し訳なさを感じるだろう。そして，災害により避難所や仮設住宅，転居先で暮らさなければならなくなった場合，さらなるストレスに苛まれる。

VI. グリーフケア

(1) グリーフケアと悲嘆カウンセリングと悲嘆セラピー

Worden（2018/2022）や山本（2014）によると，大切な人を亡くした人への支援を表す言葉としては，次のようなものが挙げられる。

「グリーフケア」（grief care）とは，周囲の人びとや専門家が行う援助行為の総称である。その担い手は，非専門家から専門家まで幅広く，家族や友人，同じ経験をした身近な人びと，医師や看護師，宗教関係者など様々である。欧米の文献では「死別ケア」（bereavement care）という言葉の方が多く用いられているようである。グリーフケアの枠組みも様々であり，個別のカウンセリングのみならず，当事者による自助グループから専門家がファシリテーターとして参加するサポートグループなども含まれる。グリーフケアを提供している施設としては，アメリカのオレゴン州ポートランド市にある

ダギーセンター（Dougy Center）が有名である。当該施設は，ポートランド市内やその近郊で親やきょうだいなどを亡くした子どもとその家族に対してグリーフケアを提供しており，一定の訓練を受けたファシリテーターが活動をサポートしている。参加している子どもたちは，年齢や家族の死因別のグループに分けられ，そのグループごとにプログラムを受けることになる。一方，子どもたちの親は別室で，様々な悩みについて話し合う。このダギーセンターでトレーニングを受けた人びとが，それぞれの国で同様の施設やサポート団体を設立し，世界中でグリーフケアの活動が広がってきている。日本においても，全国に様々なグリーフケア団体が存在している。

グリーフケアの中でも，より専門的な臨床心理学的支援については「悲嘆カウンセリング」（grief counseling）と呼ばれる。悲嘆カウンセリングは，大切な人を亡くした人の喪の仕事が促進され，大切な人の死に適応することが可能になるよう行う臨床心理学的な支援を意味するとされている。個人カウンセリングやグループカウンセリングがそれに該当するだろう。対象は，大切な人との死別を経験したすべての人とする考え方もあれば，自発的に来談するまで待つべきであるという考え方もある。また，適応不全に陥るであろうことが予測されるハイリスクな遺族に早期介入として行われるべきという考え方もある。Worden（2018/2022）は，悲嘆カウンセリングのガイドラインとして，**表8**のような10の原則を挙げている。

そして，悲嘆カウンセリングよりもさらに専門的な介入を「悲嘆セラピー」

図3　遺された人への支援を表す用語の違いイメージ図

第**6**章　グリーフケアにおける死と再生

表8　悲嘆カウンセリングの原則

原則1：	喪失が実際に生起したと認識するのを援助する
原則2：	遺された人が自らの感情を確認し，味わうのを援助する
原則3：	「故人がいない世界」で生きることを援助する
原則4：	喪失の意味を見出す援助をする
原則5：	故人を偲ぶ方法を見出すための援助をする
原則6：	悲嘆の営みに時を与える
原則7：	「普通」の反応であることを説明する
原則8：	悲嘆には個人差があることを考慮する
原則9：	自己防衛やコーピングスタイルを検討する
原則10：	悲嘆の病態を同定し，適切な専門機関に紹介する

(Worden（2018/2022）より抜粋)

（grief therapy）として分ける考え方もある。これは，複雑性悲嘆（遷延性悲嘆症），慢性的な悲嘆，遅れた悲嘆，悪化した悲嘆，仮面性の悲嘆といった通常の範囲を超えた悲嘆を示す人びとを対象とし，その狙いは分離に関する葛藤を同定しそれを解消していくことであるとされている。悲嘆セラピーで多く用いられている技法は，ゲシュタルト療法のエンプティ・チェア，心理劇のロールプレイ，悲嘆夢を扱うといったものが挙げられる。構造化された悲嘆セラピーとしては，Shear et al.（2005, 2014）の複雑性悲嘆（遷延性悲嘆症）のための心理療法（Complicated Grief Treatment：CGT）が有名である。これは，対人関係療法と認知行動療法の理論に基づいた複雑性悲嘆のための心理療法で，16回のセッションで構成されている。大まかな段階としては①導入，②中間段階，③終結と進む。その内容は，心理教育と悲嘆モニタリング，その死の経験の再訪問，回避への取り組み，思い出と写真，故人との想像上の会話といったものである。Wagner et al.（2006）は，認知行動療法の理論を基にし，主に電子メールを用いて行われる10回の執筆セッションを開発した。大まかには，①自己対決，②認知的再評価，③分かち合いとお別れの儀式といったテーマに沿ってエッセイや手紙を書く課題を遂行し，セラピストからフィードバックを受けるという方法である。ここに挙げた以外にも，様々な構造化された悲嘆セラピーが開発されている。悲嘆

171

が複雑化し慢性化する要因は人それぞれであり，まずはそのアセスメントが重要であることは言うまでもないことであろう。セラピストの拠って立つ理論や背景はそれぞれ違うとしても，アセスメントに基づいてそのクライエントに合った介入や心理療法を見立てるためには，どのような技法や心理療法があるのか知っておくことは有益であろう。

(2)　子どもへのグリーフケア

　第Ⅱ節の(3)でも述べたように，子どもは発達段階によって死の概念の理解や死別後の悲嘆反応は異なってくる。それぞれの子どもの性格や反応に合わせた対応をすることは当然であるが，発達段階に合わせた対応について知っておくことも大切である。大切な人を亡くした子どもの発達段階に合わせた対応については，**表9**に示した。

　子どもが幼いほど，自分が十分に世話をしてもらえること，安心安全な養育環境があること，養育者が安定していることが重要になってくる。特に乳児期は，愛着形成や内的ワーキングモデルの形成において重要な時期である。そのため養育者ができるだけ安定した精神状態で子どもと関わることが必要である。したがって養育者は，まずは自分が安定した生活を送れるようできる限り周囲に頼りながら十分な支援を得ることに注力すべきである。家族や友人や知人以外にも，福祉サービスや自費の有料サービスなどを活用することを専門家が提案しても良いだろう。乳幼児は行き場のない混乱や不安を，駄々をこねる，世話を拒否するといった大人が困る方法で表現することがある。養育者が「会えなくて悲しいのね，私も悲しい」と共感しながら優しく受け止め続けることで，子どもはだんだんと混乱や不安が落ち着いてくるかもしれない。幼児期以降の子どもには「あなたはちゃんと守ってもらえるし，世話してもらえるから安心してね」と直接言葉で表現することも効果的だろう。周囲の人が悲しみに暮れている最中に「明日からご飯は誰が作ってくれるの?」と尋ねてきたとしても，失笑して黙らせようとしたりおもちゃで気を逸らせようとしたりするのではなく，子どもが安心できるよう真摯に答えることが必要である。

172

表9　家族を亡くした子どもへの対応

乳児期（0〜2歳頃）	・安定した養育環境を整える ・世話をする人をできるだけ固定する ・スキンシップを多くする ・子どもの不安定な感情表出を共感しながら優しく受け止める
幼児期（3〜5歳頃）	・子どもが安心できるように対応する 　（それまでの普段の生活をできるだけ維持する） ・楽しく過ごすことが親にとっても嬉しいと伝える ・スキンシップを多くする ・家族からの分離をできるだけ避ける ・「遠くに行った」など遠回しな表現よりも「死んだ」といった現実的な言葉で伝える ・子どもにも具体的な役割を与える ・夜驚や夜尿など心配なことがあれば専門機関へ相談する
学童期（6〜11歳頃）	・家族と過ごせる時間を増やす ・子どもの話を聞く機会を増やす ・子どもにも具体的な役割を与える ・故人と一緒にいたい気持ちを受け止めつつ，現実の生活に適応させる ・死の理由，死について説明する 　（「死んだのは病気のためであり，誰のせいでもない」） ・学校の先生に状況を話し，支援を得る
思春期（12歳頃〜）	・大人と同じ情報を伝え，話し合いにも参加させて，子どもの意思を確認する ・どのような気持ち（悲しみ，恐れ，怒り）を持ってもよいことを伝える ・同年代の仲間と過ごす時間を尊重する ・親以外に子どもが相談できる大人の存在をつくる ・家庭内の役割を決める

（NPO法人 Hope Tree（2014）より抜粋・整理）

　多くの大人は子どもを悲しませないために，大切な人が亡くなったことを隠したり「遠くに行った」と嘘をついたりする。これは子どもを心配しての配慮であるように思われる。しかし，その背後には子どもに説明することがつらいので回避しようとする大人自身の心的防衛が潜んでいるかもしれない。多くの子どもは，自分の大切な人に何が起こっているのかをちゃんと知りたいと思っている。説明されなくても，子どもはいつもと違う何かが起こっていることを敏感に感じ取っている。説明されなければ，子どもたちはその空白を埋めるための物語を自分の中で作り上げる。その物語

は,実際よりも奇妙で恐ろしいものとなることが多い。幼児期に多いのは「自分のせいで大切な人が死んでしまった」という考えである。事実を隠したり嘘をついたりしても,のちに他人から事実を聞かされ,さらに傷つく可能性もある。このようなことを避けるためにも,子どもにはその子が理解できるかたちで事実を説明する必要がある。絵本や人形を使って説明する方法もある。説明のためには,子どもが安心できる守られた環境や時間が必要である。養育者自身が悲しみの最中にあり,説明する負担が強いならば,信頼できる他の大人にお願いしても良いだろう。子ども自身の意向を尊重し,聞きたくなければ聞かなくても良いこと,時間が経って聞きたくなったらいつでも聞けることを保証する。大切な人が亡くなったことについて説明した後も,困ったこと,心配なこと,知りたいことがあったらいつでも教えてほしいと伝える。

　子どもにとって,それまでの日常生活や日課を続けられることは,その後適応するためにも大切なことである。日常生活や日課には,食事の時間,就寝時間,宿題,遊びに出かけるなどが含まれる。大人からすると「こんな時に遊びに出かけるなんて」とその行動が理解できないかもしれない。しかし,子どもは遊ぶという行為の中で心の問題に対処していく。なかには,普段通り友達と遊びに出かけたり学校生活を楽しく過ごしたりすることに罪悪感を覚える子どももいるかもしれない。そのような場合には,子ども自身が楽しく過ごすことは親にとっても嬉しいことだと伝えることが有効である。

　葬送儀礼に子どもを関与させることは大切である。Søfting et al.（2016）によると,葬送儀礼によって子どもは①家族の一員であるということを感じられる,②直接見たり触れたりして故人の死を直接体験することができる,③故人に別れを告げることができる。最初は参加することに消極的であった子どもも,のちに葬送儀礼への参加は自分にとって重要だったと思うかもしれない。もちろん,葬送儀礼への参加についても子どもの意向を尊重することは大切であり,希望によっては部分的な参加に留めても良いかもしれない。初めて参加する子どもにとっては,どのようなことが行われるのか想像し難いかもしれず,葬送儀礼の意味や流れについて,あらかじめ子どもが理解で

きるかたちで説明しておくことが必要だろう。

より専門的な支援として，幼児期や学童期の子どもにはプレイセラピー，思春期の子どもには大人同様の悲嘆カウンセリングや悲嘆セラピーが挙げられる。思春期の子どもは，その発達課題ゆえ，親やきょうだいに胸の内を語ることは難しいことが多い。親との死別を体験した思春期の子どもは，他者と違うという感覚が生じ，それが孤独感を強めてしまう場合もある（倉西，2010）。そのため，親やきょうだい以外に相談できる大人がいることが重要となってくる。スクールカウンセラーやカウンセリングルームのカウンセラーが適任かもしれない。思春期以降の子どものみならず，ピアサポートへの参加は孤独感を和らげ，死別後の適応に必要な情報の共有の場となることがある。

⑶　自死遺族へのグリーフケア

第Ⅴ節でも述べたように，自死遺族には特有の状況や悲嘆が生じうる。自死した人は，遺される人に様々な課題を遺して逝ってしまう。自死遺族は，多くの否定的感情に対処しなければならないし，自分が自死を後押ししてしまったのではないか，引き留めることができたのではないかと繰り返し考えざるを得なくなる。自死遺族への介入は，自殺予防のための介入でもある。なお，子どもの自殺による影響や学校への緊急支援については，第2章を参照していただきたい。

自殺総合対策推進センター（2018）によると，自死遺族等支援の目指すものは，総合的な視点に立ち，自殺に対する偏見をなくし，心理面・生活面等において，必要な支援を行うことである。大切な人を亡くした人は，混乱の最中，様々な法的および行政上の諸手続を行うことを求められる。手続きの中には期限付きのものも多く，現実を否認したり回避したりする時間的猶予も与えられない。のちに大切な人を亡くした人は，その当時のことをほとんど覚えていないと話すことが多い。したがって，大切な人を亡くした人が速やかに必要な情報にアクセスし，対応できるようサポートすることが重要である。分かち合いの会と呼ばれるようなピアサポートの団体について紹介す

ることも必要とされる場合がある。一方で，大切な人を亡くした人のニーズに一致しない対応や無理に聞き出そうとするような侵襲的な介入は，二次被害を与える可能性もあるため，より慎重な対応が求められる（自殺未遂者および自殺者遺族へのケアに関する研究，2009）。このことは自死遺族に限らず，あらゆる支援において共通していることかもしれない。「困ったことがあったらいつでも相談して下さい」という声掛けをすることが有効な場合もある。

自死遺族のカウンセリングでは，自死によって大切な人を亡くした人が抱えている罪悪感や怒りや否認を扱いながら，現実検討の手助けをしていく。第Ⅴ節で示したような自死遺族に生じうる心身の反応について伝えておくことは，自分の感情を受け入れたりモニタリングしたりすることにつながるかもしれない。非合理的な信念やall good / all badの思考に陥っている場合は，認知の歪みを修正し，より現実に近づけていく。当時の状況を思い出してフラッシュバックを繰り返す遺族には「眼球運動による脱感作と再処理法」（Eye Movement Desensitization and Reprocessing：EMDR）といったPTSDに用いられるような心理療法が有効な場合もある。そして，故人の死の意味を探し求める手助けをすることも，大切な人を亡くした人のその後の適応を促すことにつながる可能性がある。

(4) 被災者へのグリーフケア

被災者にとってまず必要なのは，安全と安心を確保することである。いつまた余震が起きるかわからない，寝床も食べ物や飲み物も安定せずお風呂にも入れない，今後どうなるかわからない状況で，心身疲れきっている被災者に心の面のみをケアすることは現実的ではないだろう。災害後の心理的支援の理論や方法は様々であるが，危機的状況下での初期対応で最も重要なことはDo No Harmの原則に則り，支援による被災者への二次被害を避けることと，自然の回復経過を尊重することである（大沼・金，2017）。災害直後の心理的支援として近年注目されているのが，「心理的応急処置」いわゆる「サイコロジカル・ファーストエイド」（Psychological First Aid：PFA）であ

る。PFAのガイドラインは様々な団体によって作成されており，なかでも広く普及しているものはWHOの『心理的応急処置（サイコロジカル・ファーストエイド：PFA）フィールド・ガイド』である。これは専門家のみならず一般の人に向けた内容となっており，対象は「重大な危機的出来事にあったばかりで苦しんでいる人びと」とされている。被災地でのケアの担い手は，専門家ではなく医療救護班要員や救護ボランティアであることが多い。WHO版PFAの活動原則は，見る・聞く・つなぐという3つの活動原則から成り立っている。心理職が発生初期に行う危機介入としては主に，ストレスとその対処法についての心理教育，被災地の人びとの心理状態の把握，諸施策に対する心理学的な観点からの助言などが挙げられる（川畑，2017）。

　第V節でも述べたように，災害はその凄まじい状況に立ち合った人びとにトラウマを引き起こすことがある。ASDやPTSDがある場合には，まずそれらの症状を医療の対象として治療し，その症状が緩和されてから悲嘆に取り組むのが順当であるとされている（Parkes, 1993）。PTSDに効果的な心理療法としては先述したEMDRが有名である。生活の基盤が落ち着き，悲嘆に取り組む準備ができた際には，カウンセリングにおいて，何が起きたのかを現実検討し，自責感や罪悪感，無力感など自身の悲嘆に取り組むことになる。

Ⅶ. 悲哀における死と再生

　しばしば聴かれる大切な人を亡くした人の声の中に「大切な人と一緒に私も死んだ」「自分の一部も死んだように感じた」という表現がある。大切な人を亡くすということは，この世における心の支えを喪うことであったり，故人に愛情を向けていた自分の喪失だったり，故人と一緒に生きていくはずだった未来の喪失であったりするかもしれない。非常につらく悲しい体験である。具象的な世界においては，時間が戻ることはないし，死者が生き返ることはない。大切な人を亡くした人は，ただただその現実に圧倒されながら生きていく。そして，死について考え，生に向き合うことになる。

　現実世界における大切な人との死別と，イメージ世界における死とを結び

177

付けるのは，一歩間違えれば不謹慎に思われるかもしれず，言葉にするのは非常に難しい。しかし，大切な人との死別が耐え難いほどつらく悲しい体験であるからこそ，イメージの力を借りることで，大切な人を亡くした人がなんとか現実世界を耐え忍ぶことができるかもしれない。

　Jung, C. G. は，イメージ世界における死とその無意識上の意味について多くの示唆を遺しており，彼は自伝の「死後の生命」と題した章に，妻を亡くした一年後に見た夢について次のように記述している。

　　　ある夜に私は目を覚まし，私が彼女と共に南仏のプロヴァンスで丸一日を（夢の中で）すごしたことに気づいた。彼女はプロヴァンスで聖杯の研究をしていたのだ。彼女はこの研究を完成せずに亡くなったので，このことは私にとって意義深く思われた。この夢の私にとっての内的な意味——つまり，私のアニマは，そのなさねばならぬ仕事を未だ完成していないということ——はほとんど興味のないことである。私は，それをやりとげていないことをよく知っていた。しかし，私の妻が，その死後も，彼女のよりいっそうの精神的発展のために研究し続けているという考えは，——どれほど長いと思われようと——私にとっては意味深く感じられ，安心感を与えてくれるものであった。（Jung, 1963/1973）

　さらに，彼は，死が冷たく残忍でおそろしいものであることを強調した上で，他方では，「死は喜ばしいこととして見なされる。永遠性の光のもとにおいては，死は結婚であり，結合の神秘（mysterium coniunctionis）である。魂は失われた半分を得，全体性を達成するかのように思われる」と述べている。ギリシアの石棺には踊っている少女が表現されており，エトラスカン（エトルリア人）の墓は宴会が表現されている。また，今日，多くの宗教で万霊節にはお墓にピクニックをする習慣がある。そして，スイスの言葉で亡き人びと（ゼーリッヒ・リユート）というのは，祝福された人びとという意味もある。すなわち，Jung, C. G. は，死の二面性，延いては生の二面性について示唆している。このようなJung, C. G. の考えを，河合隼雄は次のように

補足している。

　　　身近な比喩で言えば，われわれが外国にはじめて旅行するとき，その
　　国についていろいろと知識をもったり，想像をめぐらせることであろう。
　　それと同じく，死後の世界という未知の世界に行く時（ママ）に，それについて
　　思いをめぐらせることが必要である，とユングは言っているのである。
　　　　　　　　　　　　　　　　　　　　　　　　　　　　（河合，1994）

　　　死後の生命があるかないかなどと議論するよりも，それについてのイ
　　メージを創り出すことによって，われわれの人生はより豊かになり，よ
　　り全体的な姿をとることになるのである。死後の生命という視座から現
　　世の生を照らし出すことによって，より意義のある生の把握が可能とな
　　るのである。
　　　　　　　　　　　　　　　　　　　　　　　　　　　　（河合，1989）

　大切な人を亡くした人が，その死別体験を自分の人生にどのように意味づ
けていくか，自分なりの物語をどのように創っていくか，ということが再生
の鍵となるのかもしれない。Eliade（1958/1971）によると，「イニシエーショ
ンにおける『死』は，精神生活の始原に欠くことのできぬことである。……
儀礼上の『死』のイメージとシンボルは……すでに準備段階における新生命
をしめす」。すなわち，人の精神世界において，死と生というイメージはセッ
トなのである。大切な人の死は，亡くした人にとって死を考えるきっかけと
なりうる。死に向き合うことは，すなわち生に向き合うことでもある。大切
な人の死に向き合う時間はひどく悲しく苦しい時間であるが，一方で，その
ぶん故人や自分の生に向き合うことができるのかもしれない。
　人としても心理臨床家としてもまだまだ未熟な筆者ではあるが，死と生の
狭間で揺れ動く仕事をしているからこそ，今後も死について，そして生につ
いて考え続けていきたい。

▶これからの皆さん（読者）に問いかけたいこと・自分も考え続けたいと思っていること

・死後の生命があるかないかに限らず，あなたにとって死または生とはどのようなものだろうか。

・大切な人を亡くした人にとって，再生はどのような意味を持つだろうか。

・あなたにとって大切な人の死は，あなたの物語にどのように意味付けられているだろうか。

引用・参考文献

Abraham, K.（1927）. *A short study of the development of the libido viewed in the light of mental disorders. In selected papers of Karl Abraham.* Hogorth Press.（下坂幸三・前野光弘・大野美都子（訳）（1993）. アーブラハム論文集：抑うつ・強迫・去勢の精神分析. 岩崎学術出版社.）

American Psychotic Association（2022）. *DESK REFERENCE TO THE DIAGNOSTIC CRITERIA FROM DSM-5-TR,* Washington, D. C.: American Psychiatric Association Publishing.（日本精神神経学会（監修）. 髙橋三郎・大野裕（監訳）. 染谷俊幸・神庭重信・尾崎紀夫・三村將・村井俊哉・中尾智博（訳）（2023）. DSM-5-TR 精神疾患の診断・統計マニュアル. 医学書院.）

アジア防災センター（2002）. 20世紀［1901～2000］自然災害データブック. Asian Disaster Reduction Center.

Boss, P.（1999）. *Ambigurous Loss: Learning to live with unresolved grief.* Harvard University Press.（南山浩二（訳）（2005）.「さよなら」のない別れ　別れのない「さよなら」―あいまいな喪失. 学文社.）

Bowlby, J.（1980）. *Attachment and loss（Ⅲ）: Sadness and depression.* London: The Hogarth Press.（黒田実郎・吉田恒子・横浜恵三子（訳）（1981）. 母子関係の理論Ⅲ　対象喪失. 岩崎学術出版社.）

Christ, G. H.（2000）. Impact of Development on Children's Mourning. *Cancer Practice,* 8（2）, 72-81.

Eliade, M.（1958）. *Birth and Rebirth.* New York: Harper and Brothers Publishers.（堀一郎（訳）（1971）. 生と再生. 東京大学出版会.）

Freud, S.（1912）．*Totem and taboo. Standard edition, Vol. 13*（pp. 1-162）．（須藤訓任・門脇健（訳）（2009）．フロイト全集12：1912－1913年—トーテムとタブー．岩波書店．）

Freud, S.（1917）．*Mourning and melancholia.*（井村恒郎・小此木啓吾（訳）（1970）．フロイト著作集6巻　自我論・不安本能論．人文書院．）

平成20年度厚生労働科学研究費補助金　こころの健康科学研究事業　自殺未遂者および自殺者遺族へのケアに関する研究（2009）．自死遺族を支えるために〜相談担当者のための指針〜　自死で遺された人に対する支援とケア．https://www.mhlw.go.jp/bunya/shougaihoken/jisatsu/dl/03.pdf（2023年4月2日取得）

Holmes, T. H. & Rahe, R. H.（1967）．The Social Readjustment Rating Scale. *Journal of Psychosomatic Research*, 11（2），213-218.

自殺総合対策推進センター（2018）．自死遺族等を支えるために―総合的支援の手引．https://www.mhlw.go.jp/content/000510925.pdf（2023年4月2日取得）

伊藤正哉・中島聡美・金吉晴（2012）．災害による死別・離別後の悲嘆反応．トラウマティック・ストレス, 10（1），53-57.

自殺実態解析プロジェクトチーム（2008）．自殺実態白書2008．自殺対策支援センターライフリンク．https://lifelink.or.jp/report/report2008（2023年4月3日取得）

Jung, C. G.（1963）．Jaffe, A.（Ed）．*MEMORES, DREAMS, REFLECTIONS*, New York: Pantheon Books.（河合隼雄・藤縄昭・出井淑子（訳）（1973）．ユング自伝2—思い出・夢・思想．みすず書房．）

金子尚世・小柳夕佳・園田久美子・山口博愛・阪本惠子（2007）．青年期にがんで親を亡くした人の死別後の気持ち：闘病記をとおして．*The Journal of Nursing Investigation*, 6（2），62-69.

河合隼雄（1989）．生と死の接点，岩波書店．

河合隼雄（1994）．生きることと死ぬこと，岩波書店．

Klass, D., Silverman, P., & Nickman, S.（Eds.）（1996）．*Continuing bonds: New understandings of grief.* Washington, D. C.: Talor & Francis.

Klein, M.（1940）．Mourning and its Relation to Manic-Depressive States. *International Journal of Psycho analysis*, 21（1），125-153.（西園昌久・牛島定信（責任編訳）（1983）．メラニー・クライン著作集3：愛，罪そして償い．誠信書房．）

川畑直人（2017）．第5章　災発初期の活動と地域アセスメントについて．一般社団法人　日本臨床心理士会（監修）・奥村茉莉子（編）．こころに寄り添う災害支援．金剛出版．

倉西宏（2010）．親との死別が引き起こす家族，他者，喪失対象との関係の変化―遺児が抱える孤独感と喪失対象との再結合の影響を中心に．心理臨床学研究，28 (5)，619-630.

Lindemann, E.（1944）．Symptomatology and management of acute grief. *American Journal of Psychiatry*, 101 (2)，141-148.

三浦絵莉子・村瀬有紀子（2014）．子どもの発達段階に応じた親の病気についての伝え方. *Nursing today*, 29 (6)，21-27.

無藤隆・高橋惠子・田島信元（編）（1990）．発達心理学入門Ⅰ―乳児・幼児・児童．東京大学出版会．

中島聡美（2021）．遷延性悲嘆症の概念および治療の近年の動向．武蔵野大学認知行動療法研究誌, 2, 10-20.

Nielsen, M. K., Neergaard, M. A., Jensen, A. B., Bro, F., & Guldin, M.（2016）．Do we need to change our understanding of anticipatory grief in caregivers? A systematic review of caregiver studies during end-of-life caregiving and bereavement. *Clinical Psychology Review*, 44, 75-93.

NPO法人 Hope Tree（2014）．子どもとがんについて話してみませんか．

大沼麻実・金吉晴（2017）．PFA（サイコロジカル・ファーストエイド）．小澤康司・中垣真通・小俣和義（編著）．緊急支援のアウトリーチ―現場で求められる心理的支援の理論と実践．遠見書房．

岡村優子・篠崎久美子（2022）．死別後にみられる精神症状の評価と診断―DSM-5とICD-11の相違も含めて．精神医学, 64 (12)，1587-1595.

Parks, C. M.（1975）．Unexpected and untimely bereavement-a statistical study of young Boston widows and widwers. In B. Schoenberg, A. H. Kutscher, & A. C. Carr（Eds.），*Bereavement: Its Psycholojikal aspect*（119-138）．New York, NY: Columbia University Press.

Parks, C. M.（1993）．Psychiatric problems following bereavement by murder or manslaughter. *British Journal of Psychiatry*, 162, 49-54.

Parks, C. M. & Prigerson, H.（Eds.）（2010）．*Breavement: Studies of grief in adult life*（4th ed.). New York, NY: Routledge.

Parks, C. M. & Prigerson, H. G. (Eds.) (2010). *Breavement: Studies of grief in adult life* (4th ed.). East Sussex, UK: Routledge.

Prigerson, H. G., Maciejewski, P. K., Reynolds, C. F., Andrew J. Bierhals, A. J., Newsom,J. T., Amy, F., Ellen, F., Jack, D., & Mark, M. (1995), Inventory of complicated grief: A scale to measure maladaptive symptoms of loss. *Psychiatry Research*, 59 (1-2), 65-79.

瀬藤乃理子・丸山総一郎・村上典子 (2005). 死別後の病的悲嘆の「診断」をめぐる問題—DSMの診断基準を中心に. 心身医学, 45 (11), 833-842.

Shear, M. K. (2010). Complicated grief treatment. *Bereavement Care*, 29(3), 10-14.

Shear, M. K., Frank, E., Houck, P. R. & Reynolds 3rd, C. F. (2005). Treatment of complicated grief: a randomized controlled trial. *JAMA*, 293, 2601-2608.

Shear, M. K., Wang, Y., Skritskaya, N., Duan, N., Mauro, C. & Ghesquiere, A. (2014). Treatment of complicated grief in elderly persons: a randomized clinical trial. *JAMA Psychiatry*, 71 (11), 1287-1295.

Shuchter, S. R. & Zisook, S. (1988). Widowhood: the continuing relationship with the dead spouse. *Bulletin Menninger Clinic*, 52, 269-279.

Silverman, P. R. (2000). *Never too young to know: death in children's lives*. New York; Oxford: Oxford University Press.

Silverman, P. R., Nickman, S. & Worden, J. W. (1992). Detachment revisited: The child's reconstruction of a dead parent. *American Journal of Orthopsychiatry*, 62, 494-503.

Søfting, G. H., Dyregrov, A., & Dyregrov, K. (2016). Because I'm Also Part of the Family. Children's Participation in Rituals After the Loss of a Parent or Sibling: A Qualitative Study From the Children's Perspective. *OMEGA - Journal of Death and Dying*, 73 (2), 141-158.

武村雅之 (2007). 1923 (大正12) 年関東大震災—揺れと津波による被害—. 広報ぼうさい. 内閣府 (防災担当), 39, 20-21.

Wagner, B., Knaevelsrud, C., & Maercker, A. (2006). Internet-Based Cognitive-Behavioral Therapy for Complicated Grief: A Randomized Controlled Trial. *Death Studies*, 30 (5), 429-453.

Worden, J. W.（1996）. *Children and grief: When a parent dies.* Guilford Press.

World Health Organization（1992）. International Statistical Classification of Diseases and Related Health Problems 10th Revision. https://icd.who.int/browse10/2019/en（2025年1月16日取得）

World Health Organization（2019）. International Classification of Diseases 11th Revision. https://icd.who.int/en（2025年1月16日取得）

World Health Organization, War Trauma Foundation and World Vision International（2011）. *Psychological First Aid: Guide for field wokers,* Geneva; WHO.（国立精神・神経医療研究センター, ケア・宮城, プラン・ジャパン（2011）. 心理的応急処置（サイコロジカル・ファーストエイド：PFA）フィールド・ガイド.）

Worden, J. W.（2018）. *grief counseling and grief therapy 5th edition.: a handbook for the mental health practitioner.* New York: Springer.（山本 力（監訳）（2022）. 悲嘆カウンセリング［改訂版］—グリーフケアの標準ハンドブック. 誠信書房.）

八尋華那雄・井上眞人・野沢由美佳（1993）. ホームズらの社会的再適応評価尺度（SRRS）の日本人における検討. 健康心理学研究, 6(1), 18-32.

山本 力（1996）. 死別と悲哀の概念と臨床. 岡山県立大学保健福祉学部紀要, 3, 5-13.

山本 力（1997）. 喪失の様態と悲哀の仕事. 心理臨床学研究, 14(4), 403-414.

山本 力（2014）. 喪失と悲嘆の心理臨床学—様態モデルとモーニングワーク. 誠信書房.

犯罪被害者遺族への心理支援

齋藤 梓

　筆者は現在，殺人や強盗，交通死亡事件，性暴力といった犯罪の被害に遭った方やそのご家族，ご遺族を支援する，公益社団法人被害者支援都民センターにおいて，心理職として働いている。支援の中心は専門の相談員による刑事手続支援であり，心理職は，刑事手続の精神的負担や葛藤，トラウマやグリーフに対して心理面接を行い，さらに心的外傷後ストレス症や遷延性悲嘆症などを呈した方には，トラウマ焦点化心理療法を提供している。

　お会いするご遺族の中には，事件場面を目撃している人もいれば，自分自身も事件によってケガをおった方もいる。あるいは，突然警察から連絡があり，ご遺体と対面することになった方もいる。いずれも，予期しない，暴力的な形での死別であり，強い心的外傷体験となる。また，多くのご遺族は，できごとから時間も経たないうちに，事情聴取や裁判に臨むことになる。大きな傷つきと喪失を経験しながらの刑事手続は，物理的，精神的に負担が大きい。しかし，事件の処遇は，ご遺族が望むような結果になることは多くはない。そして，大切な方が戻ってくることは二度とない。

　そうした方々に寄り添い続け，心理支援をし続けることで，心理職もまた，二次受傷を負うことは多い。ときには無力感に圧倒され，ご遺族を批判したくなったり，普段の支援を超えて過剰に何かをしたくなったり，心理職自身が体調を崩してしまう場合もある。もちろんそれは，ご遺族にとっても，心理職にとっても，良い方向にはいかない。

　犯罪被害により大切な方を亡くされたご遺族への心理支援において，心理職は，そうした無力感に圧倒されないためにも，知識をつけ，スキルを身につけ，自分の二次受傷に敏感である必要がある。知識としては，悲嘆やトラウマに関する知識に加えて，一貫性のある支援，刑事手続の負担を予測しながらの支援を提供するため，法律の知識や刑事手続の知識も重要となる。スキルとしては，トラウマとグリーフの心理教育やリラクセーション，グリーフセラピー，トラウマ焦点化心理療法なども求められる。そして，自分自身の傷つきに目を向け，ピアサポートやスーパーバイザーのサポートを受け，セルフケアを大事にする。その上で，圧倒的な無力感と絶望感の中にいるご遺族のそばに居続け，灯台の光となり続けることが，犯罪被害者遺族への心理支援において，重要なことであると考えている。

第7章
生殖医療の死と再生

立川　幸菜

Ⅰ．はじめに

「どうして彼らにはいて，わたしたちにはいないのかな?」と，彼女が言った。ぼくはアントワネットの肩に腕をまわした。「そう，不公平にできてるね，まったく」

　　　（中略）

「引っ越そうか?」冗談半分に，ぼくは言った。
「ええ，引っ越しましょう」彼女は早すぎるぐらいの勢いで言った。「子どものいない場所に」
「お年寄りばかりの通りに」
「それとも，森の中に」
「そう，森。それか，どこかずっと北の方の，田舎とか」
「そうよ，そうしましょう」
彼女はあらためて，袖で涙をぬぐった。
「でも，きっと，うまくはいかないだろうね」ぼくは，ため息をついた。
「子どもはどこにでもいるからね。森の中にも，ずっと北の方にも」
階下から突然，赤ん坊の泣き声が響いた。

　オランダの作家，ロベルト・ヴェラーヘンの小説『アントワネット』の中の一節である。2019年に出版され，國森由美子の訳で2022年に日本でも出版された。この小説は，作者ヴェラーヘンの実体験をもとに書かれていることが訳者あとがきの中で紹介されている。
　物語は，"ぼく"が"アントワネット"という女性をただ待っている場面から始まる。主人公"ぼく"は何者なのか，彼が待ち続けるアントワネット

とはいったい誰なのか，はっきりとは示されないまま読者はページをめくり
続けることになる。しかしそうして読み進めていくと，ぼくとアントワネッ
トが不妊に悩み，葛藤する夫婦であったことがわかっていく。本節冒頭で引
用した一節は，ベビーカーを押す近所の母親を見つめながら交わされる夫婦
の会話である。

　読者の皆さまも，"不妊"という言葉には聞き覚えがあるのではないだろ
うか。しかし，おそらく心理学のテキストの中で"不妊"や"生殖医療"と
いう言葉を見かけたことは少ないのではないかと思う。実際に，臨床心理学
の立場から不妊という悩みや苦しみを見つめる営みの歴史は浅いと言える。

　本章では，まず生殖医療がどのような医療なのか概観した後，不妊という
悩みや苦しみがいったいどんなものなのか，様々な観点から見ていきたい。
不妊という現実がなぜ苦しいのか，何が苦しいのか，そしてそのような苦し
みに対して心理職には何ができるのか……一つずつ丁寧に見ていくことで，
生殖に関する悩みを自分事として捉え，共に考える機会としたい。

　本章では，セラピストのことは「心理職」という呼び名で統一している。
医師や看護師など様々な職種で構成される多職種チームの一員として生殖
医療の中で心理支援に携わること，心理支援に関わる学会認定資格が複数
あり，それらは公認心理師や臨床心理士といった資格を持っていることを
前提としていないことから，「心理職」という呼び名を採用した。また，医
療の現場での臨床が主であることから，クライエントは「患者」と呼称し
ている。

Ⅱ. 生殖医療とは

　まず，生殖医療とはどのような医療なのかを概観していきたい。生殖医
療で扱われるものは，大きく分けて「不妊症」「不育症」「がん・生殖医療」
の3つである。本節では，それぞれの疾患とその治療について簡単に紹介す
る。

第7章 生殖医療の死と再生

(1) 不妊症について

【不妊［症］とは】

　日本産科婦人科学会では，「生殖年齢の男女が妊娠を希望し，ある一定期間避妊することなく通常の性交を継続的に行っているにもかかわらず，妊娠の成立をみない場合」を不妊といい，「妊娠を希望し，医学的治療を必要とする場合」を不妊症と定義している（日本産科婦人科学会, 2018）。ここで言う一定期間とは，日本産科婦人科学会およびアメリカ生殖医学会において1年間とされている。

　日本においては，子どもを持つこと（挙児）を希望するカップルの10～15%が不妊であると考えられている。日本産科婦人科学会の報告によると，2019年に体外受精（治療法の詳細は後述する）で出生した児は過去最多の6万598人であり，同年の総出生数86万5239人と比較すると，14.3人に1人が体外受精で生まれたことになる。妊娠率の低下には女性の加齢が影響すると考えられており，晩婚化が進む日本においては，不妊に悩むカップルが今後さらに増加していくことが予想される。

【不妊の原因】

　妊娠は，男性側の《精巣内で精子が造られる（造精）→精子の輸送→精子の貯蔵》，そして女性側の《排卵》を経て，《射精→受精→受精卵の卵管内での輸送→受精卵が子宮に着床》という流れで成立する。この流れの中で，いずれの段階で異常があっても不妊となりうる。

　不妊治療においては，まず不妊の原因がどこにあるのかを様々な検査を通して調べ，原因疾患の治療が必要かどうかを判断することとなる。不妊症には様々な因子が関わっており，**表1**に概要を示す。また，検査を通して原因を指摘できない場合を「原因不明不妊症（機能性不妊症）」と呼び，不妊カップルの10～15%がここに該当する。

189

表1　不妊症の原因因子

因子	頻度※	代表例
内分泌・排卵因子	20〜50%	ストレス，体重減少，肥満，高プロラクチン血症，多嚢胞性卵巣症候群，早発卵巣不全，内分泌・代謝疾患
卵管因子	25〜35%	卵管閉塞・狭窄，卵管周囲癒着，卵管留水症
子宮因子	15〜20%	子宮奇形，子宮発育不全，子宮筋腫，子宮内膜ポリープ，子宮内膜炎，アッシャーマン症候群
頸管因子	10〜15%	頸管炎，頸管粘液産生不全
その他の女性因子	（データなし）	子宮内膜症，黄体機能不全，膣因子（処女膜閉鎖，膣閉鎖，膣欠損）
免疫因子	〜3%	抗精子抗体，抗透明帯抗体
男性因子	40〜50%	造精機能障害，精路通過障害，副性器障害，性機能障害

※頻度は重複例を含む。そのため，男女双方に原因が指摘されるケースや，一人に複数の原因が指摘されるケースもある。
出典：医療情報科学研究所（編）『病気がみえる vol.9』（2018）より筆者作成

【不妊症の検査】

　日本生殖医学会（2020）は，不妊症カップルに対する検査の手順を**図1**のようにまとめている。

　このように，不妊症の検査は問診から検査まで多岐にわたる。問診では現在および過去の性体験といった非常にプライベートな内容に関する質問をすることになるほか，検査の中には相当の身体的苦痛を伴う卵管造影検査や，病院の個室の中で用手法（マスターベーション）によって精液を採取するよう求められることがある精液検査など，身体的・心理的苦痛を伴うものもある。

第**7**章　生殖医療の死と再生

図1　不妊症カップルに対する検査の手順

挙児希望カップル

①35歳未満女性で避妊のない性交があるにもかかわらず1か月以上妊娠が成立しない
②35～40歳女性で避妊のない性交があるにもかかわらず6か月以上妊娠が成立しない
③男性側あるいは女性側に不妊のリスク因子(年齢や既往歴等)がある

問診・診察

身長，体重，BMI，血圧，脈拍測定

検査

不妊原因のスクリーニング検査
　①精液検査，②排卵の評価，③卵管疎通性[1]の評価，④卵巣予備能[2]の評価

全身合併症のスクリーニング検査

（日本生殖医学会（2020）を一部省略）

【不妊治療の流れ】

　不妊治療は簡便なものから順にステップアップしていくのが基本的な流れである。妊娠を得ることが治療目的となるため，検査によって原因疾患が明らかになった場合も，必ずしもその疾患を治療するとは限らない。また，治療法をステップアップしていくタイミングは，原因や女性の年齢を考慮しながら個別に判断される。

　図2が不妊治療の基本的な流れである。体外受精と顕微授精を合わせて，一般に「生殖補助医療（ART）」と呼ばれている[3]。

1　卵管疎通性：卵管は卵子・精子・受精卵が通る通路となる。卵管の中の通りやすさ・詰まり具合を卵管疎通性という。
2　卵巣予備能：卵巣の中に残存している卵子の数。
3　「じゅせい」という言葉には「受精」と「授精」という2つの漢字表記があり，医療では区別して使用されている。『病気が見える vol.9』（医療情報科学研究所（編），2018）の中で武内は，受精（fertilization）は「卵子と精子が出会ってから，精子が卵子に進入し2つの細胞が融合するまでの過程」，授精（insemination）は「卵子または生殖器に精子をふりかけたり注入したりする行為」と説明している。

図2 不妊治療の基本的な流れ

① **タイミング指導**

様々な方法で排卵日を予想し、妊娠しやすい排卵前後の期間に性交のタイミングを合わせることで、妊娠確率を上げる方法である。

② **卵巣刺激**

薬剤投与によって卵巣を刺激し、排卵を誘発する方法である。体外受精や顕微授精を行う場合にも、これらの治療に用いる卵子を採取するため卵巣刺激が行われる。その際、卵巣過剰刺激症候群（OHSS）の発症に十分留意する必要があると言われている。OHSSでは、腹部膨満感や悪心、嘔吐のほか、重篤な例では脳梗塞や急性肝不全などが起こる。患者側はそのリスクを慎重に考慮しながら治療に同意することとなる。

③ **人工授精**

洗浄・濃縮した精液を人工的に子宮腔内に注入することで、受精の場に到達する精子の数を増加させる方法である。

④ **体外受精（IVF）**

採取した卵子を入れた培養液に調整精液をふりかけて受精させ、受精卵が胚の状態に成熟するまで培養する方法である。培養された胚を子宮腔内に移植することを胚移植（ET）と呼び、この体外受精から胚移植までのプロセスをまとめて体外受精―胚移植（IVF-ET）と呼ぶ。

第7章　生殖医療の死と再生

⑤　顕微授精

顕微鏡を用いて授精させる方法である。卵子の細胞質内に直接精子を注入する方法を卵細胞質内精子注入法（ICSI）といい，現在は顕微授精というとすなわちICSIのことを指すことがほとんどである。体外受精と同様，受精卵は胚の状態に成熟するまで培養され，子宮腔内に移植される。精子に受精障害がある場合でも受精させることが可能だが，安全性についてはいまだ研究中とされている。

【不妊治療を取り巻く現況】

不妊治療は患者に高額な医療費負担を強いることが問題視されてきた。議論が重ねられ，2022年4月に不妊治療が保険適用となった（厚生労働省，2022）。しかし保険診療の対象となる患者の年齢や治療回数には制限があるほか，一部の医療機関で実施されている「先進医療」と総称される治療法は保険適用外である。NPO法人Fineが実施した「保険適用後の不妊治療に関するアンケート2022」からは，不妊治療が保険適用となったことで医療費負担が実際に軽くなり，治療を開始しやすくなったこと，反対に医療費負担に変化がなかったり，むしろ重くなったりしたケースもあることが示されている。

また，小倉（2015）は，セックスレスの状態のため不妊治療を選択した人，事実婚で不妊治療を受ける人，実子であることにこだわらない人を例に挙げ，不妊治療を受ける人の価値観が多様化していることを指摘している。同時に小倉（2015）は，多様な価値観を持って不妊治療を選択する人びとも「結婚した2人が性行為をして子どもを産み，家族を作る」という従来的とも言える価値観への思いを持っており，アンビバレントな思いに寄り添うことが求められたと自身の臨床経験を振り返っている。

【生殖補助医療（ART）の問題点】

生殖補助医療（ART）の問題点として，ここでは倫理的な問題について考えてみたい。

193

一つには，「いつから『人』なのか」という哲学的な問題がある。赤ん坊として誕生して初めて人と呼べるのか，あるいは胎児の段階から人と呼べるのか，であれば，胚や受精卵は人と呼べるのだろうか。このような問いから，受精卵の廃棄や着床前遺伝子診断に関する議論へと波及していく。

　また，妊娠の成立に必要なものを第三者から提供されることについても倫理的な問題が生じる。日本では，非配偶者間人工授精 AID（パートナー以外の男性から提供された精子を用いて人工授精を行う方法）のみが日本産科婦人科学会の倫理基準において認められている。欧米ではさらに，egg donation（パートナーの女性以外から提供された卵子を用いて体外受精を行う方法），embryo donation（第三者の成人男女のIVF-ETで生じた余剰の胚を提供され，これを女性の子宮内に移植する方法），借り腹（不妊カップルの精子・卵子を体外受精させて得た受精卵を，第三者の女性の子宮内に移植し，妊娠，出産してもらう方法），代理母（パートナーの女性以外の女性に人工授精法を行い，その女性に妊娠，出産してもらう方法）が認められている。しかし，当事者となる不妊カップルや妊娠の成立に必要なものを提供する人，そしてこれらの方法によって生まれてくる子どもの中に複雑な感情が生じることは想像に難くない。AIDに関しては，AIDによって出生した当事者グループが結成され，自らが経験した悩みなどを発信する活動を行っている。

【不妊治療の終結と里親・養子縁組制度】

　現在の医療において，100%妊娠に至れる治療法は存在しない。先行きの見えない治療に取り組みながら，自分たちの年齢や経済的・精神的な限界のほか，子どもを持ちたいという願いと繰り返し向き合う中で，不妊患者は治療の終結を検討していくこととなる。

　一つの選択肢として，里親・養子縁組制度がある。これらの制度について，厚生労働省と日本財団のホームページからの情報を**表2**にまとめた。

　しかし，里親・養子縁組制度に関する医療者から患者への情報提供は，いまだ十分とは言えない現状がある。長田ら（2021）は，沖縄県内で不妊治療

第**7**章　生殖医療の死と再生

表2　里親・養子縁組制度について

	養子縁組		里親
	特別養子縁組	**普通養子縁組**	
法的な親子関係	生みの親との親子関係は消滅し，親権は育ての親が所有する	親権は育ての親が所有するが，生みの親・育ての親ともに親子関係が存在する	親権は生みの親が所有し，里親との親子関係はない
子どもの年齢	原則15歳未満	養親より年下であれば年齢制限なし	原則18歳まで
親の年齢	夫婦（特別養子縁組では，夫婦共同で縁組をすることが条件となる）の少なくともどちらかが25歳以上であること。片方が25歳以上であれば，もう片方は20歳以上であれば養親になることが可能	成年に達していること	養育可能な年齢であるか個別に判断される。養子縁組を前提とする場合は，子どもが20歳に達した時に概ね65歳以下であることが望ましい
関係の解消	原則離縁はできない	離縁が可能	途中で生みの親のもとへ戻るか，18歳で自立する
国からの補助	0円		月9万円＋養育費

を行っている医療機関を対象に，里親・養子縁組制度についての情報提供の実施状況を調査した。すると，調査への回答を得た21施設中，情報提供を実施しているのは4施設のみにとどまっていた。情報提供を実施していない17施設からの回答によると，情報提供を実施していない理由として「患者から要望がない」が25％と最も多かった。このことから，不妊患者にとって子どもを持つための道として里親・養子縁組制度の利用という選択肢の優先順位が低いか，あるいはそもそも選択肢として考慮に入れられていない可能性が考えられる。

　不妊治療の終結に年齢という要素が大きく関わってくるのと同様に，里親／養親になることにも年齢は関係してくる。**表2**に示したように，自治体によっても異なるが里親／養親になる年齢は原則45歳が望ましいとされている。制度的な制約だけでなく，親の年齢によっては，体力などの健康状況と

育児とのバランスが取りにくくなる可能性も考えられるだろう。里親・養子縁組制度に関する情報提供がない，あるいは遅くなることで，本来取り得た選択肢を選べなくなる可能性があることも，医療者は考慮に入れておかなければならない。

⑵　不育症について

【不育症とは】

　妊娠はするが，流産・死産を繰り返して生きた赤ん坊が得られない状態を不育症という。日本では，2回以上の流産または死産を経験していれば不育症として扱われることが多い。

　妊娠の成立から妊娠の維持・分娩に至る過程は連続しているため，不妊症と不育症は連続したものであるとも言える。胎嚢[4]が確認された時点で臨床的に妊娠を診断できるため，胎嚢の確認以前の問題が不妊症，以後の問題が不育症として扱われる。

【不育症の原因】

　不育症の原因を調べた際，カップルに不妊因子が判明する例は約30%，流産した児を検査することで染色体異常が判明する例が約40%である。どのような検査をしても原因が不明な例は約25%であると考えられている。不妊症において，原因不明の割合が約11%であることと比較すると，不育症の方が原因不明のまま治療が進むことが多いとわかる。

【不育症の治療】

　不育症の治療は，検査によって原因を特定することから始まる。原因が判明した場合は，原因疾患の治療を行わなかった場合の生児獲得率，治療した場合の成功率，女性の年齢などを考慮して治療方針が決定される。原因不明の不育症の場合は，不要な薬物療法を避け，適切な情報提供と精神的支援を

4　胎嚢：中が羊水で満たされた，胎児を包む袋のこと。

中心に様子をみることが治療の基本方針となる。

(3) がん・生殖医療について

がん治療において，一部の抗がん剤治療や放射線療法には，妊孕性（妊娠する・させるための力）に対する副作用が報告されている。がん・生殖医療とは，がん患者の妊孕性温存に関わる生殖医療のことである。妊孕性温存療法では，パートナーのいる男女であれば受精卵，パートナーのいない男女では精子および卵子を凍結保存することが標準的な治療となる。

がん・生殖医療において難しいとされているのが，妊孕性温存療法を受けるかどうか，受けるとすればどのような方法をとるかという意思決定である。がんという診断を受け，その衝撃の只中にいる状況で，患者は妊孕性温存療法を受けるかどうかという意思決定を迫られることになる。がんの種類や進行度によっては，がん治療をなるべく早く始める必要がある場合もあり，患者は限られた時間の中で意思決定を行うことが求められる。がん・生殖医療に関わる意思決定と妊孕性温存療法の実施によってがん治療が遅れ，生命の危険が生じることは最も避けなければならない。しかし同時に，がん治療を焦るあまり，妊孕性を温存できる方法が存在することを患者が知らないままにがん治療が進められ，その後に子どもを持つことを希望する患者の妊孕性が損なわれてしまうことも避けなければならないことである。

本章では，生殖医療が扱う分野の中でも「不妊［症］」に焦点を当てて論じていきたいと思う。不妊とはどのような体験なのか，どのような悩みなのかを過去から現在に至るまで様々な観点から概観し，不妊治療の現場で心理職にできるのはどのような仕事なのかについて考えていきたい。

Ⅲ．「不妊」に関する歴史的な背景

(1) 「ウマズメ（不産女，石女）」

日本では，かつて子どもを産むことができない，産まない女性が「ウマズメ（不産女，石女）」と呼ばれてきた歴史がある。

その歴史の古さが,「熊野観心十界曼荼羅」から垣間見える。この曼荼羅は,中世末期から近世初期にかけて,女性を中心に熊野信仰を広めた尼僧「熊野比丘尼」が,仏法を説く際に用いていた掛幅である。熊野観心十界曼荼羅に特徴的なのが,女性のみが落ちる地獄として「不産女（ウマズメ）地獄」が描かれている点である。この地獄には生前子どもを産むことができなかった,あるいは産まなかった女性が落ち,細く柔らかい灯心（灯油にひたして火をともすために用いる細い紐）で堅い竹の根（男根のメタファー・象徴であると考えられる）を掘り続けるという責め苦を受けるとされている[5]。熊野観心十界曼荼羅には,腰布を巻き,目元を手で覆い隠した2人の女性がこのような責め苦を受けている様子が描かれている。この曼荼羅の成立時期は,山本（2002）の研究によると15世紀末から17世紀初頭,つまり一般的に戦国時代と呼ばれている時代に相当すると考えている。少なくとも戦国時代には,女性が子どもを産まない・産めないことは地獄へ落とされるようなタブーとされていたことがわかる。

「ウマズメ」という言葉は,熊野観心十界曼荼羅にのみ登場する言葉ではない。五十嵐（2002）は,「日本産育習俗資料集成」[6]の中から,不妊について述べられた「石女と未婚女」という章について分析を行うことで,子どもを産めないことが社会の中でどのように捉えられ,語られてきたかを検討した。子どもを産めない女性がどのように呼ばれていたのかを検討していくと,「石女（ウマズメ）」という呼び方は全国的に共通したものであることがわかった。ほかにも各地域に固有の呼び名として「鬼女」「鬼娘」という不吉な存在を思わせる呼び名や,「竹女房」「枯り木」といった,中が空洞で何物も生み出さないイメージを与える呼び名が見つかった。このように呼ばれる女性たちは社会の中で一人前の女性として扱われず,村や家,夫を衰退や滅亡に導く存在として忌避されてきたようである。不妊の原因は殺生などの当人の

---

5 藁科（2021）を参考とした。
6 民俗学者である柳田國男の企画で,1936年～1938年にかけて,日本人の妊娠・出産・育児に関する習俗を調査したもの。北海道から沖縄県までの25道県で,高齢者を対象に聞き取り調査が実施された。

前世および今世の罪に求められる場合があり，因果応報の考え方が根底にあることが感じられる。そのため，罪の結果としての不妊もすなわち罪＝懲罰の対象となり，3年～10年の間に離縁を言い渡されるか，女性自ら婚家を離れることになる。それのみならず，熊野観心十界曼荼羅と同様，「地獄行き」という形で死後の世界においても罪を負わされるという語りも見られた。また，これらの語りは女性が対象となっており，子どもを持たない男性については特別な表現や記述がないことも重要である。古くから，不妊の原因は女性にあり，その責は女性本人が負わなければならないという考え方があったようである。

現代にも残ることわざに，「嫁して三年 子なきは去る」という言葉がある。その字の通り，嫁いで3年が経過しても妊娠・出産に至らない女性は，離縁して家を去るべきであるということを意味することわざである。このことわざから感じ取れるのは，妊娠・出産に至らないことに対するマイナスイメージと，不妊の原因は女性の側にあるという意識の存在である。

(2) 「心因性不妊」という考え方

不妊の原因は女性にあるという考え方は，かつては医学の世界においても暗黙の了解であったようである。

日本では，1990年代前半頃まで「心因性不妊」という考え方が不妊を考える上で主流であった。長谷川（1979）はそのメカニズムについて，感情的に未熟であり，性に関する自己同一性の確立が不十分な女性が，経済上の責任，過剰な家庭的・社会的ストレス，性生活の変調，その他過労や精神的緊張が続く状況に置かれると，感情に乱れが生じ，生殖に関連する機能に障害が起こり，不妊となると説明している。また，心因性不妊と関連のある疾患として，月経異常，卵管けいれん，膣けいれん，性交痛，不感症が挙げられている。この考え方の背景には，不妊女性に対する「母親になるための心の準備ができていない未熟な人」という見方があると考えられる。この見方は，前節で紹介した不妊女性を社会の中で一人前の人間として扱わないこととも重なる。

一方で，飯塚・小林（1979）は，医師が不妊の原因を心因に求めすぎることに警鐘を鳴らしている。心因に飛びつくよりも前に，身体的要因などを総合的に判断する姿勢を持たねばならないというのが彼らの主張である。飯塚・小林（1979）が警鐘を鳴らさねばならないほど，不妊患者のことを「きっとこの人は子どもを持つ心理的な準備が整っていない未熟な人なのだろう」と初めから決めつけるような時代があったということなのだろうか。

　現代医学においては，不妊の原因疾患とその治療法の解明により，心因性不妊の考え方は支持されなくなっている。現在，不妊に携わる専門家たちは「未熟だから不妊になるのだ」と不妊の原因を心の問題に求めるのではなく，「不妊や治療の苦しさのために心の問題が生じてくる」と不妊や不妊治療の「結果」としての心の問題にスポットライトを当てることが主流であると言えよう。齋藤（2002）は，文献から従来の不妊症患者像を「欲求不満や精神的葛藤への耐性に乏しい」「他の産婦人科症例に比し情緒不安定，社会不適応，神経症的傾向を示すものが高率で，いわゆる失感情症の傾向がある」ために，胎児に対する不妊治療の影響や流産・死産に対する不安，分娩・育児への恐怖・当惑といった心理的葛藤が強いと整理した。その上で，これらの葛藤は不妊治療を受ける人びとにとってあくまで厳しい現実への対処としての反応であり，本人の問題として捉えるべきではないのではないかと主張している。

　「不妊の原因としての心の問題」から，「不妊の結果としての心の問題」へと，捉え方に変化が生じたが，その歴史はまだ浅いと言える。不妊患者の中にも，不妊の原因を自らの心理的な問題に求めて自責感を強めてしまったり，当たり前の反応としての不安や傷つきを異常なものだと捉えて悩みを深めてしまったりする人もいるかもしれない。そのような時，心理職には患者の悩みをじっくりと聴き，必要に応じて「多くの人がそう思われますよ」と伝えるような役割が求められるだろう。

第7章 生殖医療の死と再生

Ⅳ. 現在の日本における不妊［症］・不妊治療に関する考え・知識・関心などの実態

　不妊女性が「ウマズメ」と呼ばれてきた時代から時が経ち，現在の日本では不妊は人びとにどのように捉えられているのだろうか。そこで本節では，厚生労働省によって令和2年度にまとめられた「子ども・子育て支援推進調査研究事業 不妊治療の実態に関する調査研究」を紹介する。この研究では，不妊治療の実態把握のため，不妊治療に関して公開されている情報と特定不妊治療費助成事業の実績が分析された。また，当事者・一般・医療機関を対象として不妊治療の実態に関するアンケート調査も行われた。本節では，その中から当事者アンケートと一般アンケートの結果の一部を見ていきたい。

(1) 当事者アンケート

　当事者アンケートの全回答者数は1,636名，そのうち男性が38.2%，女性が61.8%であった。不妊治療中の人が22.9%，治療を終結している人が77.1%であり，回答者の34.7%は高度生殖医療の経験があった。

【経済面の負担】

　経済面の負担は治療内容に拠るところが大きい。この調査は不妊治療の保険適用以前に実施されているため，具体的な金額はあくまで当時のものであるが，検査やタイミング指導のみであれば10万円未満の負担，高度生殖医療まで治療がステップアップしていくと，経済面の負担は100万円を超えるという結果となった。さらに回答者の3割は200万円以上を不妊治療に費やしたという。このような経済面の負担の大きさから，高度生殖医療へのステップアップを断念する人も少なくない。また，不妊治療に関連した出費として，通院のための交通費，サプリメントや漢方薬・排卵日検査薬なども存在し，これらも患者にとって相当な負担となる。

　先述のように，現在不妊治療は保険適用となった。しかし年齢や治療回数，

201

選択した治療内容によっては保険適用外となるため，このアンケートのように200万円以上を治療に費やす人も少なくはないだろう。

【心理社会面の負担】

　不妊の悩みについて初めて医療機関を受診する際，女性の84.8%が自分から受診を決意したと回答した。男性は69.3%がパートナーに勧められて受診したと回答している。このことから，パートナー間で不妊治療のために医療機関を受診することへの積極性に差異があることが推察できる。

　不妊治療開始後の不安として，多く回答されたのが「妊娠出産できるかどうかという不安」「治療費についての不安」であった。次に多かったのが「仕事との両立への不安」であり，女性は24.1%，男性は14.1%がこの不安があったと回答している。女性の方が男性と比べて必要とされる通院頻度が高いことが，この差異に影響していると考えられる。しかし，男性も決して少なくはない数の人が不妊治療と仕事との両立に不安を抱えていることにも着目しなければならないだろう。全体の6割以上が「勤務先において不妊治療の支援はない」と回答していることから，不妊治療と仕事との両立の不安に関しては，いまだ検討課題が山積していると言っていいと思われる。

(2)　一般アンケート

　一般アンケートの全回答者数は1,166名，そのうち男性が46.8%，女性が53.2%であった。回答者の年齢層には偏りがなく，性別・年齢ともに偏りのないデータとなっている。

【不妊治療への関心・理解】

　不妊治療に対する関心・興味が「ある」「どちらかというとある」と回答したのは，すべての年齢層において40%以下であった。相対的に見ると，年齢が若い回答者の方が関心・興味を持っているという結果である。不妊治療に対する関心・興味がない理由として，男性の51.8%と女性の37%は「自分の周りに不妊治療を行っている人がおらず，実感がないから」と答えた。ま

た，女性の40.2%は「子どもを欲しいと思わないから」と回答しており，自身のライフプランに不妊治療は関わりのないものとして判断している人も多いことがうかがえる。

【妊娠・不妊・不妊治療に関する知識】

　男性の原因による不妊はどのくらいの割合があるかについて尋ねると，男女ともに過半数が「4割以上6割未満」と回答した。これは医学的なデータと合致するものであり，一般大衆において，不妊の原因は女性だけにあるとは限らず，男性に原因がある場合も約5割の確率であるのだという正しい知識が浸透しつつあることを示していると言える。

　しかし不妊治療においては，いまだ誤解があることも示されている。「不妊治療は1回の治療ではなかなか妊娠せず，何度も繰り返して治療をすることもあることを知っていますか」と尋ねると，女性は52.6%が「知っている」と回答した一方で，男性で「知っている」と回答したのは30.0%であった。この認識の差は，不妊治療の継続や費用などに関する夫婦間の話し合いに影響を及ぼすのではないかと考えられる。

Ⅴ．なぜ人は不妊に悩むのか，どのようにその苦しみと付き合っていくのか

(1)　「生殖物語」

　どうして人は不妊に悩み，苦しむのだろうか。この疑問について一つの示唆を与えてくれるのが，「生殖物語」という概念である。この概念は，Jaffe と Diamond 夫妻という3人のアメリカの専門家によって2005年に提唱された。彼らは不妊の当事者であると同時に，不妊患者の支援を行う臨床心理学者でもある。

　生殖物語とは，親になる人生を心の中でどのように考え，思い描いているかという物語である。この物語は子どもの時から書き始められ，大人になっていく中で書き直されていく。例えば，子どもを欲しいと思うか，何人欲し

いか，男の子か女の子か，生まれた子どもにはどのような名前をつけたいか，といった事柄すべてが生殖物語の一部である。あるいは，子守歌を歌う自分の姿や，窓の外で遊ぶ子どもたちの姿を映像やスナップ写真のように思い描くことも生殖物語の一部だと言える。読者のみなさまも，自分自身の中にある生殖物語がどのようなストーリーなのか，ぜひ思いを馳せてみていただきたい。知らず知らずのうちに「きっとこうなるだろうな」と思い描いているストーリーはないだろうか。

　生殖物語は，Jaffeら曰く「無意識の語りごと」である。そのため，生殖物語の通りに事が運んでいる時には，人びとは自身の中にある生殖物語の存在に気が付かない。本人も気が付かないままに，その人の体験や行動を型にはめてしまう支配的な物語は「ドミナントストーリー」と呼ばれる（浅野，2001）。例えば，学校での昼食は友人たちと一緒に食べるものである，といったイメージもドミナントストーリーの一つと言えるだろう。ドミナントストーリーはその人の育ちをはじめ，社会や文化の影響を強く受けながら，人それぞれの心の中に深く書き込まれるため，この物語を書き直す編集作業は非常に骨の折れる作業となる。そして，生殖物語もドミナントストーリーの一つとなりうる。不妊の悩みや苦しみは，「きっと私は親になるはず」という生殖物語が自分の中にあるということに直面し，その物語の編集作業を否応なしに迫られる経験によるものであると理解することができる。

　このように理解すると，心理職の仕事は不妊に悩む患者それぞれの物語に耳を傾け，編集作業を行う道のりに併走することであると言えるのではないだろうか。この仕事に取り組むにあたっては，心理職が自分自身の中にある生殖物語を自覚することも肝要だろう。

(2)　不妊治療と向き合うカップルの心の動き

　では，人はどのように不妊の苦しみと付き合っていくのだろうか。ここでは，不妊カップルの治療開始から妊娠に至らず治療を終結するまでの心の動きについて検討したBlenner（1990）の研究を紹介する。質的検討を通して，不妊治療を受けるカップルの心の動きのプロセスは大きく「関与」「没頭」「解

第**7**章　生殖医療の死と再生

放」の3段階に分けられ，さらに全部で8つのステージに整理された。

表3　Blenner（1990）が整理した不妊カップルの心の動き

関与の段階	①　気付きの始まり	避妊をやめ，子どもを持つ準備をするが，女性に毎月月経が来ることで「どうして妊娠しないんだろう」と困惑し始める。しかしこの時点では，カップルは自分たちのことを「想定していたようには妊娠できないようだ」と思うのみで，態度としては楽観的。
	②　新たな現実に直面する	医療機関を受診し，不妊であると診断を受けることで，自分たちに生殖の問題があるという現実に直面する。「どうして私が? 何が原因?」という疑問や，パートナーに対する罪悪感を覚える。自分たちを生殖の問題を抱えたカップルとして捉え，当たり前に子どもを成すことができる世界とは異質な存在なのだと認識するようになる。不妊に関する情報を集めたり，同じような境遇の人と出会って話をしたりすることを求めるが，これらはサポートとなりうる一方で，同時に不妊でない人と隔絶されることにもなりうる。
	③　希望を持って決意する	不妊治療を始めようという時期。「きっと妊娠できる」という新鮮な気持ちや希望を持っているため，ネガティブな情報は目に入りにくく，他のカップルの挫折や失敗の話を聞いても，「自分たちにそんなことは起こらない」「ちょっと我慢すれば万事うまくいく」と思いやすい。
没頭の段階	④　治療を推し進める	治療に深く関与し，治療のために多くの犠牲を払う時期。人生のコントロール感が失われ，動揺とストレスを感じる。治療と仕事とのバランスをとることがよりいっそう困難になり，勤務時間の融通が利く仕事や，要求の少ない仕事へ転職する人も出てくる。毎月，「今度こそ妊娠したのではないか」という期待，続いて訪れる不安，そして月経が来ることによって妊娠が成立しなかったことを悟る絶望が繰り返される。治療の中断や延期が起こるのもこの時期である。
	⑤　らせん状に下降する	治療を開始してから時間が経ち，治療の選択肢が狭まってくることで，圧倒されるような思いを抱く。

205

解放の段階	⑥　放っておく	カップルのうちのどちらかが治療に挫けることをきっかけに、「人生は不平等だ」ということを受け入れ始める。治療を客観的に評価して疑問を持ったり、普通の生活を取り戻すことに関心を持ったりする。しかし妊娠する可能性が少しでも残っている以上、治療終結を決断することは決して容易なことではない。カップルは、子どものいない人生を選ぶか、養子を迎えるかといった選択肢とも向き合いながら、自分たちのゴールを再度じっくりと考え始める。
	⑦　治療をやめて離れる	治療をやめるという選択肢は、自分たち自身の決断であり、自分たち自身のコントロール下にあることだと認識することで、ある種解放された気持ちにもなる。そうして子どものいない人生を選択したカップルは、「自分たちは二度と子どもを持つことはないのだ」という最終的な実感に至る。
	⑧　焦点の変化	治療終結後、穏やかな諦めを体験することで、子どもを持つこと以外にも、人生にはたくさんのことがあるのだと実感する。「私たちはいつまでも不妊である」という事実によって、友人の妊娠や家族に関連する出来事などをきっかけに悲しむことはあっても、長くは続かず、やり過ごすことができる。

(Blenner（1990）より筆者作成)

　実際には、このように段階的にプロセスが進んでいくわけではなく、それぞれのステージを行き来したり、ステージとステージとの中間のようなあいまいな位置に置かれたりすることもあるだろう。また、現代の不妊カップルがこの研究のようなプロセスをたどっていくとは必ずしも言えないところはあるが、不妊治療をめぐる心の動きを概観できるという点で、このBlenner（1990）の研究には現代の私たちにとっても有用な示唆を与えてくれる。

VI. 日本の不妊カップルが持つ悩み

　前節で紹介した概念や研究は、いずれも海外の研究者によるものだった。では、日本では不妊についてどのような研究がされ、どのようなことがわかっ

ているのだろうか。本節では，不妊カップルの持つ悩みや苦しみに関する本邦の研究をいくつか紹介する。

(1) 不妊女性の悩み

不妊に悩む女性は，不妊によって自尊感情や自己肯定感の低下，自身の身体に対する不全感といった様々なネガティブな感情を体験すると言われている。

長岡（2001）は，不妊治療を受けている既婚女性798名を対象に，不妊治療中の女性が抱えている悩みと取り組みについて調査を行った。その結果，不妊治療中の悩みとして5つの因子が抽出された。

① 不妊であるがゆえの傷つきやすさ：
子どものいる人と差別されたり，一人前の女性でないように言われたりすることによる傷つき，子どものいる友人や家族との付き合い方の難しさ，自分だけが取り残された気持ちになるという孤独感。

② 妊娠に関する不確かさ：
治療することによって本当に子どもを授かるのかわからない，治療を続けることによって自分の心身がどうなるのかといった先行きの見えない治療に対する不安や，そもそもどうして不妊になってしまったのかという答えのない問い。

③ 医療者や治療環境とのかかわり：
医師や看護師といった医療者とのコミュニケーションに関する悩みや，検査や治療に関する情報や知識不足。

④ 不妊であるがゆえの孤独：
自分の正直な気持ちを話せる人がいない，共感してくれる人がいないという孤独感。

⑤ 治療を続けていく上での夫婦関係：
不妊の原因がどちらにあるのかによって生じるギクシャクした夫婦関係，治療に対する態度や気持ちのズレ。

では，これらの悩みは治療期間が長くなっていくにつれて，どのように変わりうるのだろうか。長岡（2001）の研究を受けて，戸津（2019）は一般不

妊治療期間（高度生殖医療以外の不妊治療を続けている期間）が長いほど，「不妊であるがゆえの傷つきやすさ」「妊娠に関する不確かさ」「治療を続けていく上での夫婦関係」の悩みが高まることを明らかにした。先行きの見えない治療の中で，女性は不妊に起因する傷つきや夫婦関係の葛藤を繰り返し体験するが，そのストレスに慣れることはなく，悩みが高まっていくことが推察される。千葉ら（1996）が行った，不妊治療中の女性107名を対象とした自記式心理検査（STAI[7]，CES-D[8]，CMI[9]，P-Fスタディ[10]）からも，治療期間の長期化に伴って，抑うつ感が増し，不安傾向が強くなることが示唆された。また，千葉ら（1996）は心理検査に加え，研究協力者に半構造化面接を実施しており，不妊治療初期は身体面の劣等感といった悩みが多いことに対して，治療期間が長くなっていくにつれて，家族外の人間からの言動に対する悩みが多くなっていくことが示された。

(2) 不妊男性の悩み

　山口ら（2016）は，無精子症の診断を受けた男性19名に半構造化面接を行い，不妊の原因が自分にあったことが判明した際の不妊男性の思いについて検討した。その結果，「予想外の結果に衝撃を受ける」「自分には精子がないという現実がわかる」「もう普通の男とは違うから，子どもをあきらめなくてはならない」「無精子症の診断は現実味がない」「自分のせいで妻や家族に申し訳ない」という5つの思いが示された。

　このような動揺を抱えながら，生殖医療の中では男性が支援の対象になりにくいという現状がある。海外の研究であるが，Mikkelsen et al.（2012）は，不妊治療中の男性に特徴的な悩みとして，不妊治療のプロセスから遠ざけら

7　状態─特性不安検査（State-Trait Anxiety Inventory：STAI）：不安を喚起するような場面でどのように感じるか（状態不安）と，普段どのように不安を感じているか（特性不安）を調べる質問紙。

8　CES-Dうつ病（抑うつ状態）自己評価尺度：抑うつ状態の程度を調べる質問紙。

9　CMI健康調査票：幅広く身体的・精神的な健康状態を調べる質問紙。

10　P-Fスタディ（Picture Frustration Study）（絵画欲求不満テスト）：思い通りにならなかったり，人から責められたりするような場面（欲求不満場面）に対する反応傾向を見ることで，被検者のパーソナリティを調べる自記式の心理検査。

れているという疎外感を明らかにした。不妊治療では，どうしても女性が治療の対象となることが多く，医療者と密にコミュニケーションをとるのも女性であることが多い。その中で，男性もパートナーと同様に不妊治療の当事者であるにもかかわらず，支援の対象として捉えられず，医療者との対話が不足してしまうという現実がある。

⑶　治療によって授かった子どもへの思い

　不妊治療を経験した人が子どもに対してどのような思いを抱くのかについては，相反する研究結果が示されており，統一した見解が得られていない現状がある。例えば，趙ら（2006）は不妊治療を受けた妊婦は自然妊娠の妊婦と比べて，胎児への感情がポジティブであるという調査結果を示しているのに対して，水野・島田（2006）は，不妊治療を受けた妊婦は，自然妊娠の妊婦より胎児への感情がネガティブであると指摘している。

　出産後の育児については，塩川ら（2001）は，不妊治療を経験した親は，子どもを貴重な子どもだと捉えて大事にするあまり，過剰な期待を寄せたり，過保護になったりすることがあると指摘している。長沖（1994）が実施したアンケート調査では，不妊治療によって子どもを授かった女性たちが自身の子どもに対して「治療の副作用が出ないか，不妊治療によって生まれた子どもであるということを差別されないか」という負い目を感じていることが明らかになっており，この負い目が子どもに対する期待や過保護の背景にあるのではないかと考えられる。

　しかし一方で，不妊治療後に妊娠・出産した女性たちを対象に，自身の不妊治療体験と子どもや育児に対する思いについて半構造化面接を実施した桑畑（2021）の研究では，不妊治療を経験した母親たちは，育児や子どもに対する思いに不妊治療の経験が影響しているという感覚を特に持っていないことが示された。その理由として，調査協力者たちは「不妊治療の経験よりも，高齢出産になったことが子どもへの気持ちに影響している気がする」「不妊に対する世間のイメージが変わってきたのが大きい」と語っていた。ここで着目したいのは，複数の調査協力者が語った「妊娠を手放しでは喜べなかった」

という思いである。妊娠が成立しても「また駄目だったらどうしよう」と不安に思い，その不安から自分の心を守るために「喜ばないようにしよう」と意識的に自身の感情をコントロールしていた女性も存在した。しかし，不妊患者が治療の中で繰り返し傷ついてきたことを思えば，このような感情の抑制はいたって当たり前の防衛反応であると考えられるのではないだろうか。

(4) 不妊治療と養子縁組

　不妊治療の後，養子縁組・里親制度を利用して子どもを育てることを選んだ人びとは，どのような心理的体験をしているのだろうか。

　堀・小野（2016）は，不妊治療終結後に養親となった女性たちを対象に，不妊治療開始時・治療中・治療終結前後の気持ち，養親になることを考えたきっかけ，養親になることを決断し，実行に移すまでの気持ち，育児開始当初の気持ち，現在の思いについて半構造化面接を実施した。その結果，養親になることを考え，決断していく時期についての語りから，「産まなくても育てられる」という考えを獲得することが，一部の不妊女性にとって大きな転換点になる可能性が示された。また，養親になるために実際行動を起こした要因としては，「子どものいる生活を熱望する強い思い」と「それでも子どもが欲しいという，決断への思い切り」が語られていた。育児開始当初の時期については，体力的・精神的な育児の大変さに加え，養子・里子との絆を作ることにも大変さを感じながらも，楽しさや充足感を体験していたことが語られていた。その後子どものいる生活に慣れていくと，子どもの成長を目の当たりにすること，家庭生活に喜怒哀楽があふれることといった変化をも享受し，生活には安定感が漂うようになるという。しかし一方で，子どもに事実を告知することの問題，実親との関係性に関する不安も語られている。また，養親ならではの心理を表すものとして，子どもと出会った縁や偶然の不思議（子どもの実母と養親が妊娠した時期が同じであったことなど）に言及した語りや，子どもとの前世からのつながりを感じるという語りも得られた。これらの語りを踏まえて，堀・小野（2016）は養親が表現する見かけ上のポジティブ感にとらわれることなく，心理プロセスを多面的に理解した専

門的な心理支援が必要であると主張している。

⑸　子どものいない人生に対する思い

　子どもを授かることなく不妊治療を終えた女性たちが，子どものいない人生をどのように捉えているかについては，香川（2021）がアンケート調査を実施している。その結果，人生の捉え方として4つの因子が抽出された。

①　子のない人生の拒絶と悲嘆：
　　子どもがいないことが悲しい，受け入れられないという悲嘆や，結婚・出産をもっと早くしていれば，治療をもう少し続けていればという後悔，夫や親に対する罪悪感を表す因子。

②　他者や社会への貢献意欲：
　　他の子どもを愛し，自分にできることがしたいという思いや，これからの生き方に関する具体的な目標や計画を立てる時間的展望，不妊治療をやりきったという達成感を表す因子。

③　自己の人生への自信：
　　人生を誇りに思い，これからの人生を楽しみに思う気持ちを表す因子。

④　ありのままの人生の受容：
　　人生は思い通りにならないということを受け入れ，自分らしく生きていこうという気持ちを表す因子。

　子どものいない人生をポジティブに捉える人がいる一方で，悲嘆や後悔，罪悪感の中にいる人がいることに着目しなければならない。自分の人生をポジティブに捉えている人も，その考えに至るまでに相当の葛藤を体験してきただろう。また，ポジティブな捉え方を一度獲得したとしても，きょうだいや友人の妊娠・出産などをきっかけに，再び悲嘆の中に引きずり込まれるような思いを体験する人もいるのではないかと思われる。不妊治療を終えていく人びとの中には，悲しみや後悔，達成感や解放感などが，それぞれ色や濃さを変えながら入り混じり続けるのだろう。

211

Ⅶ．不妊に悩む人びとを支える心理的支援のガイドライ ンやモデル

　ここまで不妊とはどのような体験なのか，どのような悩みなのかについて 様々な観点から理論や研究を紹介してきた。これらを踏まえて，本節では不 妊に悩む人びとを支える心理支援について，代表的なガイドラインと実際に 行われている支援を紹介したい。

(1)　ESHREの「日常的な心理社会的ケア」ガイドライン

　2015年，ヨーロッパ生殖医学会（European Society of Human Reproduction and Embryology: ESHRE）は，不妊治療に関わる全職種向けに「不妊と MAR（医療的に補助される生殖）における日常的な心理社会的ケア—生殖 医療スタッフのためのガイド」を発表した。このガイドラインは2020年に 日本生殖心理学会ESHRE心理社会的ケアガイドライン翻訳チームによって 日本語訳されている。

　ガイドラインには，心理社会的な側面に関する患者への情報提供や，患者 の気持ちに配慮したコミュニケーションといった，すべての医療者による「日 常的な心理社会的ケア」のポイントがまとめられている。特に，患者が治療 段階ごとに持つニーズと，それぞれの患者が持つ心理社会的なリスク因子を 見つけることの重要性が強調されているのが特徴的である。なお，このガイ ドラインは一般的な不妊患者，つまり非配偶者間生殖医療などの特別な倫理 的配慮が求められる事例を除く患者を対象としたケアを考えるものである。 本節では，その概要を紹介したい。

【患者が不妊治療を行う医療機関に求めること】

　患者が求めるものは，医療スタッフの専門的能力と共感的な態度，最小限 の待ち時間，継続的なケア，他の患者とコミュニケーションをとる機会，必要 な場合に専門的なメンタルケアへつないでもらえることである。これらが揃っ た環境の中で，患者はパートナーと共に意思決定を行っていきたいと考えて

第7章　生殖医療の死と再生

おり，そのためには治療の選択肢や転帰，心理社会的なサポートに関する情報を適切に提供することが必要である。情報提供を行う際は，口頭でわかりやすく説明するだけでなく，書面によって説明をすることもポイントとなる。

【治療段階ごとの患者のニーズ】

　患者のニーズは治療段階ごとに異なるため，それに応じてどのように心理社会的ケアを行うか検討していく必要がある。そしてそれぞれの段階における患者のニーズを医療スタッフ間で共有しておくことで，医療機関全体として適切なケアを提供することが重要となる。

① 治療前：治療コンプライアンスを高めるため，医療処置に関する情報を事前に提供したり，カップルの双方が積極的に治療に参加できるよう促したりすることが重要である。また，妊娠の可能性を低下させてしまうような行動はどんなことなのかを知りたいと考えている患者が多いことから，全般的な健康や生殖に関連する健康に悪影響を与える生活様式・習慣について情報を提供し，それを改めるための支援を行う。

② 治療中：患者のニーズは多岐にわたる。感情や考え方・捉え方に対するケアへのニーズは採卵や胚移植，妊娠検査の直前にピークに達する傾向があるが，治療失敗時にはさらに激しい心理的苦痛を経験するため，これらのタイミングでのケアが重要である。また，患者の教育歴や精神疾患の既往歴も患者の行動や情緒的反応に影響するため，これらの情報を収集することは適切なケアを提供することに寄与しうる。

③ 妊娠中：妊娠がかなった後も，患者は治療中と同様のニーズを持っていることが多い。妊娠まで非常にストレスの強い治療サイクルを繰り返してきた患者の場合は，妊娠そのものについて不安を抱く傾向があるため，患者がどのような治療を経験してきたのかについて配慮する必要がある。

④ 不妊治療が不成功のまま終結した場合：この場合の患者がどのようなニーズを持っているかについては，明確な統一見解が得られていない。個々の患者のニーズに合わせて関わっていくことが求められる。

213

【有効とされる支援方法】

　患者のメンタルヘルス改善には，医療者の関わりの頻度を増やすことや，関わり方についての訓練が有効である。心理職による専門的な支援も有効であるため，医療者は専門的な心理社会的支援についての情報を適切に患者へ提供する必要がある。

⑵　日本で行われている具体的な支援

　日本では，不妊治療領域で心理的支援を行う心理職の資格として，日本生殖心理学会が認定する「生殖心理カウンセラー」，「がん・生殖医療専門心理士」（日本生殖心理学会と日本がん・生殖医療学会の両学会で認定される），日本不妊カウンセリング学会が認定する「不妊カウンセラー」があり，徐々に活躍の場を広げつつある。

　本項では，日本の不妊治療領域で実際にどのような支援が行われているのか，桑畑（2022）のシステマティックレビューを参考に概観していきたい。

　医療機関や行政主体の不妊相談センターは，対面だけでなく，電話やメール，ホームページ上のチャットで不妊に関することを相談できる場を設けている。また，不妊治療に関する一般向けセミナーを開催している医療機関・相談センターも存在する。

　心理職による専門的な個人カウンセリングを実施している医療機関・相談機関もある。しかし，不妊治療を受ける中で個人カウンセリングを利用する人はいまだ多くはない現状がある。平山（2021）は，不妊に携わる心理職としての自らの臨床実践を振り返りながら，医療機関内のアンケートでカウンセリングを利用しない理由として「話しても何も変わらないと思うから」と回答した人が多くいたことによって，これまで不妊のことを話しても理解されなかった，あるいは話すまでもなく周囲の無理解に傷ついてきた不妊患者たちの孤独や絶望を深く知ることになったという体験を語っている。不妊に悩む人びとについての理解をより深めるための実践，研究，支援者それぞれの研鑽が求められるほか，カウンセリングではどのようなことに取り組み，どのようなことを目指していくことができるのか，医療機関を受診する不妊

214

カップルや広く一般に発信していくことも求められるだろう。

また，個人への支援だけでなく，不妊に悩む人を集めてグループサイコセラピーを実施している機関もある。不妊に関する悩みを話し合い，共有するようなグループもあれば，メンタルケアや専門的な心理療法のプログラムを実施するグループも存在する。

不妊に悩む人びとが集まる自助グループの働きも忘れてはならないだろう。自助グループでは，イベント等を通して会員同士が交流し，悩みを分かち合う機会などが設けられている。必要に応じて，これらの自助グループに患者をつなぐことも心理職の役割の一つと言えるだろう。

Ⅷ. おわりに

> 人は誰でも一生のうちに，遅かれ早かれなにかを失うものだ。それはぼくにもわかっていた。だが，自分がいまだ持たないものを失うこともあり得るとは思っていなかった。

「はじめに」でも引用した，ヴェラーヘンの小説『アントワネット』からの一節である。生殖医療は，人間の新たな「生」を得ることを目的とした医療と言える。しかしその過程の中で，患者は小説の主人公“ぼく”のように，多くの「喪失」に直面する。望めば当たり前に親になれるはずという物語，自らの身体や女性性／男性性への信頼，妊娠がかなったのではないかという一抹の期待，生まれるはずだった子どもの命……不妊治療を通して体験する挙げればキリがないほどの様々な喪失は，いわば「目に見えない死」のようなものである。

ここまでお読みいただく中で，おそらく読者の皆さんの中にも様々な感情が泡のように湧いたり，消えたりしたのではないかと思う。ご自身が今まさに不妊に悩んでいる方もいれば，家族や友人など身近に不妊に悩む人がいる方もおられるかもしれない。あるいは不妊という言葉は知っていても，自分事としても，心理職の仕事としても考えたことはなかったという人も多くお

られるのではないだろうか。

　「生」を得ようと「死」を繰り返す険しい道のりを，一人の人として，そして心理職としていかに歩むのか。本章がそれを考える第一歩となることを願う。

▶これからの皆さん（読者）に問いかけたいこと／自分も考え続けたいと思っていること

・人間にとって，子どもを持つこと，育てることとはなんなのか。そして，自分はこのテーマについてどんな考えや将来のイメージを持っているのか。

・知らず知らずのうちに思い描いていた将来の自分やまだ見ぬ子どもを失う，いわば「目に見えない死」とはどのような体験なのか。

・これらのテーマと向き合う上で，心理職には一体なにができるのか。

引用・参考文献

浅野智彦（2001）．自己への物語論的接近―家族療法から社会学へ．勁草書房．

Blenner, J. L. (1990). Passage Through Infertility Treatment. *A Stage Theory Journal of Nursing Scholarship*, 22 (3), 153-158.

千葉ヒロ子・森岡由起子・柏倉昌樹・斎藤英和・平山寿雄（1996）．不妊症女性の治療継続にともなう精神心理的研究．母性衛生，37 (4)，497-508.

European Society of Human Reproduction and Embryology (2015). *Routine psychosocial care in infertility and medically assisted reproduction - A guide for fertility stuff*. European Society of Human Reproduction and Embryology website. Retrieved from https://www.eshre.eu/Guidelines-and-Legal/Guidelines/Psychosocial-care-guideline（2023年3月2日）（日本生殖心理学会ESHRE心理社会的ケアガイドライン翻訳チーム（2020）．不妊とMAR（医療的に補助される生殖）における日常的な心理社会的ケア―生殖医療スタッフのためのガイド．日本生殖心理学会．）

長谷川直義（1979）．心身症と不妊．産婦人科MOOK, 5, 268-274.

平山史朗（2021）．患者から学ぶ―不妊というメガネをかけてこの世界を見るということ．精神療法, 47（4），112-114.

堀弘子・小野純平（2016）．不妊治療終結後に養親になった女性の「語り」から見る心理的プロセスの多面的理解．母性衛生, 57（2），457-466.

五十嵐世津子（2002）．「日本産育習俗資料集成」からみた不妊忌避．母性衛生, 43（1），73-80.

飯塚理八・小林俊文（1976）．不妊症患者の心理．産婦人科の世界, 28, 3-6.

医療情報科学研究所（編）（2018）．病気がみえる vol.9　婦人科・乳腺外科　第4版．メディックメディア．

Jaffe, J., Diamond, M., & Diamond, D.（2005）. *Unsung Lullabies: Understanding and Coping with Infertility*. Manhattan: St. Martin's Griffin.（高橋克彦・平山史朗（監修）小倉智子（訳）（2007）．子守唄が唄いたくて―不妊を理解して対処するために．バベルプレス．）

香川香（2021）．不妊治療経験のある女性の子どものない人生の捉え方．日本生殖心理学会誌, 7（1），16-22.

厚生労働省．里親委託ガイドライン．Retrieved from https://www.mhlw.go.jp/content/000803837.pdf（2023年8月31日）

厚生労働省．特別養子縁組制度について．Retrieved from https://www.mhlw.go.jp/stf/seisakunitsuite/bunya/0000169158.html（2023年8月31日）

厚生労働省（2021）．令和2年度 子ども・子育て支援推進調査研究事業　不妊治療の実態に関する調査研究 最終報告書．野村総合研究所ホームページ．Retrieved from https://www.nri.com/jp/knowledge/report/lst/2021/mcs/social_security/0330（2023年8月31日）

厚生労働省（2022）．不妊治療に関する取組．厚生労働省ホームページ．Retrieved from https://www.mhlw.go.jp/stf/seisakunitsuite/bunya/kodomo/kodomo_kosodate/boshi-hoken/funin-01.html（2023年8月31日）

桑畑幸菜（2021）．不妊治療を経験した母親の対児感情に関する質的検討．第18回日本生殖心理学会・学術集会誌上発表．

桑畑幸菜（2022）．不妊治療領域における心理的支援に関する研究のシステマティックレビュー．上智大学心理学年報, 47, 17-31.

Mikkelsen, A. T., Madsen, S. A., & Humaidan, P. (2012). Psychological aspects of male fertility treatment. *Journal of Advanced Nursing*, 69 (9), 1977-1986.

水野千奈津・島田三恵子 (2006). 不妊治療後の母子関係に関する研究. *Nurse eye*, 19 (4), 108-117.

森岡由起子・佐藤奈緒子 (2003). 不妊症. 臨床婦人科産科, 57 (2), 151-155.

長岡由紀子 (2001). 不妊治療を受けている女性の抱えている悩みと取り組み. 日本助産学会誌, 14 (2), 18-27.

長沖暁子 (1994). 私たちが医療に求めること 治療に関するアンケート調査の声から. 助産婦雑誌, 48 (3), 61-66.

長田千夏・銘苅桂子・宜保敬也・仲村理恵・大石杉子・宮城真帆・赤嶺こずえ・青木陽一 (2021). 沖縄県内の生殖医療施設における里親制度・特別養子縁組に関する情報提供から見えてきたこと―なぜ, 生殖医療現場では里親制度・特別養子縁組が進まないのか?―. 日本受精着床学会雑誌, 38 (2), 247-252.

日本産科婦人科学会 (編) (2018). 産科婦人科用語集・用語解説集 改訂第4版. 日本産科婦人科学会.

日本生殖医学会 (編) (2020). 生殖医療の必修知識2020. 杏林舎.

日本財団 (2020). 養子縁組と里親制度の違い. 日本財団ホームページ. Retrieved from https://www.nippon-foundation.or.jp/what/projects/nf-kodomokatei/infographics (2023年8月31日)

小野智子(2015). 不妊患者の心理カウンセリングから. 日本生殖心理学会誌, 1(2), 20-24.

齋藤康子 (2002). 不妊治療と周産期―第43回日本母性衛生学会学術集会シンポジウム [I] より―不妊治療後妊娠と母子保健 (精神的ケア). 母性衛生, 43 (4), 427-428.

塩川宏郷・本間洋子・稲盛絵美子 (2001). 不妊治療と子育て支援. 周産期医学, 31 (6), 803-806.

戸津有美子(2019).不妊女性における不妊治療に対する悩みと対処に影響する要因. 日本母子看護学会誌, 13 (2), 2-14.

藁科宥美 (2021). 学芸員コラム れきはく講座 第125回:絵解き『熊野観心十界曼荼羅』(3) 女性と地獄. 兵庫県立歴史博物館ホームページ. Retrieved from https://rekihaku.pref.hyogo.lg.jp/curator/5944/ (2023年3月2日)

Welagen, R.（2019）．Antoinette. Nijgh & Van Ditmar.（國森由美子（訳）（2022）．
　　アントワネット．集英社.）

山口典子・中村康香・跡上富美・吉沢豊予子（2016）．無精子症診断を受けた時の
　　思い〜精巣内精子採取術・顕微鏡下精巣内精子採取術を選択した男性の語り
　　から〜．日本母性看護学会誌, 16（1）, 49-56.

山本亜衣子（2002）．『熊野観心十界曼荼羅』の成立時期について．日本美術研究, 2,
　　45-55.

趙菁・佐々木昌世・佐藤千史（2006）．不妊治療を受けた妊婦の不安及び対児感情
　　と治療背景．日本助産学雑誌, 20（1）, 99-106.

コラム⑦

乳児院における死と再生

長谷川　昌子

　100年ほど前までは6人に1人の赤ちゃんは1歳の誕生日を迎えることができなかったようだ。そう考えると，現代は赤ちゃんが「死」から隔てられているめずらしい時代だと言える[1]。今，私たちが赤ちゃんから思い浮かべるのは，「死」ではなく，もっぱら「生」と関連したイメージではないだろうか。とはいえ，本来，赤ちゃんはか弱い存在である。世話されることを前提に生まれてきているため，衣食住のどこに不備があっても簡単に命を落としうる。同時に赤ちゃんの生きようとする力には驚くべきものがある。生きるために，養育者を魅了し，動かし，変化させる。こうした面は「生」を強く感じさせるところだ。乳児院は，このような赤ちゃんにまつわる「死」と「生」のどちらも意識させられる場所である。

　乳児院は，日本の社会的養護[2]のうちの施設養護に位置付けられる。対象は「乳児（特に必要な場合は幼児を含む）」と定められているが，実際は生後5日から2，3歳くらいまでである。乳児院で出会う子どもたちは，例えば，哺乳や睡眠に困難を抱えた子，表出が乏しい子，人とつながる力の弱い子など，本来持っているはずの生きる力が発揮できなくなっていることが少なくない。保護者も多重の課題や苦労を抱えている場合が多く，育児に助けを必要としている。

　乳児院で暮らす間の養育は保育士と看護師が担い，保護者の支援はソーシャルワーカーが中心となる。子どもに対しては，一人ひとりに細やかに関わるために，担当養育制をとることが原則となっている。子どもたちの多くは，職員の熱心なケアと関係性を土台にして，徐々に変化し，成長していく。そして，保護者や里親ら[3]との暮らしに向けて，職員が橋渡しを行っていく。この過程で，大人たちは，子どもの訴えを—多くは言葉以前のものを—，根気強く受け止め続けるわけだが，これは生易しいことではない。そのため，職員や保護者たちの育児観，価値観，人生観も変化することがある。その人自身の一部を変えざるを得なくなったり，否応なく変わっていくこともあるからだ。あるいは自分の変わらなさに向き合っていく場合もある。

　このように考えていくと，乳児院では，子どもが「生」を取り戻していく時，

第**7**章　生殖医療の死と再生

大人たちは「死と再生」に取り組んでいると言えるかもしれない。だからこそ，悩みつつも，変化すること（変化できないことを）を受け入れていく職員や保護者ほど，子どもとの出会いを楽しんでいるように見える。こうした過程を共に歩ませてもらうのが，乳児院の心理職の仕事の一つであると感じている。

<注>
1　日本の1920年の乳児死亡率は出生1,000人に対して165.7。2020年の乳児死亡率は出生1,000人に対して1.8まで減少（出典：政府統計の総合窓口（e-Stat））。
2　社会的養護とは，「保護者のない児童や，保護者に監護させることが適当でない児童を，公的責任で社会的に養育し，保護するとともに，養育に大きな困難を抱える家庭への支援を行うこと」（子ども家庭庁（2023）．社会的養護とは．https://www.cfa.go.jp/policies/shakaiteki-yougo/（2023年8月31日取得））である。
3　乳児院から退所した子どもは，近年は，約半数が家庭，約3割が児童養護施設などの児童福祉施設，2割近くが里親家庭で暮らしている（全国乳児福祉協議会（2018）．乳児院を利用する理由と退所する理由．https://nyujiin.gr.jp/about/（2023年8月31日取得））。保育士・看護師は，子どもの育ちを支える安定した関係性を担当児と築いていくことを目指すが，同時に，その関係性を次の養育者につなぐことも意識して日々の養育にあたる。

●読書ガイド・・
滝川一廣（2017）．第Ⅲ章　育てる側のむずかしさ—親や支援者はどうかかわるか．子どものための精神医学．医学書院，pp. 289-372.
　　子育ての困難について，時代や社会背景といった観点からも捉え直すことができる。安易に使用されがちな「虐待」という言葉を再考した箇所や，施設職員を念頭に書かれた支援に関する箇所も参考になる。

コラム⑧

里親に委託され暮らす子どもの心性
—死と再生を巡って—

引土　達雄

　厚生労働省（2017）は「新しい社会的養育ビジョン」にて，保護された子どもたちに家庭生活を与えるべく，施設養護から里親等の家庭養護や特別養子縁組に変革していく方針を示しており，社会的養護においては里親制度が推進されている。社会的養護のもとで暮らす子どもたちの多くは虐待（里親委託児：38.4％，児童養護施設児65.6％）を受けており，様々な心身の障害（里親委託児：24.9％，児童養護施設児36.7％）を持つ子どもたちも多い（厚生労働省，2020）。虐待被害や心身の障害を持つ子どもたちの里親委託が増えていくことが見込まれる。

　里親に委託される場合，子どもたちの多くは，実親家庭⇒児童相談所の保護⇒里親，もしくは，実親家庭⇒児童相談所の保護⇒年齢によって乳児院もしくは児童養護施設⇒里親の経路を経て，里親と暮らすことになる。子どもたちは自分の意思ではなく住居を転々としてきた経験を持っており，里親との生活がどのくらい続くかの見通しを持ちにくく，里親の側も，子どもとの生活が続くとはっきりした確信を持ちにくい（Kinsey & Schlösser, 2012）。また，虐待被害や実親の行方不明等の場合，子どもたちの成育歴や医療情報等が不明であり，里親は養育に戸惑うことが多い（Greiner et al., 2015）。

　里親に委託された子どもは児童相談所への通所，他の里親に委託されている子どもとの交流，戸籍上の苗字が里親と異なること，時々行われる実親との面会等，ほかの子にはない事象がある中で，「自分はほかの子となぜ違うのか？　自分はどこから来たのか？」という問いが潜在的に生活に流れる。それは現在の「生」を覆し脅かすことである。「古い自分が死んで新しい自分が生まれる」という「死と再生」は，自己の内的な動きとして心理療法において重要な意味を持つ。しかし，里親のもとで暮らす子どもたちの「死」は，わからない過去によって，段々と外から迫って来るものかもしれない。現在の生活から，保護された頃の見えない過去をたどり，受け入れられない事象を子どもながらに受け止めることが求められる。そして，現在の生活に新たな意味を付与し生きていく，「再生」が求められる。

第**7**章　生殖医療の死と再生

　その繊細な事象である過去を子どもが受け入れられやすいよう話の仕方を考え，事実を歪めずに共有し寄り添い支えていく里親には専門性が求められ，それには里親，児童相談所，フォスタリング機関，医療機関等の連携による「チーム養育」（厚生労働省，2023）の意識と包括的な支援が求められる。今後，心理職がそれらの支援機関で子どものニーズに合わせた養育を考える「チーム養育」の重要な役割を担い，子どもが「再生」していくことを直接的，間接的に支えていくことが期待される。

引用・参考文献

Greiner, M. V., Ross, J., Brown, C. M., Beal, S. J., & Sherman, S. N. (2015). Foster Caregivers' Perspectives on the Medical Challenges of Children Placed in Their Care: Implications for Pediatricians Caring for Children in Foster Care. *Clinical Pediatrics*, 54 (9), 853-861. https://doi.org/10.1177/0009922814563925

Kinsey, D., & Schlösser, A. (2012). Interventions in foster and kinship care: A systematic review. *Clinical Child Psychology and Psychiatry*, 18, 429-463. https://doi.org/10.1177/1359104512458204

厚生労働省 新たな社会的養育の在り方に関する検討会 (2017). 新しい社会的養育ビジョン. https://www.mhlw.go.jp/file/05-Shingikai-11901000-Koyoukintoujidoukateikyoku-Soumuka/0000173888.pdf（2023年8月14日取得）

厚生労働省 子ども家庭局 家庭福祉課 (2023). 社会的養育の推進に向けて. https://www.cfa.go.jp/assets/contents/node/basic_page/field_ref_resources/8aba23f3-abb8-4f95-8202-f0fd487fbe16/e979bd1e/20230401_policies_shakaiteki-yougo_67.pdf（2023年8月14日取得）

厚生労働省 子ども家庭局 厚生労働省社会援護局障害保健福祉部 (2020). 児童養護施設　入所児童等調査の概要. https://www.mhlw.go.jp/content/11923000/001077520.pdf（2023年8月14日取得）

●読書ガイド・・・

上鹿渡和宏（2021）．虐待を受けた子どもの社会的養育について．保健医療科学，
　70（4），364-376．https://doi.org/10.20683/jniph.70.4_364
　日本の社会的養育システムの全体像と里親制度が推進されている現状に
　ついて説明されている．

ビーズリー，P.（監訳）引土達雄・三輪清子・山口敬子・御園生直美（2023）．
　養親・里親の認定と支援のためのアセスメント・ガイドブック—パーマ
　ネンシーの視点から養子や里子の人生に寄り添うためのヒント．明石書店．
　英国において養親や里親の適性をアセスメントするために用いられてい
　る代表的なガイドブックである．ソーシャルワーク理論や臨床心理学を
　駆使して包括的にアセスメントを行い，パーマネンシーの視点から養子
　や里子の人生にいかに寄り添った判断や対応ができるかについて，養親・
　里親候補者の認識を問うことで資質や養育能力をアセスメントでき，支
　援内容についても検討できるように構成されている．

第8章
依存症における死と再生

前田 遥

Ⅰ．はじめに——身近に潜む依存症

まずは，以下の事例を読んでみてほしい。

A（社会人）の事例

　大手企業に勤める若手社員のA。学生時代は成績優秀でスポーツでも活躍し，4年生の時には運動部の副キャプテンを務めた。就職活動では第一志望であった現在の会社への内定を難なく勝ち取り，入社した後も，持ち前の快活さと体力を武器に，社内でも若手のホープと呼ばれていた。プライベートでは友人も多く，大学時代から交際している恋人との関係も良好であった。

　入社して数年が経った頃，Aは初めて自身が責任者という立場で，社内のあるプロジェクトを任されることとなった。Aは，そのプロジェクトを自分に任せてくれた上司の期待に応えようと必死で仕事に取り組んだが，その熱意とは裏腹に，なかなか思ったような成果を挙げることができなかった。「このプロジェクトの出来が，自分にとっての今後を左右する」と焦れば焦るほど，結果は目に見えて悪くなっていく。「こんなはずではなかった」という思いが募り，帰宅後も仕事のことが頭から離れない。次第にAは，アルコールを飲まないと眠れなくなっていった。最初は350㎖缶1本で眠れていたが，徐々にその量は2本，3本と増えていった。もともと酒は嫌いではなかったものの，決して強いわけではなかったので，前日の飲酒の影響が翌日まで響くこともあり，Aのパフォーマンスはますます低下していった。

　最終的に，Aはそのプロジェクトを外されることになった。上司は「気にするな。今回の反省を次に生かせ」と言ってはくれたが，Aには上司の態度が，以前と比べてどこか冷たく感じられた。自身に代わって責任

者を任せられたのは，これまでＡが内心ライバル視していた同期だった。その同期はＡが手こずっていた案件を次々に処理していき，遂にはそのプロジェクトを成功に導いた。社内で賞賛を集める同期の姿を，Ａは内心苦々しく感じていた。

　Ａにとって，今回のプロジェクトは，人生で初めて経験した挫折だった。誰かに自分の感情を吐き出したいという気持ちも心のどこかにはあったが，もともと自分の弱みは他人に見せたくないと思っていたことや，自分が挫折したということを認めたくなかったＡは，自分の心情を悟られまいと，友人や恋人の前ではむしろ，これまで以上に明るく振る舞おうと試みた。そのための最も手っ取り早い手段は，アルコールを飲むことだった。酔っ払った状態になってしまえば，そこまで無理をせずとも人前で陽気な気分になることができたし，プロジェクトから外されてしまった出来事も忘れることができた。夜も，アルコールがあれば眠ることができる。Ａの中でアルコールの存在が，日に日に大きくなっていった。

　周りから最近少し飲みすぎだと言われることもあったが，「自分の勝手じゃん」「飲まなきゃやってられないこの気持ち，みんなにわかるもんか」という思いから，その忠告も聞き流していた。また，酔った勢いで言い争いになることや，二日酔いが原因で約束をドタキャンしてしまうこともあり，Ａの人間関係は，段々とギクシャクしていった。その原因がアルコールであることは心のどこかでわかってはいたが，人間関係のストレスを振り払うため，Ａの飲酒量はかえって増えていった。いつの間にかＡは，眠る前や友人たちに会う時だけではなく，休みの日もアルコールを飲むようになった。１人でいるとどうしても，仕事や人間関係で経験した嫌な出来事を思い出してしまう。アルコールを飲んで酔っている時だけが，それらから解放された自由な瞬間だった。

　そして今日，Ａはついに二日酔いで会社を休んでしまった。罪悪感はあったが，一方で，「今日はもう休みだ」という解放感もあり，Ａは冷蔵庫の中の缶チューハイに手を伸ばした――。

第**8**章　依存症における死と再生

　この事例を読んだ人は，どのような感想を抱いただろうか。早々に種明か
しをすると，これは，あくまでも本章のテーマである「依存症（アディクショ
ン）」の病理をわかりやすく説明するために筆者が考えた架空の事例である。
しかしながら，どこかで聴いたことがある話だと感じた人も，一定数いるの
ではないだろうか。もしかしたら，特定の誰かの顔を頭に思い浮かべた人も
いるかもしれない。また，もし仮に，自分がAと同じような立場・境遇になっ
たとしたら，あなたは彼／彼女のようには決してならないと，自信を持って
断言することが果たしてできるだろうか。

　もちろん，心の中で「自分は大丈夫だ」「この人と自分は違う」と思うことを，
否定するつもりはない。それでは，もう少し身近な例として，「恋人に振ら
れた日の夜に一晩中ヤケ酒した」とか，「パチンコで確変が出た時のあの爽
快感が忘れられなくて，アルバイト代が入った途端に行ったけど，いつの間
にか大半をスってしまって今月金欠だ」，あるいは，「もうすぐテストだから
勉強しないといけないのに，ソーシャルゲームのクエストが気になってスマ
ホから手が離せない」といったような経験ならば，どうだろうか。

　このような「つらいことや嫌なことから目を背けるために何かにたよりた
い」「過去に経験した快感が忘れられず，ついつい同じ行動を取ってしまう」
「やらなければならないことがあるのに，他のことが気になって手が付かな
い」といった経験は，大なり小なり，誰しもが身に覚えがあるのではないだ
ろうか。

　「依存（いぞん／いそん）」という単語を辞書で引いてみると，「何かをた
よりとして存在すること」とある（広辞苑）。この定義を踏まえると，依存
症とは，「つらいことや嫌なことから目を背けるための手段として，アルコー
ル・薬物のような特定の物質や，ギャンブル・ゲーム・セックス等の特定の
行為をたよりとし，その結果，精神的にも肉体的にも——依存症における依
存には精神的依存と肉体的依存の2種類があり，この両者は必ずと言ってい
い程に併存している——それなしではいられなくなる（≒やらなければなら
ないことがあるのに，そのことが気になって手が付かなくなってしまう）状
態」を指すと捉えることができるだろう。

227

上記をもう少しわかりやすく言い換えるならば，依存症とは「特定の物質使用や行動に関し，いつの間にか自身の力ではコントロールすることが精神的にも肉体的にもできなくなってしまった結果，自身の健康や社会生活に様々な不都合が生じるようになってしまった状態である」といったところであろうか。

　その人が精神科医療や心理臨床の現場において実際に依存症と診断されうるか否かは，実際にどの程度その人の現実生活への適応が毀損されているかに依る部分が大きい。しかしながら，その背景に存在している心の在り様自体は，普段我々が感じているそれの延長線上に存在しているという可能性が否定できない。そのように考えてみると，依存症という病は決して他人事ではなく，実は我々のごくごく身近に存在しており，何かの巡り合わせや運命の悪戯次第では，充分に自分自身の身にも起こりうるものであると言うことができるかもしれない。

　ちなみに，依存症は一般に否認の病であると言われている。「自分は問題ない」「やめようと思えばいつだってやめられる」「世間一般で依存症と呼ばれるような人に比べたら，自分の問題は大したことはない」。これらは，依存症の領域においては常套句であることを付記しておく。

　それでは，「遠い世界のようでいて，実は身近なところにも潜んでいる可能性がある」ということを頭に置いたところで，本章で依存症というこころの病についての概要を見ていこう。

　なお，本章では依存症を抱える人の呼称として，基本的には「依存症者」という言葉を用いる。詳細は後述するが，依存症を抱える人の多くが，必ずしも実際の治療場面に「患者」「クライエント」として登場するわけではないという現実が存在しているためである。

Ⅱ．依存症とは

　近年，芸能人やスポーツ選手といった有名人の飲酒にまつわるトラブルや，薬物の所持・使用等による逮捕といったニュースが世間を賑わせることも多い。また，COVID-19の流行に伴い，リモートワークの促進やオンライン飲み会等の新しい文化の出現によってアルコール依存症が増加するのではないかという警鐘を鳴らす報道も流れていた。

　厚生労働省発表の資料によると，アルコール依存症・薬物依存症の総患者数は2017年の時点でそれぞれアルコール依存症：4.6万人，薬物依存症：0.2万人に上り，1996年（アルコール依存症：4.7万人／薬物依存症：0.1万人）からほぼ横ばいの状態が続いている（厚生労働省，2020）。なお，これらの数字は，あくまでも医療への受診や警察の逮捕によって問題が顕在化した人数に限られている。アルコール依存症を例に挙げると，潜在的な総患者数は50万人〜100万人を超えるとも言われている。また，経済面での影響も大きく，本邦におけるアルコール依存症による経済的な損失は年間約4兆1,500億円に達するという調査結果（尾崎，2015）や，米国内でのオピオイド（麻薬性鎮痛薬を含むアルカロイド合成化合物の総称）乱用による2020年1年間の経済的損失が1兆4,700億ドルに上るという2022年9月28日のロイター通信の報道等がある。

(1) 依存症の種類

　それでは実際に，依存症と呼ばれるものにはどのようなものがあるのかを見ていく。

① 操作的診断基準による分類

　まずは，本邦の精神科医療現場での診断に際し，一般的に用いられているDSM-5-TRとICD-10に目を通してみる。両者では「物質関連症および嗜癖症群」（DSM-5-TR），「精神作用物質使用による精神および行動の障害」（ICD-10）という名称で，それぞれ以下のような大分類がなされている。

DSM-5-TR	ICD-10
「物質関連症および嗜癖症群」	「精神作用物質使用による精神および行動の障害」
●物質関連症群	・アルコール使用による精神および行動の障害
・アルコール関連症群	・アヘン類使用による精神および行動の障害
・カフェイン関連症群	・大麻類使用による精神および行動の障害
・大麻関連症群	・鎮静剤あるいは睡眠剤使用による精神および行動の障害
・幻覚薬関連症群	・コカイン使用による精神および行動の障害
・吸入剤関連障害群	・カフェインを含む他の精神刺激剤使用による精神および行動の障害
・オピオイド関連症群	・幻覚剤使用による精神および行動の障害
・鎮痛薬，睡眠薬，又は抗不安薬関連症群	・タバコ使用による精神および行動の障害
・精神刺激薬関連障害群	・揮発性溶剤使用による精神および行動の障害
・タバコ関連症群	・多剤使用および他の精神作用物質使用による精神および行動の障害
・他の（又は不明の）物質関連症群	
●非物質関連障害群（ギャンブル障害）	「成人の人格および行動の障害」
	・習慣および衝動の障害
	―病的賭博

　上記からわかる通り，DSM-5-TR と ICD-10 において採用されている操作的診断基準（精神科医療現場において一般に用いられる手法で，診断を下す際にいくつかの基準を設定し，患者の症状がその基準に当てはまるかどうかで診断を下すこと）においては，基本的には依存の対象となる特定の物質ごとに，診断基準が設けられている。

　このうち，DSM-5-TR における「アルコール関連症群」の中の「アルコール使用症」を例に挙げて，具体的にどのような診断基準が設けられているのかを見てみよう。

第**8**章 依存症における死と再生

> ### アルコール使用症（抜粋）
>
> A アルコールの問題となる使用様式で，臨床的に意味のある障害や苦痛が生じ，以下のうち少なくとも2つが，12ヵ月以内に起こることにより示される。
>
> (1) アルコールを意図していたよりもしばしば大量に，または長期間にわたって使用する。
>
> (2) アルコールの使用を減量または制限することに対する，持続的な欲求または努力の不成功がある。
>
> (3) アルコールを得るために必要な活動，その使用，またはその作用から回復するのに多くの時間が費やされる。
>
> (4) 渇望，つまりアルコール使用への強い欲求，または衝動。
>
> (5) アルコールの反復的な使用の結果，職場，学校，または家庭における重要な役割の責任を果たすことができなくなる。
>
> (6) アルコールの作用により，持続的，または反復的に社会的，対人的問題が起こり，悪化しているにもかかわらず，その使用を続ける。
>
> (7) アルコールの使用のために，重要な社会的，職業的，または娯楽的活動を放棄，または縮小している。
>
> (8) 身体的に危険な状況においてもアルコールの使用を反復する。
>
> (9) 身体的または精神的問題が，持続的または反復的に起こり，悪化しているらしいと知っているにもかかわらず，アルコールの使用を続ける。
>
> (10) 耐性，以下のいずれかによって定義されるもの：
>
> (a) 中毒または期待する効果に達するために，著しく増大した量のアルコールが必要
>
> (b) 同じ量のアルコールの持続使用で効果が著しく減弱
>
> (11) 離脱，以下のいずれかによって明らかとなるもの：
>
> (a) 特徴的なアルコール離脱症候群がある。
>
> (b) 離脱症状を軽減または回避するために，アルコール（またはベンゾジアゼピンのような密接に関連した物質）を摂取する。
>
> ▶現在の重症度を特定せよ
>
> | | | |
> |---|---|---|
> | F10.10 | **軽度**：2～3項目の症状が存在する。 | |
> | F10.11 | **軽度，寛解早期** | |
> | F10.11 | **軽度，寛解持続** | |
> | F10.20 | **中等度**：4～5項目の症状が存在する。 | |
> | F10.21 | **中等度，寛解早期** | |
> | F10.21 | **中等度，寛解持続** | |
> | F10.20 | **重度**：6項目以上の症状が存在する。 | |
> | F10.21 | **重度，寛解早期** | |
> | F10.21 | **重度，寛解早期** | |

出典：『DSM-5-TR 精神疾患の分類と診断の手引』高橋三郎・大野裕（監訳），2023年，医学書院

ここで本章の冒頭において示したAの事例を思い出してもらいたい。上記のDSM-5-TRのうち，何項目が当てはまりそうかを考えてみるとよいだろう。
　また，Aほどではなかったとしても，先に挙げたアルコール使用障害を見ると，2〜3項目に関して「身に覚えがある」と感じた人は，操作的診断基準において「F10.10／軽度のアルコール使用症」という診断が下る可能性がある。そしてそのような人は，実は身の回りには意外と多いのかもしれない。ちなみに，読者であるあなた自身はどうだろうか――。

② 依存の領域による分類

　次に，依存症を領域ごとに分類して詳しく見ていく。なお，「摂食障害」も依存症の一つとしてみなされる場合があるが，今回は紙面の関係上割愛する。
　一般に依存症は，「物質依存」「行為依存（プロセス依存）」「関係依存」の3つに大別される（信田，2000；斎藤，2009；山本・長坂，2015；成瀬，2016a）。
　また，これらの依存が複数併存することを，「クロスアディクション」と呼ぶ。

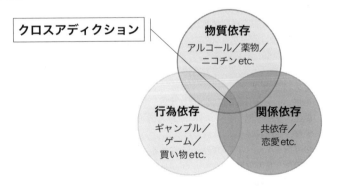

ⅰ）物質依存

　物質依存とはその名の通りある特定の物質に対する依存であり，依存症という言葉を耳にした際に，比較的多くの人がイメージしやすいタイプの依存症であろう。
　具体的な例としては，「アルコール」「薬物」「ニコチン」「カフェイン」と

第8章 依存症における死と再生

いったものが挙げられる。大まかに説明すると，これらの物質を体内に摂取した際に生じる精神的・肉体的変化を快感として脳が記憶した結果，再び同様の効果を求めてその物質を繰り返し摂取し続けるようになる現象を指す。

物質依存症者の多くは，これらの物質が体内から代謝されてしまう際に，強い精神的苦痛（不安・抑うつ・幻覚・妄想・不眠etc.）や身体的苦痛（動悸，発汗，振戦etc.）を伴った離脱症状を経験する。これらの症状は再度その物質を摂取すると治まるため，ますますその物質の使用を止めることが難しくなってしまう。加えて，人間の体は耐性を有しており，繰り返しその物質を摂取するうちに，次第に同量の物質では同等の効果を得ることが難しくなっていく。そのため，再び同等の効果を得るためには，より多くの物質を摂取しなければならなくなってしまい，依存症がどんどん進行していってしまう。このような離脱症状や耐性は，物質依存症者がその物質の使用を容易には止めることができない大きな要因となっている。

さらに，物質依存は，人体に物理的に作用する≒人体にとって有害な物質を，長期間にわたって大量かつ持続的に摂取し続ける場合が多いため，様々な種類の身体疾患を併発する可能性が高いと言われている。

ⅱ）行為依存（プロセス依存）

行為依存（プロセス依存）とは，ある特定の行為に対する依存のことを指す。物質依存症者が特定の物質に依存するのと同様に，行為依存症者は特定の行為の結果経験した快感を忘れることができずに，次第にそれにのめり込んでいく。例えば，「先輩に誘われ，生まれて初めてやったパチンコで大勝ちしたのが忘れられず，アルバイト代の大半をつぎ込み，果ては奨学金を使い込んだり友人や消費者金融に借金を繰り返したりする大学生」をイメージしてもらえるとわかりやすいかもしれない。

具体的な例としては，「ギャンブル」「ゲーム」「買い物」「自傷行為」「セックス」等が挙げられるだろう。また，近年では，急速なインターネットやSNSの普及により，「ネット依存」や「SNS依存」といった，新たな形の依存症の出現も問題となってきている。このうち，ギャンブル依存症はDSM-

5-TRやICD-10に含まれており，ゲーム障害についてもICD-11での追加が予定されているものの，多くは医学的処置では回復が困難であるとして治療の対象とならず，従来の精神医学の対象になりにくいとされている（山本・長坂，2015）。しかしながら，その行動による問題によって依存している本人や周りの人が苦しんでいる現状があることから，その依存性についての研究や治療を進めようとする動きもある（三原，2021）。

　行為依存は人体に有害な物質を体内に直接摂取するわけではないため，身体的ダメージという一次的な影響は相対的には低いようにも思われるが，経済的破綻や人間関係の崩壊，社会機能の喪失等の社会生活における問題や，それに付随する気分障害等の精神症状といった，深刻な二次的影響が生じる可能性がある。

iii）関係依存

　関係依存とは，人間関係にまつわる依存のことを指す。先の2つの依存と比べるとわかりづらいかもしれないため，信田（2000）の「破滅的な異性との関係を繰り返したり，他者の問題に集中しその人生に侵入する快感」という言葉を引用させてもらう。関係依存の代表例として挙げられているのが，共依存と恋愛依存である（斎藤，2009）。

　共依存とは，その名の通りお互いがお互いに依存し合っている状態のことを指す。非常に古典的な例として，アルコール依存症の夫と，その夫の世話を焼き続けている妻がいたとする。妻は夫が二日酔いで会社を休む際に代わりに会社に連絡を入れたり，時には夫のために酒を買いに走ったりしている。この夫婦関係においては一見すると夫が妻に依存し切っているように見えるが，実は妻の方も，世話をする対象としての夫に依存をしているのかもしれない。すなわち，妻は夫を健気に世話し続けることによってマゾヒスティックな快感を得ている可能性や，世話を焼くという行為に没入することで見たくない現実や本当に考えなければならない問題から目を逸らし続けている可能性がある。その結果，妻は夫の尻ぬぐいをするという行動を取り続け，夫の病理の維持に一役を買い続けることとなる。このような他者に対する病的

な世話焼き行動を専門用語で「イネイブリング」，世話焼きをする人を「イネイブラー」と呼ぶ。この例のような場合，夫だけでなく，妻の方も夫との関係性に依存をしていると考えられる。無論，すべてのアルコール依存症のカップルに当てはまるという話ではなく，仮にそのような心性が背後に潜んでいた場合は，共依存という関係性の病理として理解しうるという話である。

　もう一方の恋愛依存は，行為依存であるセックス依存との見分けが難しい。セックス依存があくまでもセックスという行為に対する依存であるのに対し，恋愛依存において依存の対象となるのは恋愛関係という関係性そのものであり，セックスという行為自体は依存症者にとって恋愛関係の結果生じる副次的なものに過ぎない場合には，関係依存の病理として捉える方が適切であろう。

　さらに，本邦においては90年代頃から，家族間の関係性の病理を総称した「機能不全家族」という概念や，そのような環境下で成育した「アダルトチルドレン」という概念も盛んに議論されている。ただし，これらは精神医学的な診断基準が存在しているわけではなく，あくまでも家族やその人の状態像を指し示す用語である点には留意しておきたい。

(2)　依存症＝病気なのか？

　依存症という病を論じる上で検討しておきたいのは，「そもそも依存症とは病気なのか」という議論についてである。特に日本では，依存症を意志の問題で自己責任であり，病気とはみなさないという傾向が強いとされている（岡本・和田，2016）。

　例えば，「酒の席での失敗を繰り返し，周囲から孤立する社会人」や，「薬物所持で何回も逮捕される芸能人」「パチンコや競馬で莫大な借金を負ってしまった同僚」「ゲームに没頭するあまり，いつの間にか学校に来なくなった同級生」「常にあなたがどこで何をしているのかを気にして，少しでも連絡が途切れると，SNSで膨大なメッセージを送り付けてくる恋人」といった人々を想像してみてもらいたい。あなたは彼ら／彼女らを，すぐに病気だと思うだろうか。「酒癖の悪い奴」「反社」「クズ」「怠け者」「メンヘラ」。そん

235

な言葉で片付けてしまってはいないだろうか。あえて強い言葉を並べてみたが,もう少しマイルドな表現に置き換えるならば,「だらしのない人」や「面倒くさい人」,「こころが弱い人」といった言葉でもいいだろう。

　ここで留意しなければならないのは,依存症を上記のように単純な意志の問題であると片付けてしまうと,一つ,とても重要なことが見落とされてしまう可能性がある点である。すなわち,「何かに依存する人は意志が弱い人である」という前提に立つことは,「意志次第で依存は克服できるはずである」というある種の思い込みへと,知らず知らずのうちに陥ってしまう可能性があり,彼ら／彼女らには治療や支援が必要であるという視点が抜け落ちてしまう結果へとつながりかねないのかもしれないということである。そのことを,心理臨床を志す人もそうでない人も,心に留め置いておくことが重要であろう。

　その上で,依存症者の心の在り様に思いを馳せる際には,彼ら／彼女ら(あるいは,あなた自身)が「なぜ,そうせざるを得ないのか」という視点を常に持ち続けることが重要であろう。

Ⅲ. 依存症の原因

　本節では,依存症の原因に関し,いくつかの視点から検討してみる。

(1)　生物学的要因

　依存症の生物学的要因を理解する上で頭に入れておかなければならないのは脳の報酬回路のメカニズムであり,これが依存症におけるコントロールの喪失という問題に関連してくる。

　依存症者が特定の物質を使用している時,あるいは特定の行動を取っている時に,依存症者の脳内にはドーパミン等の快感や幸福感をもたらす神経伝達物質が分泌される(山本・長坂, 2015)。それを脳が記憶することで,依存症者は再びその快感や幸福感を得ようとして,「もうやめよう」という意志の力や,「それ以上はやらない方がいい」という周囲による制止を振り切り,同じことを繰り返すようになってしまう。学習心理学や生理心理学の領域で

学んだ「正の強化」や「オペラント条件付け」を思い出してもらいたい。さらに，先述の通り人体は耐性を有しているため，再び脳内が同じような状態になるためには，より多くの物質を摂取したり，よりエスカレートした行動を取ったりしなければならなくなる。

これが，依存症における「わかっちゃいるけどやめられない」というコントロール喪失の原因であるとともに，依存症が進行性の病であるとも言われる所以である。

(2) 遺伝・家族要因

筆者は勤務する医療機関において依存症者のインテーク面接を行う機会があるが，依存症者の家族歴を聴取したところ，同じくアディクションの問題を抱えた血縁者が存在しているケースが非常に多い。

これは，一つには，依存症が他の精神疾患と同様に遺伝負因を有するという生物学的な問題に因るものであり，例えばアルコール依存症においては，アルコールを分解する酵素の遺伝子による違いが，依存症のなりやすさに強く影響することが知られている（松下，2021）。もう一つは，家族や血縁者に依存症者がいることによる家族機能の不全や，アディクションの対象となる事物が実際に身近にあるという距離の問題，ロールモデルとなる対象の問題という，環境的な要因である。

上記から，依存症における遺伝的・家族的要因は，生物学的要因と心理社会的要因の中間に位置していると考えられる。

(3) 心理社会的要因

依存症には多くの心理社会的要因が関連していると言われている。これらの要因は非常に複雑で多岐にわたるためすべてを網羅できるわけではないが，ここではその中のいくつかのトピックを抽出して示す。

① 環境や生育歴による影響
依存症へと至る過程において，依存症者を取り巻く環境や置かれている状

況が大きな影響を与えていることは，想像に難くないだろう。

　実際に依存症者の中には，確かに，非常に複雑な家庭環境で生まれ育ったり，人生の中で耐え難い苦痛を味わってきたりした人たちが一定数いることは事実であると言ってよいだろう。そのような人たちが，自らの置かれているつらい境遇から目を逸らすために何かを頼らざるを得なかった結果，依存症へと至ってしまうことがある。

　その一方で，必ずしもすべての依存症者が，特殊な生育歴や環境下にいるわけではない。中には，いつの間にか，気が付いてみたら依存症になってしまっていたという人たちも，少なからず存在している。

　それでは，アルコールを例に，人生の段階ごとに，実際にどのような環境や状況が，依存症へとつながる可能性があるのかということを，以下のビネットに描かれている環境・状況に自分自身を置き換えるつもりで読んでみて欲しい。

　もともと親が酒飲みで，幼少期から家の中に常にお酒が置かれている家庭で育ったとしたならば，たとえ酒を店で購入することができなかったとしても，容易にアルコールが手に入るだろう。そのような生育環境においては，周りから「酒を飲めるようになって一人前」と言われたり，正月に会った親戚のおじさんに「お前も飲んでみろ」とお屠蘇を勧められたりと，周囲の空気自体が飲酒に対して寛容である場合や，飲酒を助長するような面があるかもしれない。

　思春期においては，友人や先輩から誘われて酒を覚えることもあるだろう。また，学生の時分の飲酒という一緒に悪いことをするという行為を通して，仲間内での絆が強まったような感覚を覚えることがあるかもしれない。

　成人してからも，会社の上司・同僚に仕事終わりに飲みに誘われて断れなかったり，酒を酌み交わすこと自体が，時には一つの重要な仕事上でのコミュニケーションになっていたりすることもある。仕事で経験した嫌なことから気を紛らわせる最も手っ取り早い方法が一杯やることで

ある人もいる。

　老年期，仕事が生き甲斐で特に趣味がなかった人はリタイアしてからの空いた時間を埋めるために，朝から酒を飲む場合があるだろう。その際，独身だったり，パートナーには先立たれて子どもはすでに独立して家を出ていたりして，さらには親類縁者とも疎遠で親しい友人もいなかったとしたならば，孤独感からさらに酒に走るだろうし，その人を窘めてくれる人は，周囲にはすでに存在していないかもしれない。

　上記は，特別「不幸な」生い立ちや，通常の生活を送っていたらまず身に起こることなどあり得ないような「特殊な」経験の存在を想定しているわけではない。むしろ，ある意味で非常に「ありふれた」人生の1ページを切り取っていると言ってもいいだろう。しかしながら，あらゆる場面において，アルコールと近しい環境下にあったことが見て取れる。依存症者が何かにのめり込んでいく際には，このように，その事物に対してどのくらい距離が近いかという点も，大きな意味を持ってくる。

　ほかにも，例えば自身のアディクションの問題を指摘してくれる人や抱えている悩みを打ち明けられる人といった周囲の人間関係の有無や，仕事や趣味に限らず自身が情熱を持って打ち込める何か，あるいは，それほどの熱量はなかったとしても，少なくとも余暇を埋められるものを持ち合わせているかどうかによっても，依存症のリスクは変わってくるだろう。

②　対人関係の影響：愛着や自己愛の問題

　依存症は対人関係の病としても捉えられる。例えば小林（2013）は，「依存症は，何らかの生きづらさ，苦痛を解決する上で，他者を信頼できず，人ではなく物しか信頼できなくなってしまった結果，発症する」としている。このように，依存症者は，自らの依存症の問題の根底に，何らかの対人関係上の困難を抱えている場合がある。それでは，他者への信頼できなさ，あるいは人生における生きづらさや苦痛そのものの源泉はどこにあるのだろうか。

　依存症者の対人関係における難しさの要因に想定されるものの一つに，愛

着や自己愛の問題がある。Flores（2004）は，Bowlby, J. の愛着理論と Kohut, H. の自己心理学を援用し，以下のように述べている。なお，愛着障害や自己心理学の病因論は，基本的には生育歴における愛着対象や自己対象（自己心理学の概念で，健康な自己愛を育むために必要な対象）の応答の欠如の結果生じるとされている。

愛着理論

「人間は単独で自らの感情を長期に渡って制御し続けることが生物学的に不可能であるため，自らの情動を制御してくれる他者との愛着関係を確立することが困難な人の場合，親密な対人関係が欠けている状態を埋め合わせる代用物としてアルコールや薬物に依存しやすい。感情面での他者との親密な関係を維持することが難しいから，ある種の脆弱性をもっている人たちはさまざまな強迫的行動を用いて耐えがたい心理的空虚感や不快感の脅威から意識をそらそうと試みる」（p. 25）

自己心理学

「アディクションを，羞恥心や恐怖心などといったさまざまな苦痛を伴う感情に対する自己愛的な防衛が生み出す症状，と解釈するならば，自己愛の治療はアディクション治療と多くの類似点をもっており，応用可能な面も多い。病的な自己愛とは，アディクションと同様，愛着を必要としているが得られない自らの状態を回避しようとして，誇大自己あるいは偽自己という人格構造へと退行することなのである。（中略）必要としているものを欠損し，対象飢餓を抱えたままの状態にあるアディクトたちは，周囲の他者たちをかき乱し，結果かき乱している自らの姿にさらに羞恥心を抱えることになる。他に頼りとなる手段がない以上，物質乱用者たちはアルコールや薬物，あるいは他の外的な自己統御手段に向かわざるをえないのである」（p. 110-111）

このように，依存症という顕在化した症状の奥深くに根差している愛着や自己愛の問題を踏まえ，改めて依存症という病理に向き合った時，例えば「依存症者は愛着関係や健康な自己愛を育んでくれる人の代わりに，依存対象に向かわざるを得ない」「依存症者が自らのアディクションによって目を背け

ようと試みているものの一つは，愛着障害に起因した空虚感や不快感，対人関係における自己愛的な傷つきの結果生じた羞恥心であるのかもしれない」というような，「依存症者はなぜそうせざるを得ないのか」という問いかけに対する一つの答えが見つかるかもしれない。

③ 発達障害

依存症において，愛着や自己愛の問題と並んで考慮しなければならないのが，発達の偏りの問題である。依存症者は，そもそものベースとして，何らかの発達障害や発達の偏りを抱えている場合がある。依存症対策全国センターによると，発達障害の中でも特に，ADHD（注意欠陥多動症）と依存症の関連が指摘されている（依存症対策全国センター HPより）。

ADHDの特性の一つとして，衝動コントロールの問題がある。この問題がある人は，自身の中に生じた衝動的な情動を心の中に留め置くことができず，「手っ取り早い」解消手段として依存対象に手を出す場合や，心のどこかで問題を感じていたとしても踏みとどまることができずに衝動的に行動した結果，依存症の問題が出現する場合があると考えられる。

ADHD以外にも，発達の問題を抱える人たちは各々の問題に起因する何らかの生きにくさを抱えている可能性がある。この社会的な生きにくさが，依存症の形成に大きな役割を担っていると言えるだろう。

Ⅳ. 依存症と死

「依存症の人は死ぬリスクが高い」「依存症は生きるか死ぬかの病気である」「死にたくなかったらやめるしかない」。極めて直接的な表現ではあるが，臨床現場で依存症者と関わる際に，支援に携わる専門家からも，また，依存症者自身の声としても，非常によく聴こえてくる言葉である。実際に筆者も臨床現場において，デイケアのプログラム内でカードゲームに興じ，野球談議や相撲談議に花を咲かせ，お国自慢に耳を傾け，散歩に出かけ，時にはクリニック内の喫煙所で共に一服をしながら世間話をした人たちとの別れを経験している。特に筆者にとっては，依存症デイケアが初めての臨床現場であっ

たことから，彼らとの死別体験は，その後の筆者の臨床観や死生観に，少なくない影響を与えている。

本節では，依存症における死というテーマについて，主に「生物学的側面における死（＝生命活動の停止）」と「社会的側面における死（＝社会的立場や機能の喪失）」の二側面から概説する。

(1) 生物学的側面における死

依存症者の持つ生物学的側面における生物学的な死のリスクは，経験的理解や臨床的所感だけではなく，実際の研究においても示されている。例えば，Plane-Ripoll et al.（2019）が行ったデンマーク国内における精神障害と死の関連についての大規模研究によると，すべての精神障害に死亡率の増加と平均余命の減少が見られるとされているが，その中でも特に，物質関連障害の性別および年齢別死亡率比（その年齢の平均と比べてどれくらい死亡する割合が高くなるのか）が3.91と最も高く，喪失平均余命（余命が何歳短くなるのか）も，男性の物質関連障害患者が14.84歳と最も高くなっている。

このように，依存症という病を語る上で，生物学的な死という問題は避けては通ることができないものである。以下に，主な生物学的な死の要因を示す。

① 急性中毒

依存症は基本的には長期にわたる継続的な使用や行動の結果生じる慢性の疾患ではあるが，物質依存の対象となる物質は，そもそも短時間で一度に大量に摂取することによって，中毒症状に陥って死亡する危険性を有しているという点を押さえておく必要がある。

例えば，アルコールの「イッキ飲み」による急性アルコール中毒や，薬物の「OD（オーバードーズ）」による急性薬物中毒は，その典型的な例であると言える。

② 身体疾患

物質依存はその依存の性質上，大量に摂取すると人体に有害な作用をもた

242

らす危険性が高い物質を体内に直接取り込むことになるため，身体疾患の併発が大きな問題となってくる。時にこのような身体疾患は，依存症者の死の直接の要因となる。

　以下にアルコール依存症と薬物依存症を例に，具体的にどのような身体疾患のリスクがあるかを示す。

ⅰ）アルコール依存症

　アルコール依存症には様々な身体疾患が合併すると言われている。例えば伊藤（2011）は，病気の部位ごとに以下のようにまとめている。

> 消化器系：「胃腸食道炎」「胃十二指腸潰瘍」

> 肝／膵臓系：「脂肪肝」「アルコール性肝炎」「肝腫」「慢性膵炎」「糖尿病」

> 循環器系：「高血圧症」「心筋障害」「腎疾患」

> 脳神経系：「多発性神経炎」「ウェルニッケ病」「アルコール性弱視」「大脳皮質委縮」「小脳変性症」

　上記に加え，食道静脈瘤や大腿骨骨董壊死，痛風等も，アルコールが原因の身体疾患としてよく名前が挙げられる。さらに，飲酒は口腔・咽頭・喉頭・食道・肝臓・大腸と女性の乳房のガンの原因であるとされており（横山，2021），アルコール依存症においては，このようなガンのリスクも増大すると言われている。

ⅱ）薬物依存症

　薬物を使用する者にも，数多くの医学的合併症が起こりうるとされており，代表的なものとしては以下のものが挙げられている（Emmelkamp & Vedel, 2006）。

> オピエート過剰摂取に伴う「肺水腫」「不整脈」「横紋筋融解症」「呼吸抑制」「認知障害」

> 覚醒剤やコカインの過剰摂取に伴う「狭心症」「心筋梗塞」

> クラックコカインによる「脳梗塞」

> 中枢神経刺激薬による「呼吸困難」

③ 他の精神疾患

Emmelkamp & Vedel（2006）が「生涯に一度でもアルコールまたは薬物使用障害と診断されたことのある者の約半数が，他の精神障害の診断基準を生涯で一度は満たしていた／生涯に一度でも何らかの精神障害に罹患したことのある者の約半数が，アルコール・薬物の乱用または依存の既往歴をもっていた」「医療機関の受診者を対象とした研究では，物質使用障害と他の精神障害の併存率はさらに高く，50〜90%に達する」と述べているように，依存症は他の精神疾患を併発しやすいと言われている。

依存症と併発する他の精神疾患の代表例としては，気分障害・不安障害・精神病症状・睡眠障害といったものが挙げられる。また，前節で述べたように，病気の背景には発達障害やパーソナリティ障害が存在している可能性もある。

これらの精神疾患は，依存症による影響で症状を呈する場合と，これらの症状による影響で依存症へと至る場合の両方があるという点に留意しておかなければならない。このような他の精神疾患の併発も，依存症者の死の遠因となる可能性がある。

④ 自　殺

依存症において，自殺という問題は常に念頭に置いておかねばならない事柄だろう。

例えばアルコール依存症者における自殺の生涯リスクは7%と，感情障害（6%）や統合失調症（4%）よりも高い値を示している（松下・樋口, 2009）。

依存症における自殺のリスク要因として考えられることとしては，「アルコールや薬物の影響による衝動的な自殺企図」「気分障害等の精神疾患の併発」という生物学的な要因と，「社会的な孤立」「経済的破綻」「家族の崩壊」といった社会的な要因の両方が考えられる。

⑤ 事故・事件

依存症を起因として様々な事故や事件に巻き込まれ，その結果命を落とし

てしまう可能性もある。

　飲酒運転による死亡事故は，その典型であると言える。ほかにも，アルコールによる酩酊や薬物が「キマった」状態における駅のホームや高所からの転落事故もわかりやすいだろう。また，依存症によって喧嘩や借金，反社会的勢力との交際といった各種の対人関係上のトラブルが生じた結果，殺人事件や傷害致死事件に巻き込まれ，命を失う結果につながることもある。

⑥　感染症

　依存症においては，各種感染症のリスクも考慮しておかねばならない。

　例えば薬物依存においては，同じ注射器を用いた回し射ちによる，HIVやB型肝炎等の血液を介した感染症のリスクが存在している。また，セックス依存症による性的乱脈は，各種性感染症のリスクの上昇につながる。

　上記に加え，「飲み会の場でクラスターが発生した」「緊急事態宣言下でも営業しているパチンコ店に，客が列をなす」といったニュースを耳にしたことがある読者も多いことだろう。これらは，コロナ禍における，新たな依存症者の感染症リスクであると言うことができるだろう。

(2)　社会的側面における死

　「社会的に死ぬ」。この言葉は，日常的によく耳にする言葉である。むしろ，至極当たり前の比喩表現として使われている印象すらある。その人の社会活動に取り返しがつかない程の重大な困難が生じた際，生命活動それ自体は継続しているにもかかわらず，社会的な機能や立場の面においては死んだも同然のものとして扱われてしまうことがある。

　依存症は，生物学的な意味で死亡率が高い病気であることは前節で指摘したが，その人の社会活動において重大な問題を生じさせる危険性を孕んでいる。そういった点では，依存症は社会的な意味においても死にやすい病であると言うことができるだろう。

　以下に，依存症者が「社会的に死ぬ」ことへとつながる可能性があるものをいくつか記す。なお，救急救命学や社会学における本来的な意味での「社

会死」とは，例えば頸部と胴体の離断や呼吸や脈拍の停止等，医師による正式な死亡宣告を待たずとも死が明らかである状態のことを指すが，本項では，その意味を拡大させて日常用語的に用いられている，社会的機能の喪失や社会的に孤立した状態を指すものとして「社会的な死」という言葉を用いる。

① 経済活動への影響

依存症に伴う様々な身体疾患や精神疾患による健康問題の結果，その治療に時間・費用を費やしたり仕事の能率が低下したりと，経済活動が大きく妨げられ，時には就労の継続自体が困難となる場合がある。同時に，そもそもアディクションの対象となる事物へ膨大な金銭を費やすこととなる可能性もある。特にギャンブル依存症や買い物依存がその性質上，金銭問題を生じさせやすいのは先述の通りである。さらに，スマホゲーム等の課金要素のあるゲームの登場は，ゲーム依存症における金銭問題のリスク増加の可能性を孕んでいる。

これらの結果，経済的な破綻を生じ，「社会的に死ぬ」依存症者が出てくることがある。

② 犯罪・反社会的行為

依存症には，各種の犯罪や反社会的な行為がついて回る場合がある。これも，依存症者を「社会的な死」に至らしめる大きな要因となるだろう。

まず，依存対象となる物質や行為自体が，そもそも違法行為である場合がある。例えば薬物依存症においては，覚醒剤や大麻，ヘロイン等の使用・所持そのものが，本邦においては法令違反である。また，ギャンブル依存症の中には違法賭博に手を出してしまう者もいるし，20歳未満の飲酒・喫煙等も——厳格に取り締まるのであれば——法律に反している。

上記のようないわば一次的な犯罪行為に加えて，依存症という病の結果生じる二次的な犯罪行為も存在する。例えば依存の対象となる事物を入手する目的や，ギャンブルを行うための軍資金を得るために，強盗・窃盗や詐欺，

売春等の違法行為に手を染める者もいるかもしれない。あるいは，所謂「酔っ払った」「キマった」等の状態における衝動性の亢進や抑制の低下，精神病症状の出現等により，殺人・傷害・器物損壊・放火・危険運転致死傷を犯してしまう可能性もあるだろう。

③　対人関係の悪化・家族関係の崩壊

　依存症者は，もともとのベースとして対人関係の在り方や家族機能にも何らかの問題を抱えている可能性があるが，依存症へと至った後に生じた社会生活上の様々な問題によって，それらが重大な影響を受けるという場合もある。

　例えば，自らの依存症の問題を認められない，あるいは認めたくない依存症者——依存症が否認の病であることは冒頭に述べた通りである——は，自身のことを心配し，窘める周囲の声を聞き流したり，反発したりすることがある。時には，暴言・暴力を含んだ直接的な対立へと発展する可能性もあるかもしれない。依存症に伴う衝動性の亢進や抑制の低下等は，それに拍車をかけることもあるだろう。そのため，対人関係・家族関係の悪化を招き，最終的に周囲の人たちが自身の許を離れていくという結果へ至るというケースが存在する。また，前述の経済的な問題や犯罪等の行為は，周囲から人が離れていくことへとつながることがあるだろう。さらには，依存症者はアディクションの対象となる事物が物事の第一優先となるため，それ以外の社会活動から次第に足が遠のいていくことが往々にしてありうる。このような社会参画からの撤退も，依存症者が社会的な孤立を深めていく要因の一つとなるかもしれない。

　このような対人関係の喪失や家族関係の崩壊，社会的な孤立に伴う精神的苦痛から目をそらすために，依存症者はよりいっそう自らの依存対象へと耽溺していく可能性がある。加えて，これらは依存症の発覚を遅らせ，治療の場へとつながる機会そのものを奪う要因ともなるだろう。

Ⅴ. 依存症の治療・支援・回復

　本書を手に取る人の多くは，心理職もしくは心理職を目指す人，あるいは心理臨床に何らかの興味・関心を抱いている人であろう。依存症の概略や死のリスクに触れ，あらためて治療・支援の必要性を感じた読者も多いのではないだろうか。

　本節では依存症の治療・支援・回復に関し，「医療現場」「自助グループ」「心理療法」の3つのトピックにおいて心理職として押さえておきたい部分をいくつか記述する。ただし，一般に依存症は数あるこころの問題の中でも非常に難しいものであると言われており，その治療や支援，回復について，限られた紙面の範囲内で一朝一夕に語れるものではないという点には留意してもらいたい。

(1) 医療現場

　第Ⅳ節で述べたように依存症は身体疾患や精神疾患といった深刻な健康面での問題を併発するリスクが高く，基本的には精神科医療の現場での治療が必須である。医療現場の主たる治療者は当然医師ということになるが，心理職も，依存症の医学的治療の流れをきちんと把握・理解しておくことが重要である。

　依存症治療の第一人者の1人である斎藤学は，依存症の治療段階を4段階に分け，各段階における目標，支援に関わる専門家や専門機関を示しており（**表1**），その中でも特に，初期（危機）介入と社会復帰を重視している（斎藤, 2009）。

　また，同じく依存症治療において高名な成瀬暢也は，依存症治療における構成要素を8つにまとめており（**表2**），これらの構成要素のうち一部でもできる範囲で意識して関わることができれば，それだけで有効な治療的対応となると述べている（成瀬, 2013）。なお，これは主に薬物依存の治療が念頭に置かれたものではあるが，アルコール依存症等，他の依存症治療にも援用できるものであろう。まずはこれらの治療段階や構成要素のイメージを

頭に入れておきたい。

依存症治療における最初にして最大の関門は，依存症者本人が治療場面に登場するまでである。先に紹介した斎藤（2009）が重視している初期（危機）介入は，まさにこの「依存症者本人が治療場面に登場するようになるまで」の段階における家族等へのアプローチを指している。また，「治療場面に登場する」とは，実際に依存症者が治療につながる（＝受診する）こと自体を指すのと同時に，依存症者本人の中に治療へのニーズやモチベーションが生じ，自ら主体的に治療に取り組むことへの道のりの長さを意味しているとも考えられる。

表1　依存症の治療段階

治療段階	目標	関わる人
第1段階―初期介入期	家族内危機への対応，IP（依存症患者本人）の治療への導入，家族教育	精神衛生センタースタッフ 保健所スタッフ 福祉事務所スタッフ 専門カウンセラー，精神科医，各種の自助グループ，自助的家族グループ
第2段階―身体治療期	解毒，退薬症状群の管理，依存症に関連した身体症状の治療	各科の専門医 精神科医 病院スタッフ
第3段階―依存症的行動修正期	依存症的行動の修正，教育的啓蒙的精神療法，環境療法	精神科医 精神病院スタッフ
第4段階―社会復帰期	依存症からの回復の維持と徹底，人間関係の歪みの修復	断酒会員，各種の自助グループ，自助的家族グループ 専門カウンセラー，精神科医，中間施設職員 保健所スタッフ，福祉事務所スタッフ

（斎藤（2009）の図表を筆者が一部改訂）

表2　依存症治療の構成要素

構成要素	概　　　要
① 治療関係づくり	治療関係が良好であることは，有効な治療の実践には不可欠である。依存症の下には対人関係障害があり，依存症治療の最も重要なポイントは，信頼に裏づけられた良好な治療関係の構築にある。
② 治療の動機づけ	動機づけは治療者の重要な役割であり，以下に留意する。 　1．患者に陰性感情を持たずに敬意をもって向き合う。 　2．患者の健康な面を積極的に指摘・評価する。 　3．「患者がどうなりたいか」に焦点を当てた治療目標を設定する。 　4．前向きな発言が具体的行動につながるよう促す。 　5．過大な期待をせず長い目で回復を見守る。 　6．動機づけ面接法や随伴性マネジメントを積極的に取り入れる。
③ 精神症状に対する薬物療法	基本的に薬物依存症に特別な薬物療法はない（筆者注：アルコール依存症には抗酒剤や断酒薬，減酒薬がある）。薬物の渇望自体を処方薬で抑制することは困難だが，渇望につながる不安・焦燥感，抑うつ気分等に適切な薬物療法を行うことは有効である。合併する精神疾患や症状への薬物療法は適切に行う必要があるが，薬物療法にばかり頼った治療は泥沼に陥りやすい。
④ 解毒（中毒性精神病の治療）	薬物（アルコール）の連続使用や中毒性精神病の症状の活発化に際しては入院治療を行う。精神病症状が落ち着いても処方薬の減量，行動制限の解除，非自発的入院者の退院等には急ぎすぎないように注意する。
⑤ 疾病教育・情報提供	ミニ講義を集団や個別で行ったり，簡便なワークブックを利用した認知行動療法的な手法を取り入れたりできればよい。
⑥ 新たな行動修正プログラム	依存症治療に関する講義やミーティング，簡便なワークブックの利用，自助グループからのメッセージ等，何か一つでも提供できれば十分に治療的である。プログラムがなくても，治療者が感情に陰性感情を持たずに関わるだけでもよい方向に変わる契機となる。よい行動には十分評価する。
⑦ 自助グループ・リハビリ施設へのつなぎ	薬物依存症のNAやダルク，アルコール依存症の断酒会，AA，マック等の自助グループやリハビリ施設に関する情報提供及びメンバー・スタッフとの接点を設定する。回復者と直接接することは，患者にとって貴重な体験となる。家族にはナラノン等の自助グループや家族会への参加を促す。
⑧ 生活上の問題の整理と解決の援助	依存症患者は様々な生活上の問題を抱えており，これらは回復の妨げになる。患者とともに問題の整理と解決を進め，問題の整理が進むと回復の意欲は高まる。できることは患者自身にやってもらい，できないことは援助するのが基本であり，援助者がやりすぎない意識が大切である。

（成瀬（2013）をもとに筆者作成）

第**8**章　依存症における死と再生

　これまで繰り返し述べてきたように，依存症は否認の病であり，早期の段階で自身の依存症の問題を自覚し，自ら臨床場面に訪れることは必ずしも多くはない。そのため，本人よりも先に，家族や友人，職場の人といった周囲の人間が心配したり困ったりして相談に訪れる場合が多い。また，健康面や経済面，対人関係の面において何らかの不都合が生じたり，依存症に伴う違法行為で警察に逮捕されたりして，初めて依存症の問題が顕在化することが多々ある。家族がいない場合には，行政機関のケースワーカーに受診を促されることもある。その結果，「自分は問題だとは思っていないが，家族に無理矢理連れて来られた」「役所のワーカーに言われて仕方なく来た」等のケースが往々にして存在する。

　伝統的に，依存症者が自身の依存症の問題を自覚するか否かは底つき体験が必要であるとされてきた。底つき体験とは，依存症によって本人がもうこれ以上堕ちられないところまで堕ち切って，初めて治療へのニーズやモチベーションが生じ，回復へのプロセスが始まるという考え方である。しかし，底つき体験については近年批判も多く，治療への動機づけも含めて治療者の責任の一つであるとみなされるようにもなってきている（小林，2013；成瀬，2013；成瀬，2016b）。また，回復へのターニングポイントとしての底つき体験の必要性自体は認めつつも，治療や援助を継続していく中で底上げをしていくことが重要であるという意見もある（武藤，2016）。

　依存症の治療環境としては，依存症者の状態に応じて入院治療か通院治療かが選択されることになる。

　入院治療が選択肢に含まれるのは，入院によって依存対象と物理的な距離を置くことができる点や，物質依存においては体内に残存する依存性物質の解毒が重要であること，依存性物質の急激な代謝に際しては種々の離脱症状が生じうること，精神病症状が併存している可能性があるといった理由からである。なお，依存症病棟において実際にどのような治療が行われているかについて詳細に知りたい人は，例えばアルコール依存症での入院経験がある漫画家の吾妻ひでおが記した『失踪日記2　アル中病棟』等の依存症者の体験記に目を通してみてもよいだろう。

外来治療では，薬物療法や心理教育，デイケアへの参加等がアプローチ法として用いられる。**表2**でも示しているように，薬物依存症への薬物療法は難しい面もあるが，アルコール依存症に関しては「抗酒剤（シアナミド，ジスルフィラム）」「断酒薬（アカンプロサート）」「減酒薬（ナルメフェン）」等が処方され，治療の中心となる。また，ニコチン依存症に対する「禁煙補助剤（バレニクリン）」も存在している。それ以外では，精神症状に対する抗精神病薬や，不眠に対する睡眠薬等が対症療法的に用いられている。心理教育では，講義等を通して依存症についての理解を深めるとともに，松本・小林・今村（2011）による『SMARPP（Serigaya Methamphetamine Relapse Prevention Program）／薬物・アルコール依存症からの回復支援ワークブック』等のワークブックを用いた認知行動療法的なアプローチが行われる。デイケアの役割としては，まずは入院治療と同じく，参加することによって依存対象から物理的に距離を置くことができる点が挙げられる。また，デイケアへの参加を通して生活リズムの安定や対人関係の練習の場にもなる。さらに，前述のSMARPP等を用いた教育プログラムによって依存症への理解を深めつつ，ミーティングを通して自身の体験を分かち合ったり，運動や創作活動で依存対象以外の趣味を身に付けたりすることも期待される。

(2) 自助グループ

依存症の治療においては，必ずと言っていいほど，治療の一環として自助グループへの参加を促される。また，入院治療やデイケアでは，自助グループのメンバーの方から出向き，自身の体験談を入院患者や利用者に話す「メッセージ」と呼ばれるプログラムを設けている場合が非常に多い。

このように，依存症の治療では自助グループの存在が非常に重視されており，他のこころの問題と比較した際の大きな特色であると言える。依存症の自助グループでは，当事者や家族が定期的に集まり，ミーティングの中で自らの経験を分かち合うことを活動の中心としている。医療機関における心理教育プログラムとは対照的に，自助グループのミーティング内では，基本的にはメンバーの発言に対してアドバイスや批判等はせず，「言いっ放し聴きっ

放し」であることが求められる。また，自助グループの中には，付属の寮に入寮して共同生活を送りながら，毎日ミーティングを行うマックやダルクといった中間施設も存在する。

歴史的な背景を述べると，一般に依存症自助グループの始まりとされるAA（Alcoholics Anonymous）の創設に際しては，分析心理学の創始者たるJung, C. G. が関与している（Kurtz, 1979）。Jungは治療を終えたにもかかわらずその後すぐに再発した患者から再び助言を求められた際，「医学的・精神医学的治療に関する限り，絶望的である」とし，「霊的または宗教的体験，ようするに本当の回心の経験が，時にはアルコール依存症を回復に導くことはある」と率直に告げた，と言われている。この「回心の経験」の場としてその人物がたどり着いたのがAAのオックスフォードグループであり，個人の力を超えた共同体の中においてのみ，それは経験しうるものであったと考えられる。現代においては，依存症の回復について，自助グループは大きな治療効果があると言われている（廣中, 2013；岡本・和田, 2016）。

最後に，特定非営利活動法人ASKのHPに記載されている自助グループを**表3**に抜粋して記載しておく。

表3　主な自助グループ

自助グループ		概　要
ア ル コ ー ル	断酒会	日本独自のアルコール依存症の自助グループ。会員制の組織で本名を名乗ることが原則。全国各地で断酒例会が行われており，例会には家族も参加可能。
	AA（アルコホーリクス・アノニマス）	アメリカで誕生し，世界各国に広がったアルコール依存症の自助グループ。本名を名乗る必要はない。全国各地でミーティングが行われている。ミーティングは基本的に本人のみだが，「オープン・ミーティング」には，家族や関係者をはじめ誰でも参加可能。
	アラノン	アルコール依存の問題を持つ人の，家族と友人の自助グループ。全国各地でミーティングが行われている。家族自身の回復を目的としている。
	家族の回復ステップ12	アルコールの問題を持つ人の，家族と友人の自助グループ。各地でミーティングが行われている。本名を名乗る必要はない。
	依存症オンラインルーム「ルームA」「ルームD」	ASK認定依存症予防教育アドバイザーが主宰するアルコール依存症のオンライン自助グループ。

253

	自助グループ	概　　要
薬物	NA（ナルコティクス・アノニマス）	薬物依存症者の自助グループ。本名を名乗る必要はない。各地でミーティングが行われている。ミーティングは基本的に本人のみだが，「オープン・ミーティング」には家族や関係者をはじめ誰でも参加可能。
	ナラノン	薬物依存症者の家族や友人の自助グループ。全国各地でミーティングが行われている。本名を名乗る必要はない。
	薬家連（やっかれん 全国薬物依存症者家族会連合会）	薬物依存症者を抱える家族の集まりで，全国各地で開催されている家族会の連合組織。薬物で逮捕されたらどうなるか，服役中に家族は何ができるかなどを含め，様々な場面の相談に応じている。
	依存症オンラインルーム「ルームN」	ASK認定依存症予防教育アドバイザーが主宰する薬物依存症のオンライン自助グループ。
ギャンブル	GA（ギャンブラーズ・アノニマス）	ギャンブル依存症の自助グループ。本名を名乗る必要はない。全国各地でミーティングが行われている。ミーティングは基本的に本人のみだが，「オープン・ミーティング」には，家族や関係者をはじめ誰でも参加可能。
	ギャマノン	ギャンブル問題の影響を受けた家族・友人のための自助グループ。本名を名乗る必要はない。
	ギャンブル依存症家族の会	各地で会が行われている。
	依存症オンラインルーム「ルームG」	ASK認定依存症予防教育アドバイザーが主宰するギャンブル依存症のオンライン自助グループ。
ゲーム	OLGA（オンライン・ゲーマーズ・アノニマス）	ネット依存やゲーム依存などからの回復を目指す自助グループ
	FiSH（Field of Sharing Hearts）	ネット・ゲーム依存症向けオンライングループ
	ゲームをやめる会	ネット・ゲームなど，コンピューターゲームをやめたいと願う人のための自助グループ。
	OLG-Anon福岡	ネット依存の問題の影響を受けた家族・友人の自助グループ
	ネット・ゲーム依存家族の会	家族のネット・ゲームの問題で悩んでいる人のための集まり。メールと電話で相談を受け付けており，月例でミーティングを主催している。オンライン参加も可能。
	依存症オンラインルーム「ルームNG」	ASK認定依存症予防教育アドバイザーが主宰するネット・ゲーム依存症当事者のオンライン自助グループ。
買い物	DA（デターズ・アノニマス）	強迫的買い物・浪費・借金依存症で苦しむ人の自助グループ。本名を名乗る必要はない。いずれも，本人だけでなく家族や関係者も参加可能な「オープン・ミーティング」の形式。

第**8**章　依存症における死と再生

自助グループ		概　　要
クレプトマニア	KA（クレプトマニアクス・アノニマス）	クレプトマニア（窃盗症）の自助グループ。本名を名乗る必要はない。各地で本人限定のミーティングが開催されており，家族会を持つグループもある。
	依存症オンラインルーム連携「ルームK」	ASK認定依存症予防教育アドバイザーが主宰するクレプトマニア当事者のオンライン自助グループ。
性依存・恋愛依存	SA（セクサホーリクス・アノニマス）	不倫・性風俗通い・配偶者やパートナーへのDVや性的虐待・不健全な恋愛やストーカー行為・性的な犯罪行為など，性依存・性的な問題から回復したい人の自助グループ。本名を名乗る必要はない。本人限定のミーティングが各地で行われている。
	エサノン	家族やパートナーに性的な問題がある人の自助グループ。ミーティングでは本名を名乗る必要はない。
	SCA-JAPAN（セクシュアル・コンパルシブズ・アノニマス）	性的強迫症（性依存症，セックス依存症）からの回復を目指す自助グループ。本名を名乗る必要はない。本人限定のクローズド・ミーティングのほか，地域によりオープン・ミーティングも行われている。
	LAA（ラブ・アディクツ・アノニマス）	恋愛依存症者の自助グループ。東京都内で本人限定のミーティングが行われている。
	S.L.A.A.-Japan（セックス・アンド・ラブ・アディクツ・アノニマス）	セックスと恋愛・愛情への依存症についての自助グループ。
共依存	CoDA（コーダ Co-DEPENDENTS ANONYMOUS）	共依存症者の自助グループ。本名を名乗る必要はない。各地でミーティングが行われている。
アダルトチャイルド	ACA（Adult Children Anonymous）	子ども時代をアルコール依存症やその他の機能不全のある家庭で過ごした成人の自助グループ。本名を名乗る必要はない。各地でミーティングが行われている。当事者限定のミーティングと，家族や関係者をはじめ誰でも参加可能な「オープン・ミーティング」がある。
	ACODA（Adult Children of Dysfunctional Families Anonymous）	本名を名乗る必要はない。各地でミーティングが行われている。当事者限定のミーティングと，家族や関係者をはじめ誰でも参加可能な「オープン・ミーティング」がある。
	ACoA（Adult Children of Alcoholics）	アルコール依存または機能不全家庭で育った人の自助グループ。各地でミーティングが行われている。
	三森自助グループの森	アダルトチルドレン中心で，様々な生きづらさをテーマにしたミーティングを，LINEオープンチャットで開催。文字のみのミーティング。

（特定非営利活動法人ASKのHPより抜粋して筆者作成）

255

⑶　心理療法

　心理職やそれを目指す人たちにとっては，依存症者を対象とした心理療法は最も興味・関心を惹かれることだろう。

　廣中（2013）は依存症者との心理療法における代表的かつ有効性が確かめられている技法として，「動機付け面接」「随伴性マネジメント」「認知行動療法」を挙げている。これらの技法を挙げた理由として廣中は，依存症の心理療法には「依存症は進行性であり，問題行動がとまらなければ心身の健康状態は目に見えて悪化するため，あまり悠長に待ってはいられない」「行動が変わるという具体的な成果が目に見えなければならい」「再発の危険に備えなければいけない」という3つの制約があり，その上で「自分は依存症であると自覚する」「ものの考え方を変える」「他人との関係を作る」の3点がポイントであるためとしている。

　上記のような技法に限らずとも，実際に繰り広げられている依存症の症状やそれに付随する身体疾患・精神疾患，生活上の問題に留まらず，その背景にある生育歴や対人関係，パーソナリティの問題等を余すところなくアセスメントしていこうとする姿勢が自然に身に付いている点は，臨床心理学という文化の中で育ってきた心理職の大きな強みであろう。その意味では，依存症者との心理療法は，本質的には他のこころの問題に対するアプローチと何ら変わらない。しかしながら，その病理の特性上，「治療者たる自身の限界を十分に把握・吟味し，弁えておくこと」や，「常に自身の中に生じる逆転移に目を向けておくこと」，「相手の問題に部分的には巻き込まれつつも，巻き込まれすぎることがないよう注意すること」といった点に関しては，よりいっそう強く意識しておく必要があるだろう。さらに，依存症者との心理療法においては，依存症の症状に対するアプローチが最優先であり，それを抜きにしてこころの作業に取り掛かることはできないという点を忘れないことも肝要であろう。

第8章　依存症における死と再生

Ⅵ. おわりに──依存症を巡る死と再生

　本章の終わりに，依存症を「死と再生」という本書のテーマに基づいて論じてみたい。ただし，ここからは筆者の私見が多分に含まれているということをご容赦いただきたい。

　依存症という病は，あらゆる部分に「死」と「再生」の両方が存在し，入れ替わり，繰り返されている。

　まず，依存症の渦中にある状態自体が，生きながらに死んでいる状態，その人の人生を生きていない状態にあると言える。時に依存症そのものが，緩慢な自殺として捉えられることもある。だが仮に，その人がもともと何かに頼って目を背けなければならないほどにつらい現実に置かれていたとするのであれば，その時点ですでに心的な意味では死んでいる状態にあったとも言えるのかもしれない。そのように考えると，何かに依存することで自身を絶えず死に至らしめてくる現実から目を背けることは，実のところ，死んだ状態から抜け出し，再生するための，その人なりの手段であるとも言えるのではないだろうか。しかしながら，そのようにして生き返ったにもかかわらず，依存症という現実的に死のリスクが高い病へと至ることによって，その人は再び死へと接近していく。再生するためのその人にとっての「たったひとつの冴えたやりかた」は，現実的な死へと向かう道に他ならないのである。それでも，その人は依存することをやめられない。そうしないと，その人のこころは，再び，つらい現実へと舞い戻り，死んでしまうに違いないからである。このように，依存症者はその渦中にある時，死の過程と再生の過程を同時並行的に歩んでいるのではないだろうか。

　続いて，依存症の回復の過程に目を移してみよう。依存症は一般に，「完治はしないが回復は可能な病気である」と言われている。これは，脳の報酬系回路の異常という生物学的に不可逆の問題ゆえに，依存症者が以前の状態に戻る（＝再び適切に楽しむことができるようになる）ことは極めて難しいものの，依存している対象を絶つ（＝治療に取り組む）ことで，社会的な機

257

能や心的な安定を取り戻していくことは可能であるという意味である。依存症者にとっての回復とは，言うまでもなく再生へのプロセスである。しかしながら，この依存症の回復における「完治はしない」という事実は，依存症者にとっては，それらを楽しんでいたかつての自分自身が死んだという経験に他ならないだろう。その人は酒を，ギャンブルを，薬物——は，違法な場合がほとんどであるが，「かつての楽しかったあの日と同じように楽しむ」ことは，もう二度ないのである。その事実を受け入れることを，依存症の回復においては否応なしに求められる。加えて，回復していくためには，依存症によって目を背け続け，その結果さらに悪化した，あるいは自身の手で悪化させたつらい現実に，依存症という，かつて用いていた手段なしで向き合っていかなければならない。依存症者はその回復の過程において，再生するために常に死に続けなければならないのである。

　スリップ（再飲酒）やリラプス（再燃）についても触れておこう。これらは，依存症の回復に取り組んでいた人が，再び依存対象に手を出してしまうことを指す。スリップやリラプスは依存症の回復過程における症状の一つであると理解されるが，死と再生の文脈で述べるのであれば，断酒・断薬をして治療に取り組んできた自分，再生しつつある自分が再び死ぬ経験であるとも捉えることができる。また，言葉遊び的な表現をするのであれば，「再生における死の再生」とでも言うことができるのかもしれない。

　思うに，依存症における死と再生は，「あれは『死』で，これは『再生』だ」などと単純に切り分けられるようなものではないのだろう。死は再生であり再生は死であり，始まりは終わりであり終わりは始まりなのである。それらは厳密には分けることはできない。もっと言うのであれば，依存症という病は，自らをその死と再生が入り交じった未分化な領域へと置くものに他ならないのかもしれない。逆説的に考えると，依存症における回復とは，そのような未分化の状態から，「自らにとっての死とは何か」「自らにとっての再生とは何か」ということを同定していく作業と捉えることができるかもしれない。

第**8**章　依存症における死と再生

　「死と再生」や「未分化」というキーワードは，あたかも自らの尾を自ら
の口で飲み込むウロボロス的なイメージを連想させる。実際にユング派の
心理学者であるNeuman, E. は，ウロボロス的な回帰・自己溶解の意識状態
の例の一つに，「酒呑みの我を忘れんとする欲求」を挙げている（Neuman,
1971）。依存症は，病理形成の過程も回復の過程も，このような円環的・循
環的な営みの中で生成される。すなわち，依存症における死と再生は巡るも
のであると理解すべきものであるだろう。

　ちなみに，ウロボロス——ヘビ——うわばみは，本邦においては，俗に大
酒のみを指す言葉としても用いられている。

▶これからの皆さん（読者）に問いかけたいこと／自分も考え続けたいと思っていること

・依存症の背景にあるこころの在り様は，誰しもが持ちうるそれの延長線上
　に存在しているという可能性に対して開かれている必要があるのではない
　だろうか？
・そのように考えた際に，依存症を自分にとって縁遠いものであると考えた
　り，単純な意志の問題であると片付けたりすることは危険性を孕んでいる
　可能性があるということを弁えておくことが大切ではないか？
・依存症の治療・支援に携わる際，強く意識すべきこととすべきではないこ
　と，できることとできないことは何か？

引用・参考文献

吾妻ひでお（2013）．失踪日記2　アル中病棟．イースト・プレス．

Emmelkamp, P. M. G. & Vedel, E.（2006）. *Evidence-Based Treatment for Alcohol and
　Drug Abuse. A Practitioner's Guide to Theory, Method, and Practice.* Taylor & Francis
　Group.（小林桜児・松本俊彦（訳）（2018）．アルコール・薬物依存臨床ガイド
　／エビデンスにもとづく理論と治療．金剛出版．）

DSM-5-TR ／精神疾患の分類と診断の手引（2023）．高橋三郎・大野裕（監訳）．

医学書院.

Flores, P. J.（2004）. *Addiction as an Attachment Disorder*. Jason aronson.（小林桜児・板橋登子・西村康平（訳）（2019）. 愛着障害としてのアディクション. 日本評論社.）

廣中直行（2013）. 依存症のすべて／「やめられない気持ち」はどこから来る?. 講談社.

ICD-10／精神および行動の障害　臨床記述と診断ガイドライン（1993）. 融道男・中根允文・小見山実（監訳）. 医学書院.

伊藤洸（2011）. 依存症／ほどよい依存のすすめ. サイエンス社.

依存症対策全国センター（2018）. 依存症と重複しやすい発達障害. https://www.ncasa-japan.jp/notice/duplicate-obstacles/developmental-disorder（2023年2月27日閲覧）

小林桜児（2013）. アルコール・薬物依存症の治療―解離という視点から. 和田清（編）. 依存と嗜癖／どう理解し，どう対処するか／精神科臨床エキスパート. 医学書院. 79-89.

広辞苑　第七版（2018）. 岩波書店.

厚生労働省（2020）. 依存症対策について　https://www.ncasa-japan.jp/pdf/document18.pdf（2023年2月27日閲覧）

Kurtz, N.（1979）. *Not God: A History Of Alcoholics Anonymas*. Simon & Schuster.（葛西賢太・岡崎直人・菅仁美（訳）（2020）. アルコホーリクス・アノニマスの歴史／酒を手ばなしたひとをむすぶ. 明石書店.）

松本俊彦・小林桜児・今村扶美（2011）. 薬物・アルコール依存症からの回復支援ワークブック. 金剛出版.

松下幸生（2021）. アルコール依存症と遺伝. e-ヘルスネット　https://www.e-healthnet.mhlw.go.jp/information/alcohol/a-05-004.html（2023年2月27日閲覧）

松下幸生・樋口進（2009）. アルコール関連生涯と自殺. 精神神経学雑誌, 111（10）, 1191-1202.

三原聡子（2021）. 行動に関するアディクション. 横田正夫（監修）. 津川律子・信田さよ子（編）. 心理学から見たアディクション／シリーズ公認心理師の向き合う精神障害3. 朝倉書店. 38-53.

Moss, A. C. & Dyer, K. R.（2010）. Psychology of Addictive Behaviour. Palgrave

第**8**章　依存症における死と再生

Macmillan.（橋本望（訳）（2017）．アディクションのメカニズム．金剛出版.）

武藤岳夫（2016）．回復には「底つき体験」が絶対に必要なのか?．松本俊彦（編）．やさしいみんなのアディクション．臨床心理学, 増刊8, 92-93.

成瀬暢也（2013）．臨床家が知っておきたい依存症治療の基本とコツ．和田清（編）．依存と嗜癖／どう理解し，どう対処するか／精神科臨床エキスパート．医学書院. 18-48.

成瀬暢也（2016a）．薬物依存症の回復支援ハンドブック／援助者，家族，当事者への手引き．金剛出版.

成瀬暢也（2016b）．依存症のクライエントと向き合う際の心得．松本俊彦（編）．やさしいみんなのアディクション．臨床心理学, 増刊8, 78-79.

Neuman,E（1971）．*Ursprungsgeschichte des Bewusstseins*. Walter-Verlag AG Olten.（林道義（訳）（2006）．意識の起源史．紀伊國屋書店.）

信田さよ子（2000）．依存症．文春新書

岡本卓・和田秀樹（2016）.依存症の科学——いちばん身近なこころの病.科学同人.

尾崎米厚（2015）．アルコールの疫学―わが国の飲酒行動の実態とアルコール関連問題による社会的損失．医学のあゆみ, 254（10），896-900.

Plana-Ripoll, O, Pedersen, C, Agerbo, E, Holtz, Y, Erlangsen, A, Canudas-Romo, V, Andersen P, Charlson F, Christensen M, Erskine H, Ferrari A, Iburg K, Momen N, Mortensen P, Nordentoft M, Santomauro D, Scott J, Whiteford H, Weye N, McGrath J, Laursen T（2019）．*A comprehensive analysis of mortality-related health metrics associated with mental disorders: a nationwide, register-based cohort study*. The Lancet, vol. Online, 1-9.

Reuters.（2022）．https://jp.reuters.com/article/idUSKBN2QU0CS/（2023年2月27日閲覧）

斎藤学（2009）．依存症と家族．学陽書房.

特定非営利活動法人ASK（2021）．自助グループ一覧　https://www.ask.or.jp/article/6521（2024年6月19日閲覧）

山本由紀・長坂和則（2015）．対人援助職のためのアディクションアプローチ／依存する心の理解と生きづらさの支援．中央法規.

横山顕（2022）．アルコールとがん．e-ヘルスネット　https://www.e-healthnet.mhlw.go.jp/information/alcohol/a-01-008.html（2023年2月27日閲覧）

コラム⑨

スポーツにおける怪我
―その象徴的死と再生―

鷲塚　浩二

　より速く，より高く，より力強く，より美しく――それらを目指し，極限ま
でにと言ってもよいほどに鍛え上げられた身体。そして，決して諦めない強
い意思。そこから紡ぎ出されるパフォーマンスは我々に感動をもたらし，勇
気や「明日への活力」を与えてくれることもある。スポーツの世界，そして
そこで活躍するアスリートたちは「死」とは無縁の，生の活力に満ちている
ように見える。

　「やった時には……あぁ，終わったって。終わったなって，本当にそう思い
ました」そのように話したのは，怪我の体験を振り返って筆者に語ってくれ
た大学生アスリートである。彼は学生生活最後の大会を目前にした練習中に
負傷し，みずからの選手としての終わり―つまりは「死」を覚悟していた。
日常的にスポーツを行う人びとにとって怪我はありふれたものであり，怪我
をしたことのないアスリートはいないと言っても過言ではないだろう。しか
しその怪我は，時に選手生命を脅かすものとなりかねない。その点で怪我は，
アスリートにとって「死」を強く意識させるものとなる。怪我そのものだけ
ではない。怪我に伴うメンバーやチーム体制の変化，アスリートとしてアイ
デンティティの喪失なども，「死」の一部分である。アスリートたちは常に「死」
と隣り合わせで生きており，スポーツの世界は「死」に満ちている。

　怪我は「あってはならないもの」，「隠すべきもの」として捉えられてきた
ことは，疑いようのない事実であると，杉野（2010）は怪我を経験したアス
リートの語りから述べている。そういった考え方は，アスリートのみならず
周囲の支援者にも共有されており，怪我からの早期回復・復帰を目指した研
究や支援が多くなされてきた。そういった支援はもちろん欠かせないもので
はあるが，しかし本当にそれだけでよいのか，心理臨床に携わる我々は考え
る必要があるのではないだろうか。先に挙げた大学生アスリートは，筆者と
の対話を通して自身の「死」の体験と向き合い，そこから「再生」へと向け

262

第**8**章　依存症における死と再生

た新たな物語を，みずからの力で紡いでいった。「死」に丁寧に向き合い，時間をかけて一緒に味わうことによって，「再生」への途が啓けていくように思われる。この姿勢は，なにもスポーツ領域に特有なものではない。他の領域においても同様のものであり，心理臨床家としての我々が意識しておかなければならないものの一つであるだろう。

参考文献

杉野昭博（編著）(2010). スポーツ障害から生き方を学ぶ　ケガをめぐる競技者たちの語り. 生活書院.

第9章
心理療法の中の生と死

長堀　加奈子

Ⅰ．はじめに──この章で語られる心理療法とは

　ここまで，様々な切り口から心理臨床の場面における死と再生のテーマについて見てきた。そこで本章では，心理療法における死と再生について考えていきたいと思う。本章では，生活の中で悩みを抱えたり，精神的な症状を抱えたりして援助を求めて専門家の元を訪れた人をクライエントと呼び，そのクライエントと共に心理療法を行う専門家をセラピストと呼ぶ。

　心理療法の最も一般的なイメージは，一対一の面接を通して行われる心理的援助であろう。心理療法とは，通常ある程度の設定（治療構造，枠とも呼ばれる）が決まっていて，その中で起こるセラピストとクライエントの相互作用を通じて行われる心理的作業である。設定とは，セラピストとクライエントのペアが固定されていること（面接担当者がころころ変わらないこと），時間や場所が一定であること，取り組むべき心理的テーマが存在していて，セラピストとクラィエントが合意して作業に取り組む同盟が組まれていることなどを指す。心理療法には様々なオリエンテーション（よってたつ理論的背景のこと）があるが，この章では主に分析心理学的な心理療法の視点から，死と再生について述べている。

　心理療法も死も再生も，決して一口に語れるような範疇のものではない。この章で述べられていることは，大海の一雫であることを初めに申し開きたい。また，先ほど分析心理学的と述べたが，実は分析心理学は確固とした理論体系を持たないことが特徴であると言われている。これは分析心理学の創始者とされるユングが自身の理論を系統立って提示しなかったことに由来する。また，ユングは，自分の実践をモノマネする後継者を望んでいなかった。心理療法家一人ひとりがそれぞれの方法で「心」という現象に向かい合って研究し，実践していくことをユングは望んでいたと言われている。さらに，

ユングが心理学・心理療法について考えていたことを，多くの弟子や当時の教養人たちがそもそも理解することができなかったことに失望していたということも伝えられている。ユングの深く広い思索と膨大な著作の中で筆者が理解し，紹介できるものは，ほんの一握りである。教科書的に読者の方にお伝えできることはあまりにも少ないと言わざるを得ない。

　この章にある内容を教条的に用いるのではなく，皆さんが今出会っている，あるいは今後出会う様々な心を理解するための，一つの素材として捉えてもらえたらと思う。

■ Ⅱ. 臨床の中に常にある「死」と「再生」

　心理療法とは，言語的・非言語的な対話を通じて，通常はそのクライエントが「生きる」時間をその人のものにするための作業の場であると言えるだろう。第1章でも提示した通り，死と生は常に共にあると考えれば，クライエントの「生きる」時間について関わっていく心理療法では，「死」も常にその時間の中に置かれていると言えるのではないだろうか。

　心理面接の中でも特に心理療法と呼ばれる営みが死と再生の物語であることは，多くの経験ある臨床家にとっては比較的受け入れやすいものだろう。心理療法の中で，クライエントが変化すること，それは昨日までのクライエントが死に，新しい自分として生きていくことにほかならない。ユング派分析家のローズマリー・ゴードンはその著作の中で「死は変容の鎖の中の一つの輪」であると述べている（ゴードン，1989）。

　変化といっても，劇的で大げさな変化のことだけを言うわけではない。素朴に誰かに出会う前の自分と出会った後の自分はもはや違う自分であると言うこともできるだろう。物理学の世界には，ハイデルベルクの不確定性原理というものがあるのだが，これはひとたび観察されたものは，その形を変えてしまうというものである。つまり，他者の目前に晒されたものは，元の姿のままではいられず，変化を強いられるのである。これは，観察する側から見れば，ありのままの観察というものがあり得ないということを示すとともに，観察される側から見れば，真の孤立でない限りは自分のありようが日々

第9章　心理療法の中の生と死

流転するということになる。このように考えると，私たちの心はひとたび心
理療法の場でセラピストとクライエントの間に持ち込まれたら，変容するこ
とを止めることはできないことになる。それゆえ，仮に1回限りの出会いで
あったとしても，死と再生はその場で起こることになる。畢竟，あらゆる種
類の心理面接において死と再生は普遍的に起こる出来事の一つと言えるだろ
う。

　また，この観察する側と観察される側の立場は常に相互互換的なものであ
る。つまり，セラピストもクライエントも，観察する側であり観察される側
である。したがって，変化は，悩みを持って現れたクライエントの側だけに
起こるものではなく，共にあるセラピストの側にも起こるのである。心理療
法の内側で，二人は互いに影響を与え合いながら歩んでいく。だからこそ，
ユング派の心理臨床においては，技法や理論よりもセラピストの人格が重視
される。変容や癒しをもたらすのは，二人の人間の出会いとその歩みである。
心理療法の場では，あるセラピストとあるクライエント，その二人でなけれ
ば起きない化学変化が引き起こされるのである。

Ⅲ．心理療法における「死」と「再生」の現れ

　ユングの心理学において死は非常に重要なテーマであるため，ユング派の
心理学者はながらく死と再生のテーマについて考えてきた。ほんの一部では
あるが，分析心理学的な心理療法において「死」と「再生」がどのように現
れてくるのかについて概観してみたいと思う。

⑴　錬金術における死と再生

①　黒化（ニグレド）とは

　さて，先ほどセラピストとクライエントの間に化学変化が起こると述べた。
もちろんこれは比喩表現なのだが，ユングは実際にセラピストとクライエン
トの間のプロセスを研究するにあたって錬金術を調査した。今となっては化
学の前身としての疑似科学の位置付けにある錬金術であるが，錬金術のもう
一つの貢献として非個人的な心の理解という心理学への貢献がある。錬金術

267

師が作ろうとしていた金は，ただの金ではなく，ただその人だけの金である。それが，心理学においてたった一人のその人の心・魂を作るという作業を理解するために役に立つのだとユングは考えていた。また同時に，心は普遍性を持つという視点から，単に個人の心に留まらず，個人を超えた心・魂のありようについても錬金術は捉えていたとも考えられている。

　ユングは，錬金術の大いなる作業 opus magnum には2つの目的があり，それは人間の魂の救出と世界の救出であるとインタビューで語っている。そして，その続きが以下である。

　　この作業は困難であり，あちこちに多くの障害があります。錬金術の作業は危険です。始まった瞬間に，「龍」に遭遇します。これは，地上的な精神，「悪魔」，あるいは錬金術師が呼んだ「黒さ」，黒化 nigredo です。そしてこの黒化は苦痛を引き起こします。…（略）…錬金術師の言葉によれば，物質は黒化が消え去るまで苦しみ続けます。その時,「曙」（aurora）が「孔雀の尾」（cauda pavonis）によって告げられ，新しい日が始まります。それが白化 leukosis またはアルベドと呼ばれる状態です。しかし，この「白さ」の状態では，真の意味で「生きている」とは言えません。それはある種の抽象的で観念的な状態に過ぎません。これを生きたものにするためには「血」が必要であり，錬金術師が赤化 rubedo と呼ぶもの，すなわち生命の「赤さ」が必要なのです。存在そのものの全体性を体験することだけが，白化の観念的な状態を完全に人間的な存在様式に変容することができます。血のみが，栄光に満ちた意識状態を蘇らせることができるのです。その状態では，黒さの痕跡は最後まで溶解しており，悪魔はもはや自律的な存在ではなくなって，心の深遠な統一性へと再結合しています。そうして大いなる作業 opus magnum は完成し，人間の魂は完全に統合されるのです。

　　　　　　　　　　　　　（Jung（1997）より。筆者による翻訳）

　つまり，錬金術には，黒化ニグレド，白化アルベド，赤化ルベドの三段階

があるということになる。この中で，死のテーマに直接つながるのが，黒化ニグレドであり，作業の初めに出会うものである。黒化は，死と関連しており，錬金術師たちはそこに至る道として壊滅・殺害・腐敗・燃焼・灰化・煆燃などの手続きを行う。しかし，この黒化は，その暗さを通じて，成長や再生などの非常にポジティブなイメージへともつながっていく。黒化の後には白化があるが，白化の状態には血が通っていないため，その後「血」に喩えられる赤化が必要であり，その過程を通じて人の心は「生きた」状態で統合されていくのである。

　錬金術者によって最も多く引かれた聖書の一節は，ヨハネによる福音書の次の一節であると言われている。

　　　はっきり言っておく。一粒の麦は，地に落ちて死ななければ，一粒のままである。だが，死ねば，多くの実を結ぶ。 自分の命を愛する者は，それを失うが，この世で自分の命を憎む人は，それを保って永遠の命に至る。　　　　　　　（ヨハネによる福音書 12 章 24 節 -25 節，新共同訳）

　ここにも，死ぬことによって永遠の命に至るという一つのルートが明示されている。

　多くの場合，クライエントは何らかの苦しみや悩みを持って心理療法の門を叩く。その苦しみや悩みが少しでも楽になることを求めて，セラピストの元を訪れるのである。ほとんどのクライエントは，最初に持ってきた悩み，つまり主訴をセラピストと様々な角度から話し合うことで，自分なりの解決法を見出し，回復して心理療法の場を去っていく。しかし，一部のクライエントの抱える心の問題は，より一層複雑であり，主訴を検討するだけでは立ち行かず，心の深層の作業を行わなくてはならない場合もある。ユング派の心理療法は，後者の作業が必要なクライエントのためのものである。だから，全部のクライエントがこのような死と再生と比されるようなプロセスに足を踏み入れる必要はない。

　だが，より深層にある心や魂のための作業を必要とするクライエントが存

269

在することも確かである。そういったクライエントの場合，心理療法に訪れたとしても，直線的に回復することはなく，ぐるぐると円を描くように循環しながら，少しずつ回復していくのが分析心理学のモデルである。だから，時には初めに心理療法に訪れた時よりもしんどい状態になることもある。その心の状態こそがユングが言う黒化であり，心の作業はそこから始まるとされている。

　もっと言えば，黒化が起こらなくては，プロセスはその先に進まないので，まず黒化を起こすところから始めよ，とさえ言われている。一般的に，心理療法において主訴は「入場チケット」に喩えられる。それは，心理療法のプロセスに入っていくためのものであり，心理療法が展開していくと徐々にその人が取り組むべき別の問題が浮上するのである。例えば，あれこれと日頃の不安ごとを主訴として面接にやってきたクライエントが，電車に乗るのが怖い，人と会うのが怖い，などの恐怖の症状を訴えていたとしよう。しかしその背景には複雑な家族の問題を抱えていたり，将来への不安や自信のなさなどの問題を抱えていることがある。こうしたクライエントとの心理療法が進んでいくにつれて，当初の主訴であった乗り物恐怖や対人恐怖の語りが減っていき，自分は家族をどう受け入れるのか，自分はどのように生きていくのかなどの，自分が自分との関係をどう結ぶのかという自己関係の問題が心理療法の中心的テーマになっていくことがある。その時，クライエントは当初は目を向けていなかった問題に目を向けなくてはならなくなる。こういったことは，他人のせいにしたり，他人に肩代わりしてもらうことができず，様々な苦悩や問題が自分の内側にあることに徐々にクライエントは気付いていく。すると場合によってはそこに目を向けることで一時的により深刻な不安や抑うつがその人に訪れることもある。しかし，これがその後の人生を歩むために必要な黒化のプロセスであり，そこを避けては通れないのである。

② ユング派の転移における黒化（ニグレド）
　冒頭から述べている通り，心理療法のプロセスはクライエントとセラピス

トの二人で歩むものである。ユングは，ここまで述べた錬金術のプロセスが，セラピストとクライエント二人の道程でも見られると述べている。それを著したのが，第1章でも紹介したユング後期の大著の一つ『転移の心理学』である。そこでユングは，以下のように述べている。

　　強調しておかなければならないのは，錬金術においては初めの黒の段階，いわゆる黒化ニグレドはすでに先行する作業の産物とみなされることが多く，したがってそもそもの始まりではない，ということである。それゆえ，黒化に対応する心理的な段階はその前の導入的な対話の結果であり，またこの対話によって医師と患者はある瞬間に——この瞬間がなかなか訪れないばあいも多いが——無意識と接触し，無意識的同一性を作り上げる。　　　　　　　　　　　　　　　　　　　　（ユング，2016）

　黒化には，先行する作業が必要だという指摘は重要であり，上述したような心理療法のプロセスが始まる前には，まずセラピストとクライエント二人の関係性を構築せねばならない。要するに，変容のプロセスに入るには，二人で「導入的な対話」を行って「黒化」まで持っていく必要があるのだ。この作業の結果，セラピスト（ユングの記述では医師とされている）とクライエントは「無意識的同一性」を作り上げるとしている。

　ユング派の心理療法は，イメージや元型，錬金術などのイメージが強く，理解し難いと言われることが多いが，ユングは心理療法がその段階に行く前のクライエントとの関係構築のプロセスを当然のこととして大変重視している。クライエントが自分と向き合うことで苦しみを抱え，どうしようもないと感じると，彼らは目の前にいるセラピストに藁をもつかむ思いですがることがある。この時，セラピストもクライエントの苦しみを一緒に抱え持つことになり，その苦しみがどちらのものともわからないような混沌の状況が生まれる。この混乱や混沌が，治療プロセスにおける黒化となる。この事態はクライエントの無意識をセラピストがキャッチできるようになったからこそ起こるものであるとも言え，ここに至るまでには両者の関係構築が不可欠で

271

ある。そして，これがユング派における転移である。ユングは必ずしも強烈な転移が起こることを必須の出来事としては述べておらず，互いにきちんと境界を引いてセラピストがクライエントに関わることでセラピーが進行するのであれば，それに越したことはないとしている。しかし，より重篤な事態においてはそうも言っておられず，セラピストとクライエントは二人で混沌の闇へと足を踏み入れる。そして，そここそが変容のプロセスのスタート地点であるとも言え，ここでも黒化が起こるということはそのうちに再生を含んでいると言えるだろう。

(2) 影shadowとの対決

前節でクライエントが自分の心の苦しみと向き合うことに触れたが，ユング派の心理療法のプロセスでは，これを「影 shadow」との対決と読んでいる。先ほど述べたように，それは黒化の一側面を表している。そして，この影との戦いは死を賭すようなものであると考えられている。

そもそも影とは何か。個人の無意識の中の中心にあるのが影である。Jung（1934/1954）は，「自分自身との出会いはまず自分の影との出会いとして経験される」としている。ユングの考えでは，私たちには意識と無意識があり，その無意識も個人的無意識と集合的無意識によってなっている（**図1**）。無意識とは，通常では私たちが知覚することができないが，「私」を構成している何かのことである。無意識は，日常のふとした言動や症状などの形をとって生活の中に現れてくると言われている。また，夢も無意識の現れだとされる。

ユング派の心理療法では，まず初めにこの個人の無意識の中にある影と対決し，そしてその後に個人の外側に広がる集合的無意識と出会うことになるとされている。Neumann（1971）は，「影は，『門番』・入口の番人である。自己へいたる道では必ず影を通り抜け，影があらわす暗い性質の背後にこそ全体性が存在し，影と親しむことによってのみ自己とも親しめるようになるのである」としており，影との対決は自分の心と出会う際の第一の関門と言っても良い。

272

第9章 心理療法の中の生と死

図1　Jung（1925セミナー）の心の構造

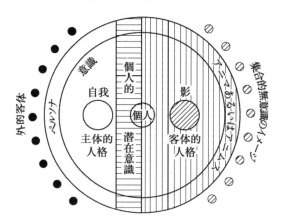

(ユング, 2019, p. 133)

　この影というのは，自分の中の見たくない側面を表している。したがって，影との出会いは多くの場合不快や苦痛を伴うものであると考えられる。ユングの「影」という言葉は，文字通り，太陽の光に照らされた時にできる私たちの足元の影を指している。光に照らされずに，私たちが見ないようにしている私たちの一部が，いつでも足元に付き纏っている，そんなイメージである。ただし，人生を歩んでいくと光源の位置が変わることもある。そうなるとこれまで光が当たっていなかった影の部分にも光が当たることがあるだろう。その時，私たちはこれまで影になっていた部分を見ざるを得ないことになる。この時葛藤が生まれたり，あるいは影を見ることを避けるがあまりに症状が出たりするのである。

　ユングは以下のように述べている。

　　もし自身の影を凝視し，影を知ることに耐えることができるならば，課題の第一歩が解決された，少なくとも個人的無意識が取り上げられたのである。とはいえ影は人格の生きた一部分であるから，何らかの形で人格とともに生きることを望む。影をないことにしたり，無害だと言いくるめることはできない。
　　　　　　　　　　　　　　　　　　　　　　　　（Jung, 1934/1954）

このように，影との出会いはある種避けがたいものでもあり，ある日，影はあなたの目の前にやってきて，共に生きようと誘ってくるのである。

織田（2000）は，「精神疾患に対する治療手段としての心理療法の経過中に，心理療法との関連のものとに行動化として自殺を企図する」場合があることを述べており，これは影との対決が引き起こしているということを指摘している。同書の中で織田は，Ａさんという事例を提示している。Ａさんは心理療法が始まってしばらくしてから入水自殺を試み，すんでのところで救助されて一命を取り留める。のちに，Ａさんは以下のように織田に伝えている。

> 最近，自分の弱さや醜さ，もろさを見つめることによって，そういうものを自分で受け入れることが少しできるようになりました。でも，自分の問題として見たくない気持ちもあり，それらを完全に受け入れるだけの心の器ができていません。だから苦しいのかもしれません。真正面から対決していって，それを完全に受け入れることができるようになるまでには，まだまだ時間がかかりそうです。……私の心は病んでいます。
>
> （織田，2000, p. 27）

Ａさんが自分の影と懸命に向き合おうとした姿がこの一言に現れているが，やはりそれは途方もなく苦しい道程であり，実際に自殺企図にもつながっている。しかし，この同時期にＡさんは流産した胎児が生きているという夢を見ており，織田は「内的な死はしばしば再生の動きにつながる」として，ここに再生の可能性の象徴を捉えている。実際にＡさんはこのあと心理療法を経て回復されていく。

ところで，こうした影との対決の文脈では，影を統合するという形の解決を求めてしまいがちであることに注意が必要である。自分の良くないところを受け入れてより良い自分になろうと追求することは，実は同時に「受け入れるべき自分の良くないところ」を作り出すことにほかならない。すると，その側面は受け入れがたいものとなり，結局そこに影が生じることになる。影を統合しようと教条的に掲げて取り組むことは，実は自分の影を増産する

だけという逆説的な事態をもたらすという落とし穴になりかねないのだ。心理療法の場面でも，いつも自分の至らない点を探し続けては，苦しんでいるクライエントを見かけることがある。自戒を込めて述べるが，セラピストもまたその罠に加担してしまうことがある。より良い何かを目指すことには，常に現在のあり方の否定が含まれる。私たちは，良いもの，美しいものを求める傾向があり，だからこそ，そのことでかえって，悪や醜いものとのつながりを持つことになってしまう。自分の内側に問題を見つけて，それを治そうとか，「統合」しようとかいうのは，少なくともユング派の心理療法の本来のあり方ではない。心理療法の目的地は，ユングが述べるように「I'm only that（私はただそうである）」という状態に至る，つまり，純粋にその人がその人自身でいるというところにある。

　それでは，影との出会いにどのように取り組むのだろうか。その本質は「区別」であると河合（2015）は述べており，「影とは，本来は自分に属していない理想を追うことによって生じたものであることに気づき，それらとの区別ができると自然と消滅する」としている。だから，ユング心理学では夢やイメージに取り組むのである。無意識を含めた心が，夢などのイメージに現れ，それと取り組むことで，私たちは自分の影や集合的意識，もっと言えば魂と同化せずに「区別すること」を学ぶのである。

(3)　死と再生のモチーフ

　ユング派の心理療法では，夢や箱庭などのイメージを扱うことが多い。それは，イメージが無意識の現れの場となると考えられているからだ。心理療法で扱うイメージに死と再生のモチーフが現れることは珍しくない。例えば，身近な人が亡くなるとその日の夜にその人が夢枕に立つ，というようなことは古来から日本ではよく言われてきたことである。こうした場合には，実際の出来事と夢イメージが直線的につながっていて，死んだ人が夢の中で蘇ったかのように体験することがあるだろう。夢の中で自分自身が死んでしまうような夢を見ることもあるだろう。そして，そうした夢を見たクライエントによっては，夢と現実は紙一重となっており，実際に死んでしまう事態も否

定できない。

　先ほどの紹介した織田のＡさんの事例における，流産した胎児が生きているという夢イメージは，死と再生のモチーフの現れの例である。そして，それはＡさんの事例で見てきたように，現実の死とつながっていることもあるため，セラピストとしては，そうした局面では注意が必要である。

　しかし，もう一方で，実際の死の否定的な印象とは逆に，イメージにおける死には肯定的な側面もある。ここでは河合隼雄の事例を取り上げてみよう。6歳の息子のことで相談に訪れたある母親の事例である（河合，2009）。

　その母親は，6歳の息子から死についての質問を受けて困っていた。息子は，もし自分が大人になった時にお父さんとお母さんはどうなるのだろうと考え始めて，人は死ぬとどうなるのかという問題についても考えるようになった。彼は，いずれくる両親の死について考えていることを涙ながらに母親に語った。すると，母親のほうもその話を聞いて涙がこぼれ，二人は泣きながら共に話し合ったそうである。そうこうして過ごしていると，ある時点で，息子が「僕が死んでも，もう一度お母さんのお腹の中に入って，また生まれてきたらいい」と生き生きと目を輝かせて語り，そしてそれ以降死の話をしなくなったそうだ。つまり，6歳の男の子は，死の問題に母親の協力を得て取り組むうちに，「再生」のモチーフが彼自らの内から生まれてきて，この問題を自力で乗り越えたのである。

　そして，このエピソードの中で最も重要な点の一つは，男の子の中で死と再生のモチーフが現れたことだけでなく，この話を聞いた時に河合自身が非常に深い感動に襲われたという点であろう。エピソードだけを聞けば，死に囚われていた少年が再生という発想を得て回復した，という単純なストーリーとして落とし込むことも不可能ではない。ぜひ原著にあたっていただきたいが，河合がどれだけこの話に心動かされたのかがわかる。

　心理療法を行っているとクライエントの表現したイメージに対して，深く心揺さぶられることがある。これをギーゲリッヒは「火がつく」と表現しており，この非常に深い感情体験の生まれたところに魂が生成されるとしている（Giegerich, 2020）。先ほどの6歳の男の子の例でも河合に「火」がついて

276

いた様子がよくわかる。どんなエピソードも，イメージも，深いコミットメントをもって聴き，生き生きとした「火」を灯したセラピストの心という受け手がなくては，癒しにつながることはない。先ほどの事例で言えば，6歳の男の子にとっては母親がそうした聴き手であったわけだが，ここではさらにもう一段，その母親の話を聴き感動する河合というセラピストがいて初めて成立したことだったのであろう。

このように，イメージにおいて死と再生のモチーフが現れることがあるが，それはただ出現することだけに意味があるわけではない。言うまでもないことかもしれないが，共にいるセラピストがどのようにそれを受け取るかということが心理療法においてとりわけ重要である。

なお，死と再生の現れるイメージはなにも夢だけではなく，箱庭療法や描画をはじめとする芸術療法などでも大変重要視されている。本書のコラムでもいくつかの療法について紹介されているので，ご参照いただきたい。

Ⅳ.「死」と「再生」の同時性

前節の最後に，死と再生のモチーフに対するセラピストの受け止め方について言及した。実際のところ，「死と再生」のテーマは日常的にもよく目にするものであろう。読者のみなさんも，主人公が強大な敵と戦い，一度死んだ後に以前よりもパワーアップして蘇り，今度は敵をやっつけるというような作品を見かけたことがあるのではないだろうか。死後，前世の記憶を持ったまま異世界に再び生まれるという設定の，いわゆる異世界転生ものと呼ばれる作品も2000年頃から量産されてきた。ゲームの世界では，ライフゲージがゼロになって「死んだ」としてもアイテムや魔法の呪文を使って復活することが容易に可能である。私が子どもの頃に好きだったRPGゲームでは，全面クリアして世界を救った後で，「強くてニューゲーム」というコマンドがあった。終わった物語をもう一度初めから，キャラクターのステータスが最強の状態でリプレイすることができるのだ。なんと，一度終わった世界までもが再生してしまうのである。こんなふうに，「死と再生」のイメージは子どもの頃から日常にありふれていて，幼い子どもの中には「死んでも生き

返ることができる」という感覚さえ持つことがあるという。

　ここまで，各章で多くの臨床場面での死と再生について見てきた。心理療法の「死と再生」といった時，上記のような感覚で捉えてしまうと誤った道に迷い込むことになることに，賢明な読者はすでに気付いているだろう。つまり，「死」の後で必ず「再生」があるというような，楽観的な錯覚に陥ってしまうことは危険かもしれないということだ。

　多くのクライエントは困難を抱え，つらい状況をセラピストに話してくれる。クライエントが絶望の淵にいる時，セラピストがそれを「いずれ良い方向に変わるもの」と決めてかかって聞いてしまっては，クライエントの絶望を軽く見積もることにつながってしまいかねない。あるいは，「つらいことの後にはいいこともあるだろう」というような安易な見通しは，クライエントの役に立つどころか，場合によってはセラピストと共にあるにもかかわらずクライエントを孤独にさせることになるだろう。

　ギーゲリッヒは，このような死と再生の軽視について警鐘を鳴らしている。

　　われわれはあらゆる「否定的な」イメージを単に一時的なものとして，途中の段階の表現とみなして，その後に「肯定的」で「展望的」なイメージが続くことを望んでいるのである。このようにして否定的なものの価値は貶められてしまっている。暗闇は夜の海の航海に「しかすぎず」，その後には新しい日の出が待っているのである。そしてただ日の出があるために，われわれは暗がりを通っていく覚悟があるのである。もっと酷いことには，死は再生への道になってしまう。もしも死がこのように単なる通り道として見なされているならば，死は完全な効力のある自立的な現実性を有していないことになる。死は目的のための手段に貶められている。
　　　　　　　　　　　　　　　　　　　　（ギーゲリッヒ，2005, p. 11）

　死の先に安易に再生を想定するのではなく，ただ今そこに生じたことに専心することこそがセラピストの仕事である。クライエントが心理的な意味で死の体験に瀕している時，セラピストにも同じようにその体験に同行するこ

とが求められている。

しかし，そんなふうにクライエントと共にいては，セラピストも一縷の光も見えなくなってしまって，二人で暗い世界に落ち込んで行くこととなり，そこから抜け出せないという事態になってしまいはしないだろうか，という疑問が湧いてくるだろう。このことについて織田（1994）は，そういった死の体験に同行しつつも同時に生へと心が開いている状態がセラピストに求められていると述べる。「病者の心の傷つきが癒やされる，自殺したいという気持ちが癒されるということは，治療者が病者と共に死を生きることが求められるばかりでなく，おそらく同時に生を生きることも要求されるだろう。生を生きるとは，病者と治療者とが死を体験しつつも，つまり死の布置に支配されていてもその時治療者が生の布置，つまり再生の布置に心を開くことができるということである」。この生の布置は，死を共に生きたからこそ開かれる境地であるとされている。そしてまさしくここが，ユングの錬金術でいう黒化の地点である。セラピストとクライエントが共におり，自他の区別もないような混沌に置かれた時には，セラピストの良識こそが，お釈迦さまの垂らした細い蜘蛛の糸のように一本の道筋をつなぐのである。

そして，ここでも「区別」が重要となる。心理学的に死と向き合うことは，本来的に実際の死と混同されるべき出来事ではない。少なくともセラピストはそれを理解し，そしてクライエントにも心理学的に体験する死と現実の死を区別できるように，そばにいて関わり続けることができたら良いのではないかと考えられる。

もちろんここで述べたことは，言うは易しで実践するとなると簡単なものではない。それでも，日々心がけながら面接に臨めたらと思う事柄でもある。

V．心理面接で起こる実際の死について

クライエントもセラピストも同じ有限の命を持った人間であるため，こうした死の問題は現実として立ち起こることもある。クライエントの現実の死やセラピストの現実の死の問題は，双方が有限の命を持った人間である限り決して避けることはできない事柄である。いずれの出来事も，残されたもう

一方に与える影響は大きい。死は，誰にでも平等に訪れるものであり，それ自体はありふれたものであるにもかかわらず，死は残された者の情緒を揺さぶり，時には暗い苦しみや破壊的なものとして体験される。

　ここからは，心理面接の中で起こりうる実際の死の問題にまつわる研究について，Veilleux（2011）の優れた文献研究をベースとして紹介していく。ここまでの各章でも，死と再生に近接した臨床心理学的領域について述べてきた。本章では，心理療法の担当者としてのセラピストとしてこうした実際の死と出会うことについて述べていく。これらの領域はまだ十分な研究があるとは言いがたいが，いくつかの研究は私たちの今後抱える可能性のある困難を予測し，受け入れる手伝いをしてくれると考えられる。

(1)　クライエントの死

　悲しいことだが，心理療法の過程でクライエントが亡くなるという経験は決して珍しいことではない。ここでは，クライエントの死の原因を自殺とそれ以外に分け，それぞれに対するセラピストの一般的な反応についてまとめていく。

①　クライエントの自殺に対するセラピストの反応

　クライエントの自殺はセラピストにとって「職業上の危機 occupational hazard」であると言われている（Chemtob et al., 1989）。これまでの調査では，心理学者の4分の1，そして精神科医の約半数がクライエントを自殺で失った経験があり（Chemtob et al., 1988; McAdams & Foster, 2002; Yousaf et al., 2002），また，訓練中のセラピストであってもクライエントの自殺既遂と遭遇するものは多いとされている（e.g., Fang et al., 2007; Kleespies et al., 1993）。2015年に一般社団法人臨床心理士会が行った「第2回「自殺関連」の心理臨床アンケート」では，約6割の臨床心理士が，自殺念慮や自殺企図などの自死関連の問題に関わっていたことが示されており，本邦でも多くの心理職がクライエントの自殺にまつわる問題に直面した経験があると言えよう。

第**9**章　心理療法の中の生と死

　クライエントの自殺に対するセラピストの反応は大きく2つに分けられる。一つは，パーソナルな反応であり，もう一つは職業上の反応である。

i) パーソナルな反応

　クライエントの自殺を知ったセラピストの感情的な反応は極めて人間的なものであることがわかっている。それは，友人や家族の喪失と酷似した喪失反応を示す（Horn, 1994; Strom-Gottfried & Mowbray, 2006）。**表1**に示した通り，例えば，自殺を聞いたセラピストは，ショックを受け信じられないという気持ちを抱くことがわかっている。そして，その死が自殺であるということを否認する気持ち（真実だと認めない気持ち）も湧いてくる。また，怒りを感じることもより一般的であると言われており，この怒りは自ら命を絶ったクライエントへの怒りであったり，社会に対する怒りだったりする。悲しみや悲嘆，喪失感は多くのセラピストが共通して持つ感情である。セラピストは，クライエントに対して深く関わっており，その喪失は愛する者を喪った時と類似していると言える。ほかにも，自殺に関する侵入思考や，睡眠，食欲の問題，集中力の低下などの反応も現れる。もちろん，こうした反応は，セラピストの個人的な背景や治療関係，自殺の起こった文脈などによって様々な形をとりうる。

表1　クライエントの自殺に対するセラピストのパーソナルな反応

パーソナルな反応	文　　献
ショックと信じられない気持ち	Gitlin, 2007; Hendin et al., 2000; Sanders et al., 2005
死が自殺であることへの否認	Campbell & Fahy, 2002; Ting et al., 2006
怒り	Campbell & Fahy, 2002; Chemtob et al., 1988; Gitlin, 2007; Hendin et al., 2000; Ting et al., 2006
社会への怒り	Sanders et al., 2005; Ting et al., 2006
悲しみ，悲嘆，喪失感	Campbell & Fahy, 2002; Hendin et al., 2000; Linke et al., 2002; Sanders et al., 2005; Ting et al., 2006
自殺に関する侵入思考	Chemtob et al., 1988
不眠，集中困難，食欲不振	Linke et al., 2002

（Veilleux（2011）をもとに筆者が作成）

ii) 職業上の反応

実証はされていないが，セラピストには職業上の責任感があるため，自殺に対する反応は，事故や殺人など他の暴力的な死に対する反応とは区別されることが示唆されている（e.g.: Coverdale et al., 2007; Strom-Gottfried & Mowbray, 2006）。その反応を以下の**表2**にまとめた。クライエントの自殺にまつわる職業上の反応で最も一般的なものは，自責感と自己非難，自信喪失である。自分が何かを見逃していたことが自殺につながったという思いに駆られることが多いとされる。また，自分自身がこの職業をするに値する能力がないのではないかという無能感も生起する。職場の同僚から生き残った自分がどのように見られるのだろうかという思いがより無能感を強くさせ，さらに個人的，職業的孤立感へと波及していく。自殺で亡くなったクライエントの家族から非難されたり，訴訟を起こされるのではないかという恐れもセラピストを襲うと言われている。実際のところ，訴訟を起こす自死遺族は臨床家が何かを隠していると感じている割合が多い。また，臨床家がパーソナルな悲嘆を表現した場合には，法律的な問題としてその自殺を扱うことが適切ではないと遺族が感じることや，治療の道のりについてオープンに質問に答えてほしいと感じているという調査結果もある（Peterson et al., 2002）。さらに，クライエントの自殺はセラピストにとっては深い苦悩の対象であると同時に，難しいクライエントとの奮闘が終わるということでもあり，安堵の気持ちが訪れることもある。しかし，こうした安堵感は，即座にそう感じたこと自体への自責の念によって取って代わられると言われている。

クライエントの自殺と出会うと，セラピストはクライエントの自殺手がかりに対してより注意深くなると言われている。記録に対しても以前に増して保守的な態度となっていく。こうした経験を通じて，より効果的な自殺リスクのアセスメントが可能になるという肯定的な報告もある一方で，もう二度とクライエントを自殺で失う体験をしたくないという思いから，クライエントとの臨床的な接触を恐れるようになったり，難しい問題を抱えたクライエントを担当することを避けるようになる場合もあるとされている。

第9章 心理療法の中の生と死

表2 クライエントの自殺に対するセラピストの職業上の反応

職業上の反応	文　献
自責感と自己非難	Campbell & Fahy, 2002; Hendin et al., 2000; Linke et al., 2002; Ting et al., 2006
自信の喪失	Balon, 2007; Coverdale et al., 2007: Fox & Cooper, 1998; Gitlin, 2007; Sanders et al., 2005
無能感	Campbell & Fahy, 2002
個人的, 職業的孤立感	Courtenay & Stephens, 2001; Ting et al., 2006
家族からの非難や訴訟への恐れ	Campbell & Fahy, 2002; Gitlin, 2007; Hendin. Haas, Maltsberger, Szanto, & Rabinowicz, 2004; Hendin et al., 2000
安堵	Veilleux, 2011
自殺手がかりにより注意を払うようになる	Chemtob et al., 1988; Hendin et al., 2000; Sanders et al., 2005; Ting et al., 2006
記録をよりしっかり取るようになる	Chemtob et al., 1988; Linke et al., 2002
効果的な自殺リスクのアセスメントができるようになる	Courtenay & Stephens, 2001
臨床的接触を恐れ, リスクの低い患者を選ぶようになる	Chemtob et al., 1988; Courtenay & Stephens, 2001; Hendin et al., 2000; Linke et al., 2002; Ting et al., 2006

(Veilleux (2011) をもとに筆者が作成)

iii）自殺の問題とセラピストはどう向き合うのか——ヒルマン（1964/1982）『自殺と魂』から

　自殺については，第2章でも大きく取り上げられていたことなので，ここでは『自殺と魂』を著したヒルマンの考えを紹介するにとどめたい。彼は，社会学者や法律家，医師と分析家（セラピスト）は，死への向き合い方が違うべきであるとはっきりと述べている。

　例えば，社会学者にとって，自殺は社会全体の問題として理解される。個人は，ある条件が満ちると，自殺する気になり，自殺を行う。社会学者はこの条件を調査して明らかにする。離婚や配偶者の死，社会的成功や失敗などによって社会的孤立した人を社会の中に再び包括することにより「自殺を予防」することが社会学にとって大きな関心である。

それでは法律家はどうであろうか。西洋では古来ローマ法，教会法，英国法のいずれもが伝統的に自殺を犯罪としている。つまり，自ら死を選ぶことは法律違反ということになる。ヨーロッパの法律はもともと神との契約をベースとしており，旧約聖書にある「殺してはならない」（出エジプト記20章13節，新共同訳）は，他者を殺してはならないだけでなく，自分自身のことにも当てはまる。日本でも自殺の場合には生命保険がおりないことが多く，これは自然に訪れる死とは違い，正気なままでの自殺は一方的な契約破棄（神との契約においても，実際の生命保険の契約においても）なのである。一方，日本の法律では自殺自体は違法ではないものの，他人の自殺を促したり手伝ったりした場合は自殺幇助罪や自殺教唆罪に，自殺をしたがっている人の合意のもとにその人を殺害した場合は嘱託殺人罪や承諾殺人罪に問われる。自殺は本人の主体的な選択として行われる限りは違法ではないが，ひどく孤独に行う必要があるし，周囲の人はそれをいかなる形でも手伝ってはいけないということである。したがって，法律は基本的に人に生きることを強い，法律も自殺の予防に大きな関心を寄せていることがわかる。

　最後に医師の場合はどうであろうか。医師の仕事は，病気を予防し，病気があればそれを発見し治療すること，つまり肉体的な生命を増進させることである。命が優先順位の1位であるために，肉体的な苦痛のある治療であっても，あるいはモルヒネを用いた治療であっても，それらが用いられることがある。そして，自殺は肉体的な生命の終わりを意味するものであるため，医師は患者が自殺することを防止するために様々な手段を用いることが正当化されている。日本では，2名以上の精神保健指定医の診察により，自分を傷つけたり他人に危害を加えようとするおそれがあると判断された場合，都道府県知事の権限により措置入院という形式で，自殺の可能性が高い患者を入院させることができる。また，自分を傷つける可能性が非常に高くそれ以外の方法では安全を確保できないと判断すれば，隔離拘束を行うこともできる。現在の医療の世界では，肉体的生命の継続が最も重視されているがゆえに，ここでも自殺の防止が主な関心事となっている。

　社会学，法律，医学の観点からすれば自殺の予防は正当な目標である。し

かし，セラピストはこれらの分野として独立した見解を持つ必要があると，ヒルマンは主張する。「問題は自殺に賛成か，反対かではなくて，それは心にとって何を意味するかである」。セラピストは，自殺の個人的意味に関心を持っているのであって，それは分類では得られないものである。私たちは刻一刻と死に向かって生きており，一日一日死に向かって自分を築き上げている。その意味で人は常に自分の死を自分で作っているともいえ，ヒルマン流に言えば「日々自分を殺している。だからこそ死はいずれも自殺である」。そう考えると生きることと死ぬこととは同じ意味であるから，死を寄せ付けないようにするものはすべて生を妨げると言えよう。

　もちろん，自殺の予防自体は大変意義のあることであり，心理学的調査や知見がそれに役立つことも多く，筆者もそのことを否定するつもりは毛頭ない。また，命を大切にする医療現場では，生命の維持が究極的な目的であることも当然のことである。しかし，心理療法の場面において，今目の前に死にたいという思いを抱えたクライエントがいた時，即座に「自殺は防ぐべきことである」「自殺は社会通念として認められない」「自殺はやめさせて，命を長らえなくてはならない」という態度をセラピストがとってしまったら，クライエントは自分の本当の気持ちと向き合う場として，心理療法を利用することができなくなってしまうだろう。実際の臨床の場で求められることは，いつも一つひとつの個別の体験に寄り添ってその人の内面において死を理解しようとするあり方であると考えられ，それは自殺の問題と直面した際にも同じことであろう。もちろん，そこでクライエントの命が実際に危機に晒されることも起こるため，この向き合いは非常に微妙なバランス感覚のもとで慎重に行われるものであると言えるだろう。

　そして，いかに丁寧に向き合ったとしても，悲劇的な結果に終わることもある。シュナイドマンは『アーサーはなぜ自殺したのか』(2005) の中で，アーサーという一人の青年の自殺をめぐって，周囲の家族や恋人，医療関係者や心理療法家にインタビューをしている。アーサーは心理療法家との面接を良い状態で終結させた数年後に遺書を書いて自殺しているのだが，心理療法家はアーサーがなぜ自殺で亡くなったのか，なぜ自分に助けを求めなかったの

かについて，その死を聞いた後に思いを巡らせた様子がうかがえる。もちろん正解はない。また，心理療法家だけでなく，他のインタビュイーの語りも含めて，アーサーの死を予防することは非常に難しかったことも，この本を読むとわかってくる。

そうなると，生きている人間が死を理解しようとすることは，到底不可能なことのようにも思える。しかし，ヒルマンが指摘する通り，死の否定は生の否定にほかならないため，個別の事例における死について，セラピストはその人の内側から理解しようとする在り方を心に留めておく必要はあるのではないだろうか。

なお，自殺や自殺予防についての精神医学的・臨床心理学的な研究や書籍も近年多く刊行されている。これらは分析心理学の考え方とはまた違った視点で，セラピストが考えておくべき示唆に富んでいるので，読者の皆様にはぜひそちらにも目を通してほしい（一例として，末木新『自殺学入門——幸せな生と死とは何か』金剛出版，松本俊彦（編）『「死にたい」に現場で向き合う——自殺予防の最前線』日本評論社など）。

②　自殺以外のクライエントの死に対するセラピストの反応

一方，自殺ではない死，少なくとも自殺とは明示的に判断されていない死でクライエントを失ったセラピストの比率については，現在のところ明らかになっていない。また，こうした死がセラピストに与える影響についても目立った研究は存在しない。緩和ケアやその近接領域での報告は蓄積があるが，それ以外の領域では，極めて少数の事例研究があるのみであると言われている。

いくつかの事例研究では，クライエントの死因によらず，セラピストはクライエントの死に対して同じような反応を示すことがわかっている（Fox & Cooper, 1998; Rubel, 2004; Veilleux, 2011）。すなわち，クライエントの死に対する苦悩，喪失感，そして孤立感である。また，質的研究では，クライエントの突然の死を聞いたセラピストの最初の感情は，ショックと信じられなさ，怒り，悲しみと安堵であるとされており，こちらも自殺の場合と類似している。ソーシャルワーカーを対象にしたStrom-Gottfried & Mowbray

（2006）の研究によれば，喪失や死の危険性が高い状況に晒されるリスクの高い職業にもかかわらず，職業上の責任感や規範から，悲嘆（グリーフ）を経験したり表出したりすることが阻害される可能性も指摘されている。また，他殺によってクライエントを亡くした場合にも，自殺と同じ反応が現れることが示されている。自殺と比較すると他殺の場合には，その死の責任をセラピストが問われないことが多いが，DV や虐待問題に関わっていた場合には遺族から責任を問われる可能性がある（Gustavsson & MacEachron, 2004）。

　Veilleux（2011）は意図の特定が不能な死に関する自験例を挙げており，その死への反応はクライエントの自殺を経験したセラピストの反応と酷似していたことを報告している。また，こうした自殺以外の想定外の死については，それが本当に自殺ではなかったのかということも含めて，解明することができないために，セラピストは永続的にその問いを抱え続けることとなる。こうした形の死に対するセラピストの対応についての先行研究がほとんどないことは，おそらく個別性が強く一般化しづらい問題であることを反映していると考えられる。しかし，自殺ではない，想定外のクライエントの死がセラピストに与えるインパクトも決して無視できるものではないことから，今後この分野での研究が増えることも望まれる。

③　事　例

　ここで，筆者の個人的な体験を述べてみよう。自殺ではないクライエントとの別れに関する事例である。なお，この事例は実際の事例をベースにしているが，本質を損ねないように気配りしつつも，個人のプライバシーに配慮して大幅な改変がなされている。

　そのクライエントは，私が参加するはるか以前から私が勤める病院のグループセラピーに参加していた，いわゆる古参のメンバーであった。彼は，慢性精神疾患を抱えており，口数が少なく，いつもどこか浮かない表情で参加していて，彼が主役になるセッションは決して多いとは言えなかった。彼の発話が少ないために，グループセラピストが彼の声を

聴きたいと声をかけると，彼はゆっくりとした穏やかな声で「話したいんだけど，私には言えることがなくて」と答えるのであった。グループセラピストたちは，果たしてこのグループへの参加が彼にとって良いものをもたらしているのだろうかと疑問を感じて，グループセッションの中でこのテーマについて彼と共に話し合うこともあった。その度に，なにがしかの参加意義を感じていることは彼の口から語られるものの，私にはやはりはっきりとそれを捉えることができなかった。

　実際のところ，彼がグループに参加してくれることで，グループは多くの恩恵を得ていた。例えば，ある時期グループのメンバーの参加率が非常に低くなった時期には，彼がグループに定期的に参加してくれていることはスタッフにとって支えであった。ほかのメンバーにとっても，何年か越しにグループに戻った時に彼の顔があることは，安心感をもたらした。彼がグループにいてくれるというそのこと自体が，グループへの大きな貢献であった。それだけでなく，ほかのメンバーの苦悩が吐露された場面では，安易に励ましたりアドバイスしたりせず，彼は小さな声で「難しいですねぇ…」とつぶやく。その発言は，その問題の難しさをありのままにその場にとどめ置き，最後には苦悩を抱えたそのメンバーの在り方そのものを許容する発言であるかのように，私には感じられていた。だから，彼がグループから得るものよりも，グループが彼から与えられるものの方がずっと多いのではないかという懸念は，セラピストもほかのメンバーも共通して感じていたことだっただろう。彼のおかげでスタッフもメンバーも多くの安心や承認を得ていた一方で，彼自身の生活には充実した活動や対人関係はなく，自閉的であり，彼は生きる意味を見失っているように見受けられた。

　ある日，彼は「手紙を書いた」ということをセッションの終わりの方にポツリと教えてくれてた。誰へのどんな手紙だったのかは語られなかった。今振り返ると，その手紙に何が書かれていたのか，その場で尋ねたらよかったのにと思う。その後に彼のグループへの参加はぱたりと止まり，結局彼が誰に何を伝えたかったのかはわからずじまいであった。

288

第9章 心理療法の中の生と死

そして，さらに数週間後，彼が自宅で息を引き取ったということを，私は同僚のソーシャルワーカーから聞いたのである。

医学的には病が死因とされていたが，私には，彼がこの世から退避していったのだという感覚が残った。積極的な自殺ではないとしても，彼はもうこの世に生きていく線を見失ってしまったのかもしれないと私は感じていた。そこから私は，後悔や悲しみや喪失感や自責の念や諦めや，とにかく様々な複雑な気持ちに苛まれたのであった。

その時私が行ったのは，同僚やスーパーバイザーとこのことについて話す時間を作ることだった。彼らは私と親密に話してくれた。しかし，私には，誰一人私のように彼の死にインパクトを受けていないように見えた。誰かと話せば話すほど，かえって孤独を感じるようになっていった。だから，私はそこから彼の死について誰とも話し合うことができなくなった。当時の私には，この体験が私を圧倒してしまい，情緒的に混乱することを恐れていた部分があったと思う。また同時に，このことを自分自身の力で乗り越えなくてはならないという思いも強かった。私はすでにある程度十分に同僚やスーパーバイザーと話し合っており，それで解消していない部分は私ひとりで向き合っていなかくてはならない課題であると感じていた。実際私は，彼の死以降も心理療法やグループセラピーを継続しており，社会的な機能が失われてはいなかった。すなわち，初期の周囲の人の支えは確実に私の力になっていた。

言いようのない悲しみや後悔や自責の念や，彼がいないことをさみしく思う気持ちは，彼のことを思い出すたび今でも生々しく私の中に生起する。「死」は避けることのできないテーマであるが，日常では実はそれほど意識されていないことが多い。私たちは毎日一歩一歩死に近づいているにもかかわらず，普段は自分が死ぬなんていうことは考えていないし，自分の大切な人が死ぬということに対しても，日常においてリアルに想像できていない。

さて，この事例を経験した私が，その後飛躍的にグループセラピストとして，あるいは心理面接のセラピストとして成長したというような事実はお

289

そらく存在しなかった。ポストトラウマティック・グロウス post traumatic
grouth と言われる，外傷体験後の成長は本書のテーマである「死と再生」
の意味合いを持つだろうが，少なくとも私の元にはめざましいものとしては
訪れなかった。前の節で，死と再生の同時性について述べたが，実際の死の
場合でも，死を経験すればポジティブな結果が待っている，というような因
果を期待するのは安易すぎるだろう。実際の「再生」は，その言葉から素朴
に感じるイメージほど希望に満ちたポジティブなものではないのかもしれな
い。ただし，「死」と出会ってそこですべてが終わるということもあり得な
い。「生き残ったセラピスト自身の，自分の心との作業が続いていくことが，
もしかしたら何らかのものをもたらすかもしれない」という非常に曖昧な状
況を生き抜く資質が，セラピストには求められているようにも思われる。

④　クライエントの死に対するセラピストの反応のプロセスモデル

　本邦においてもクライエントの死とそれにまつわるセラピストの反応に関
する研究は心理臨床の分野では非常に少ない。正木（2001）は，クライエン
トの自殺に遭遇した心理臨床かがどのような内的プロセスを経て現在も働き
続けているかに関するインタビュー研究を行った。その結果，クライエント
の自殺に遭遇した臨床家は，「衝撃（ショック）」を受け，個人としても臨床
家としても「もがき」へと推し進められる。もがきの時期には「実感がわか
ない」「怒り」「責められることへの恐れ・不安」「自責」などのパーソナル
な反応（正木（2001）では混迷体験とされている）と，専門家としての自分
自身のアイデンティティの揺らぎやクライエントとの関係性から湧き上がる
思いという職業上の反応（正木（2001）では自分への問い直しとされている）
が生じる。そこへ職場のサポートやクライエントの消えない思いなどの間で
クライエントのことを振り返りながら，「新たな視点の獲得」へと向かうと
いう結果図が示された。

290

第9章 心理療法の中の生と死

図2 クライエントの自死に遭遇した心理臨床家の内的プロセスの結果図

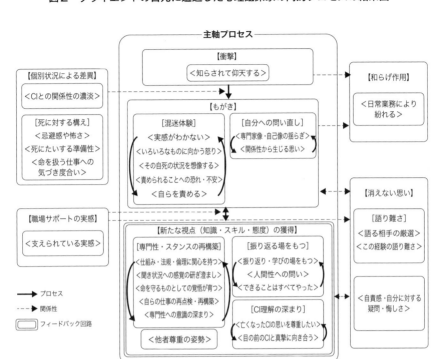

(正木, 2001より)

　また，Wilson & Gilbert（2008）は情緒的な出来事に遭遇した後で，感情反応を弱めることについての感情適応モデルとしてAREAモデルを提唱している。AERAはそれぞれ，注意（Attend），反応（React），説明（Explain），適応（Adapt）の頭文字である。このモデルでは，自分では特定できず分類できない体験が起こった時，それに対して説明がつかない場合には，その物事に注意が向き，強い情緒反応が起こるとされる。クライエントの自殺や予測不能な死は，まさしくこうした事態にあたる。しかし，こうした事態に対して説明（評価や意義など）を見出すことに成功すれば，その問題を処理して適応することができるというモデルである。Veilleux（2011）は，クライエントの死に対するセラピストの理解について，2つのものから構成されているとしている。一つは，死それ自体を取り巻く環境を理解することであり，

また自分自身の喪失について生き残った者として理解することであると述べている。

図3　感情の適応の過程

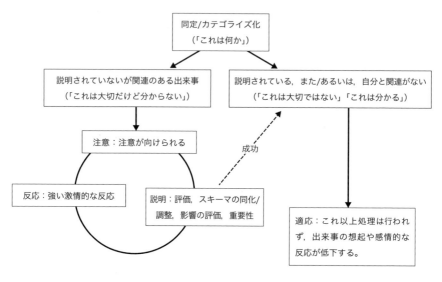

（Wilson & Gilbert（2008）より）

(2) セラピストの死

① 経過中のセラピストの死がクライエントにどのような影響を与えるのか

　セラピストの突然の死によって面接が予期せぬ形で終結を迎えることは，クライエントに対して深刻で，破壊的とさえ言える衝撃をもたらすと言われている。それは，クライエントにとって，「ある一つの同盟が壊れ，その比類なき関係が永遠に失われる」（Lord et al., 1978, p. 189）という体験である。しかし，この分野の研究はクライエントの死と比較してさらに少ないと言わざるを得ない。

　セラピストが理由となる終結には2種類あると考えられる。一つは，セラピスト都合による強制的な終結であり，例えばセラピストの転職や退職，転居などに伴う中断である。こうした場合には，セラピストは面接が終結にな

る時期がわかり次第，できるだけ早くクライエントに伝える必要がある。そして，クライエントがセラピストとの別れの痛みを経験し，そのことにまつわる感情（特に，見捨てられ感や喪失感を防衛するために用いられる怒り）を表現できるようにすることも，旅立つセラピストの仕事となる。また，セラピストとの面接終結後に，次のセラピストに引き継ぐかどうか，あるいは別機関を紹介するかどうかなどもクライエントと事前に話し合っておく必要がある。

そして，もう一つのセラピスト理由による終結はセラピストの死である。Garcia-Lawson et al.（2000）は，事前に告知され，計画的にセラピストと別れたクライエントと比較して，不意の死によってセラピストを失ったクライエントの方がより悲嘆反応が深刻であったと報告している。さらに，こうした終末を強いられたクライエントは，怒りや敵意，絶望や離人症状，身体化症状をより抱えることがわかっている。

② 死を前にしたセラピストがやっておくべきこと

こんな話を聞いたことがある。ある高齢のセラピストが，自分が何かの事情で急にセラピーが続けられなくなった時のために，自分のオフィスを自分よりも年が若いセラピストと共同で経営することとした。クライエントには，自分に万が一のことがあった時のために，クライエントの連絡先情報などをもう一人の共同経営者とは共有していること，万が一の際には共同経営者から直接クライエントに連絡があることなどを事前に説明していた。しかし，なんとある日突然の事故で若き共同経営者が先に急逝してしまったのだという。したがって老セラピストは，亡くなった共同経営者のクライエントに，一人ひとり電話をかけ，事情を説明し，彼らのアフターケアを行ったということだ。

大きな組織の中で心理臨床業務を行う場合には，クライエントの情報はカルテにあり，必要であれば医療スタッフはそれにアクセスできるようになっている。学校や福祉事業所などでも個人情報は組織の中で厳重に管理されている。したがって，仮に担当セラピストに何かがあったとしても，組織の中

293

でその事実が共有されれば適切な対応がなされるだろう。しかし，個人で開業しているセラピストの場合には，セラピストの死後にクライエントに対応する道筋を事前に立てておく必要があるだろう。

アメリカ心理学会（APA）の倫理規定では，最低限のガイドラインを記している（APA, 2002）。

倫理規定 3.12，心理サービスの中断
　「契約で別途取り決めがない限り，心理士は，自身の病気，死，利用不可，転居，引退，またはクライエント／患者の転居や経済的制限といった要因により心理サービスが中断される場合に備えて，サービスの継続を促進するための合理的な努力を行う。」（APA, 2002, p. 1066）
倫理規定 6.02c，専門的および科学的業務の機密記録の維持，伝達，および処分
　「心理士は，職位や実践から退く場合に記録やデータの適切な移行を促進し，機密性を保護するための計画を事前に立てる。」（APA, 2002, p.1067）

セラピストの守秘義務は厳重なものであるが，セラピストが予期せず死去し，別の人物がセラピストの死をクライエントに通知したり，移行サービスを提供したりする状況においては機密性は破棄されるとしている。つまり，APAの倫理規定は，心理士が予期せぬ死に備えて移行サービスを促進する責任を負っていることを示している。これらのサービスには，同僚を指名してセラピストの死をクライエントに通知させ，クライエントのファイルの機密性のある移行の計画を立てることが含まれている。一方で，日本の公認心理師や臨床心理士の倫理綱領においては，こういった記述は見当たらない。

APAの倫理規定においては，おおまかな記述となっているが，そのほかのいくつかの専門研究ではさらに細かい配慮事項が述べられている。O'Donnell（2006）は，これらをまとめて以下のように記している。

● セラピストの死後，業務を解消するためのあらゆる側面を担当する遺言執行者の指名
　これには，クライエントへの通知，ケア継続の提供，請求書発行や留守

番電話のメッセージ変更といった事務処理，記録の取り扱い，機密保持の監督，法律顧問との連絡が含まれる。

● **クライエントリストの作成**

連絡先情報や治療に関する推奨事項を含むリスト。アクセス可能で理解しやすく，常に更新されている必要がある。

● **公式記録の作成**

セラピストの死後，他者が読んで理解できるような形で記録を取ることを心がける。

● **セラピストの死後，クライエントに伝えるべきことを明記しておく**

各クライエントごとに伝えるべき内容を整理しておく。過去のクライエントへの対応方法，葬式にクライエントを呼ぶか否か，死の可能性が事前に説明されているか，後任のセラピストは誰かをなどを明示する。また，クライエントに提供するサービスの種類（例：グリーフ・カウンセリング，治療の紹介，コンサルテーション）の希望があれば明示する必要がある。クライエントへの守秘義務についても考慮した上で，こうした準備を行う必要がある。

● **後任のセラピストに伝えるべきことを遺言執行者に伝える**

亡くなったセラピストのクライエントを引き受ける際に経験するかもしれない困難や，発生し得る特別な問題について伝えておく。

　こうしたことを生前に考えておくことができるセラピストは実際には少ないのかもしれない。関連文献の少なさがそれを物語っている。セラピストといえど，自分の死に向き合うことが難しいということはよく言われており，また体調が悪い状態であったり，急な死の場合には対応が間に合わないこともある。遺されるクライエントや同僚のためにも，日々，自分の死を意識して準備しておくことは，あらゆるセラピストにとって必要なことであると言えるだろう。

③　後任のセラピストが知っておくといいこと

　当たり前のことだが，セラピストを失うことはクライエントにとって衝撃的な出来事である。そもそも，何らかの心理的困難を抱えて心理療法にやってきた上に，その道半ばにして信頼する人の死に見舞われるということである。クライエントが引き続きもともとの主訴と取り組むためももちろんだが，前セラピストを喪失した心理的ケアも必要となるために心理療法を継続しようと思うことが多い。そのため，心理療法は，次のセラピストに引き継がれることとなる。

　前のセラピストの死による別れを経験したクライエントを引き継いだセラピストのためにいくつかの研究が示唆を与えてくれている。

● 　人生の早期に喪失を経験しているクライエントの場合には，複雑性悲嘆が起こりやすく，はじめは否認や敵意が現れやすいこと（Lord et al., 1978）
● 　後任のセラピストへの愛着は前のセラピストへのものほど強くはなく，前のセラピストと頻繁に比較されること（Barbanel, 1989）
● 　クライエントがどのようにその死を聞かされていたのか，リファーする経路がどのように決まったのか，葬式に参列したのかが悲嘆反応に影響すること（Tallmer, 1989）

　後任のセラピストは，クライエントの内的な葛藤を認知し，前任者の喪失がクライエントにどのような意味を持っているかを認めなくてはならない。Shwed（1980）は，通常心理療法の初期に訪れるセラピストとクライエントの蜜月期の後で，クライエントの怒りの感情が表面化するということを警告している。こうした怒りは，亡くなったセラピストに見捨てられ拒絶されたという思いに根ざしており，新しいセラピストが以前のセラピストと同じように有能ではないという怒りからきている。こうしたクライエントの反応が起こることを予め知った上で心理療法に臨むことが，後任のセラピストを助けるかもしれない。

第9章 心理療法の中の生と死

Ⅵ. おわりに

　冒頭で述べた通り，私たち──セラピスト・クライエント双方──の心はひとたび心理面接の場に持ち込まれたら，互いに変容することを止めることはできない。私の心も死に，そして次の瞬間新しいものに変容していくのである。

　私たちは，一人ひとりが自分の一生を自分の責任で旅をしている。したがって，クライエントの旅もセラピストの旅も同時並行で進んでいく。どちらの旅も命続く限りの有限の旅なのか，あるいは共にはいられなくともその後も続いていく旅なのか，実際のところそれはわからない。しかし，セラピストとクライエントが関われるのは，互いが生きて対面できる，その限られた期間のみである。その過程で，セラピストとクライエントが共に心理面接に対して深くコミットメントすることで，両者の旅が深く交わり，そこで死と再生をめぐる変容が起こるのだ。

　セラピストである以上，この死と再生のテーマには関わり続けなくてはならない。今回紙面の関係で，宗教やスピリチュアリティの問題，文化的な問題，家族や家系の問題，法律や経済的な問題には触れることができなかったが，死と再生をめぐってはあらゆる分野が関わってくると言える。たくさんの本を読み，芸術に触れ，多くの人と語り合いながら生涯にわたって考え続けることのできるテーマであると言えるだろう。

引用・参考文献

American Psychological Association（2002）. Ethical principles of psychologists and code of conduct. *American Psychologist*, 57, 1060-1073.

Balon, R.（2007）. Encounouing pmimt suicide: The need for guidelines. *Academic Psychiatry*, 31, 336-337. doi: 10.1176/appi.ap.31.5.336

Barbanel, L.（1989）. The death of the psychoanalyst. *Contemporary Psychoanalysis*, 35（3）, 412-419.

Campbell, C., & Fahy, T. (2002). The role of the doctor when a patient commits suicide. *Psychiatric Bulletin*, 26, 44-49. doi: 10.1192/pb.26.2.44

Chemtob, C. M., Bauer, G. B., Hamada, R., Pelowski, S. R., & Nluraolra, M. Y. (1989) Patient suicide: Occupational hazard for psychologists and psychiatrists. *Profissional Psychology: Research and Practice*, 20, 294-300.

Chemtob, C. M., Hamada, R. S., Bauer, G., Torigoe, R. Y., & Kinney, B. (1988). Patient suicide: Frequency and impact on psychologists. *Professional Psychology: Research and Practice*, 19, 416-420.

Courtenay, K. P., & Stephens, J. P. (2001). The experience of patient suicide among trainees in psychiatry. *Prychiatric Bulletin*, 25, 51-52. doi: 10.11921/pb.25.2.51

Coverdale, J. H., Roberts, L. W., & Louie, A. K. (2007). Encountering patient suicide: Emotional responses, ethics, and implications for training. *Academic Psychiatry*, 31, 329-332. doi: 10.1176/nppinp315329

Fang, F., Kemp, J., Jmandha, A., Juros, J., Long, M., Nanayaldorra, S., & Anzia, I. (2007). Encountering patient suicide: A resident's experience. *Academic Psychiatry*, 31, 340-344. doi: 10.1176/appi.ap.31.5.340

Fox, V. A., & Cooper, M. (1998). The effects of suicide on the private practitioner: A professional and personal perspective. *Clinical Social Work Journal*, 26, 143-157.

福永龍繁 (2019). シンポジウム　自殺統計の質の向上と，それを活用しての自殺対策の発展．指定討論　原因究明と自殺予防．自殺予防と危機介入，39 (1). 45-49.

Garcia-Lawson, K. A., Lane, R. C., & Koetting, M. G. (2000). Sudden death of the therapist: The effects on the patient. *Journal of Contemporary Psychotherapy*, 30, 85-103.

ギーゲリッヒ，W. (2005). 心理学における神経症　二人における第三のもの．ユング心理学の展開 [ギーゲリッヒ論集] 1　魂と歴史性．河合俊雄 (監訳). 日本評論社．

Giegerich, W. (2020). *Working With Dreams. Initiation into the Soul's Speaking About Itself*, London and New York: Routledge. (ギーゲリッヒ，W. (2023). 夢と共

に作業する．猪股剛（監訳）．宮澤淳滋・鹿野友章（訳）．日本評論社.）

Gitlin, M.（2007）. Afierrnath of a tragedy: Reaction of psychiatrists to patient suicides. *Psychiatric Annals*, 37, 634-687.

ゴードン, R.（1989）. 死と創造（ユング心理学選書）. 氏原寛（訳）. 創元社.

Gustavsson, N., & MacEachron, A. E.（2004）. When a child welfare client dies: an agency-centered perspective. *Child Welfare*, 83（4）. 317-340.

Hendin H., Haas. A. P., Maltsberger, J. T., Szanro, K., & Rabinowicz, H.（2004）. Factors contributing to therapists' distress after the suicide of a patient. *American Journal of Psychiatry*, 161, 1442-1446. doi: 10.1176/appi.ajp.161.8.1442

Hendin, H., Lipschitz, A., Maltsberger, J. T., Haas, A. P., & Wynecoop, S.（2000）. Therapists' reactions to patients' suicides. *American Journal of Psychiatry*, 157, 2022-2027. doi:10.1176/appi.ajp.157.12.2022

ヒルマン, J.(1964/1982). 自殺と魂　ユング心理学選書4. 樋口和彦・武田憲道(訳). 創元社.

Horn, P. J.（1994）. Therapists' psychological adaptation to client suicide. *Psychotherapy* 31, 190-195. doi: 10.10371/0033-3204.31.1.190

Jung, C. G.（1934/1954）. Über die Archetypen des kollektiven Unbewußten. Die *Gesammelten Werke von C. G. Jung*. Bl.9/Ⅰ, 1976, Olten: Walter-verlag: Archetypes and the Collective Unconscious. Adler, G. & Hull, R. F. C.（Series Ed.）*Collected works of C. G. Jung*. Volume 9, Ⅰ, 1959, Princeton: Princeton University Press.（林道義（訳）（1999）. 集合的無意識の諸元型について　元型論. pp. 27-76. 紀伊國屋書店.）

Jung, C. G.（1946）. *Psychology of the Transference*, CW 16.（C・G・ユング（2016）. 転移の心理学　新装版. 林道義・磯上恵子（訳）. みすず書房.）

Jung, C. G.（1977）. *C. G. Jung Speaking: Interviews and Encounters*. McGuire, W. and Hull, R. F. C.（eds.）Princeton: Princeton University Press.

Jung, C. G.（2011）. *Introduction to Jungian Psychology: Notes of the Seminar on Analytical Psychology Given in 1925*, Bollingen Series ed. McGuire, M., ed. and introduction Shamdasani, S. Princeton, NJ: Princeton University Press, 98.（C・G・ユング（2019）. 分析心理学セミナー1925――ユング心理学のはじまり. 河合俊雄（監訳）猪股剛・小木曽由佳・宮澤淳滋・鹿野友章（訳）. 創元社／C・G・ユン

グ（2019）．分析心理学セミナー　1925年，チューリッヒ．横山博（監訳）大塚紳一郎・河合麻衣子・小林泰斗（訳）．みすず書房．)

河合隼雄（2009）．〈心理療法コレクション1〉ユング心理学入門．岩波書店．

河合俊雄（2015）．ユング——魂の現実性（リアリティ）．講談社．

Kleespies, P. M., Penk. W. E., & Fmsyth, J.P. (1993). The stress of patients suicidal behavior during clinical training: Incidence, impact, and recovay. *Professional Psychology: Research and Practice*, 24, 293-303.doi: 10.1037/0735-7028243293

Linke, S., Wojciak, J., & Day, S. (2002). The impact of suicide on community mental health teams: Findings and recommendations. *Psychiatric Bulletin*, 26. 50-52. doi: 10.1192/pb.26.2.50

Lord R., Ritvo S., & Solnit A. J. (1978). Patients' reactions to the death of the psychoanalyst. *International Journal of Psychoanalysis*. 59 (2-3). 189-97. PMID: 681091.

正木啓子（2021）．クライエントの自死に遭遇した心理臨床家の内的プロセス．心理臨床研究, 39 (5)，443-453.

McAdams, C. R. III, & Foster, V. A. (2002). Anassessment of resources for counselor coping and recovery in the afiermath of client suicide. *Journal of Humanistic Counseling, Education and Development*, 41, 232-241.

Neumann, E. (1971). *Ursprungsgeschichte des Bewusstseins*. Olten: Walter Verlag. (林道義（訳）（2006）．意識の起源史．紀伊國屋書店．)

日本臨床心理士会（2015）．第2回「自死関連」の心理臨床アンケート集計結果（速報）．https://www.jsccp.jp/member/news/pdf/jishikanrenanke-to_2.pdf （最終閲覧2022年12月11日）

織田尚生（1994）．死と再生の同時性．日本ユングクラブ（編）．プシケー：日本ユングクラブ会報　特集：死と再生．vol.13．新曜社．

織田尚生（2000）．心理療法過程における〈死と再生〉．河合隼雄（編）．ユング派の臨床, 金剛出版．pp. 24-43.

O'Donnell, M. M. (2006). Sudden unexpected death of the therapist: Reconciling ethical and clinical concerns for providing continuing care. *Graduate Student Journal of Psychology*, 8, 45-49.

Peterson, E. M., Luorna, J. B., & Dunne, E. (2002). Suicide survivors' puceptions of the trean'ng clinician. *Suicide mid Lifi-lhroatening Behavior*, 32, 158-166. doi: 10.152l/suli.32.2.158.24406

Rubel, R. (2004). When a client dies. *Psychoanalytic Social Work*, 11, 1-14. doi: 10.1300/J032v11n09_01

Sanders, S., Jacobson J, & Ting, L. (2005). Reactions of mental health social lworkers following a client suicide completion: A qualitative investigation. *Omega*, 51, 197-216. doi: 10.2190/DSKH-EBX6-Y70P-TUGN

Samuels, L. (1992). When the Analyst Cannot Continue, *The San Francisco Jung Institute Library Journal*, 10:4, 27-38, DOI: 10.1525/jung.1.1992.10.4.27

シュナイドマン, E. S. (2005). アーサーはなぜ自殺したのか. 高橋祥友 (訳). 誠信書房.

Shwed, H. J. (1980). When a psychiatrist dies. *Journal of Nervous and Mental Disease*, 168 (5), 275-278.

Strom-Gottfried, K., & Mowbray, N. D. (2006). Who heals the helper? Facilitating the social worker's grief. *Families in Society: The Journal of Contemporary Social Services*, 87, 9-15.

Tallmer, M. (1989). The death of an analyst. *Psychoanalytic Review*, 76(4), 529-542.

Ting, L., Sanders, S., Jacobson, J. M., & Power. J. R. (2006). Dealing with the aftermath: A qualitative analysis of mental health social workers' reactions after a client suicide. *Social Work*, 5. 329-341.

Veilleux, J. C. (2011). Coping With Client Death: Using a Case Study To Discuss the Effects of Accidental, Undetermined, and Suicidal Deaths on Therapists Professional Psychology. *Research and Practice*, Vol. 42, No. 3, 222-228, DOI: 10.1037/a0023650

Wilson, T. D. & Gilbert, D. T. (2008). Explaining away. A model of affective adaptanon. *Perspectives on Psychological Science*, 3, 370-386. doi: 10.111l/j.1745-6924.2008.00085.x

Yousaf, F., Hawlhome, M. & Sedgwick, P. (2002). Impact of suicide on psychiatric trainees. *Psychiatric Bulletin*, 26, 53-55. doi: 10.1192/pb.26.2.53

コラム⑩

芸術療法（アートセラピー）について

香月　菜々子

　芸術療法とは，クライエントとセラピストの信頼関係を基盤とし，表現媒体を介して行われる心理療法または心理療法的アプローチである。例えば絵を描くことで，クライエントは自らの情緒体験やイメージを解放し周囲に伝えることが可能となる。言葉では語ることのできない胸の内を何らかの造形を通じて示すことができた時，作品はクライエントの「生の声」としてセラピストの心に届き，言葉にはないインパクトを与える。そして，作品を介しての対話を重ねてゆくことでクライエントの自己理解が深まり，心身の回復や成長へとゆるやかにつながっていく。

　本書のテーマである"死と再生"と思しきプロセスの多くは言葉以前，もしくは言外の心の領域において進行しており，これらの展開が1回きりの描画や箱庭などの作品，またはこれらの連作を通してありありと示されることや，あるいは何らかの兆しが垣間見られる例も少なくない。そして様々な気付きをセラピストとクライエント双方にもたらし，言葉による洞察を促す。M. ナウムブルグ（1966）も指摘するように，内的体験やイメージを描画や造形を通じて表現することはクライエントの言語化を抑制するのではなく，むしろ彼らの自己表現を質・量ともに豊かにし，社会的に開かれた在りようをもたらすと言えるだろう。また，哲学者のS. K. ランガー（Langer, 1942）は芸術表現について，言葉のように感情体験を解体することなく，丸ごとそのままに現前に示すことができ（＝現示的形式），我々の想像力に直接訴えることができる点で独自であると称している。"感情表現に相応しい言語"としてのアートの価値を世に問い続ける彼女のアイディアは，芸術療法の機序を考える上で参考になるだろう。

　芸術療法の有益性について中井久夫（1976，1985）は，「関与しながらの観察」を可能にすること，転移が穏やかなものとなること，言葉による語りを助けることなどを挙げている。施行上の注意点としては，不眠や自我機能の低下など特定の状態での使用は禁忌とし，自由な態度で取り組めるよう工夫すること，巧拙ではなくメッセージに注目することの大切さを挙げている。また山中康裕（1998）は芸術療法が「芸術」の名の下に"美の追求"に偏り，

苦痛や醜いものをも含んだバリエーション豊かな表現が制限される可能性を危惧している。言葉になりえない人間の喜怒哀楽のあらゆる面が，媒体を通じて初めて表現されることにこそ芸術療法の臨床的な本質と真骨頂があり，美へのこだわりが素朴な情緒表現の妨げや防衛とならぬよう，あたたかで柔軟性に富んだ見守りが必要であろう。

　芸術療法における代表的な諸技法は次の通りである：①描画法・絵画療法（自由画・写生・静物画・模写・フィンガーペインティング・なぐり描き・スクィグル，交互色彩分割法，枠付け法，風景構成法，人物画，HTP House-Tree-Person，S-HTP Synthetic-House-Tree-Person，動的家族画，動物家族画，バウムテスト，星と波描画テスト，雨中人物画，交互スクリブル物語統合法ほか，多数)，②箱庭療法，③コラージュ療法，④音楽療法，⑤陶芸療法，⑥詩歌療法，⑦俳句療法，⑧連句療法，⑨物語療法，⑩ダンスセラピー，⑪サイコドラマ・心理劇ほか。すべての技法に共通するのは，セラピストはクライエントの創作を傍らで見守ること，完成後は作品を共に味わいシェアリングを行うことの2点であり，クライエントの負担が大きい場合は中断を促すことも必要なサポートである。なお，具体的な実施法や解釈法は各技法により異なるため，詳細は各技法の専門書に委ねたい。

引用・参考文献

Bach, S. (1990). *Life Paints Its Own Span. On significance of spontaneous pictures by severely ill children.* Stiftung and Daimon Verlag, Einsiedeln.（老松克博・角野喜宏（訳）(1998). 生命はその生涯を描く. 誠信書房.）

Langer, S. K. (1942/1970). *Philosophy in a New Key.* Harverd University Press.

香月菜々子 (2009). "絵を描く" ということ―臨床場面における描画の意味とその有効性について―. 星と波描画テスト. 誠信書房. pp. 1-8, 279-285.

香月菜々子 (2019). "絵を描く" ということⅡ―青年期・成人期における描画体験の意味と有効性について―. 大妻女子大学人間関係学部紀要, 21, 95-110.

中井久夫 (1976). "芸術療法" の有益性と要注意点. 芸術療法, 7, 73-79.

中井久夫 (1985). 芸術療法ノート. 中井久夫著作集2　治療. 岩崎学術出版社. pp. 246-256.

Naumburg, M. (1966) *Dynamically oriented art therapy: Its principles and Practice.* Grune & Stratton, inc., New York. (中井久夫（監訳）(1995). 力動指向的芸術療法. 金剛出版.)

Rubin, J. A. (1987). *Approaches to Art Therapy: Theory and Technique.* Mark Paterson and Associates, Wivenhoe, Essex, U. K.(徳田良仁（監訳）(2001). 芸術療法の理論と技法. 誠信書房.)

徳田良仁他（編）(1998). 芸術療法1　理論編. 岩崎学術出版社.

山中康裕 (1998). 個人心理療法（精神療法）と芸術療法. 芸術療法1　理論編. 岩崎学術出版社, pp. 39-55.

箱庭療法における死と再生

石井　裕美

　砂を触るとどこか童心に還るような感覚になる，という人は多いのではないだろうか。箱庭療法では，砂箱という囲われた空間の中で，様々な小道具と砂を使って自分の心の中を映し出す世界を作っていく。ミニチュアの玩具も様々な種類が用意されており，こういうふうに作りたい，と頭で考えることももちろんできるが，その場で生じる「なんとなく気になる，ここに置くのがぴったり来る気がする」といった感覚を大切にしていく時に，特に箱庭療法の力が発揮されるように感じる。

　言語表現を必要としないということもあり，例えば自我が確立していない，内面を言語化することもうまくできないために言葉でのやり取りが成立しにくいようなクライエントとの間で，箱庭の力に助けられることがある。「別に」「なんでもいい」としか言わなかった子どもが箱庭制作の誘いには乗ってくれたり，作ってみたら意外と豊かな内界を持っていることが伝わってきたり，ということも珍しくない。

　ローエンフェルトは箱庭療法を「視覚と触覚の要素をあわせ持つ技法」と表現したが，砂はその感触によって人間の深い部分に訴えかけてくる，それ自体が治療的な素材であると言える。砂との戯れは心の防衛を解き，人をリラックスさせ，「治療的に意味のある適度な心理的退行」を促す。そこでは精神と身体性という両極性の統合がなされ，内的な世界が身体的な形をとって現れる。そのことが，箱庭の世界での時間が，手触りのある圧倒的な「体験」である，という感覚を持てることにつながるのではないかと思われる。

　箱庭療法においてもしばしば，ある側面，ある期間の終わりがイニシエーション的に死という形で表現され，生まれ変わり，再生へつながる過程をみる，という展開が表される。お墓を作る，砂に埋める，水の中に横たえる，ミニチュアを用いたストーリーの中で死が表される，など様々な表現方法を通して体験されるが，箱庭表現の特徴として，その一回だけではなく，連続性を持った表現として表されやすく理解しやすい，という面が挙げられるかもしれない。また，面接室という枠に加え，もう一つ砂箱という枠が存在し守りとなることで，こういった強く心を揺り動かす表現をしやすいという側面もある

ように思われる。カルフが「自由であると同時に保護された一つのある空間を，我々の関係の中に作り出す」と述べたような，治療者との関係性による心理的守りが背景にあることもまた，言うまでもなく重要な枠となる。

参考文献

Dora, M. Kalff. (1986). *International Society for Sandplay Therapy.*（ガイドライン）

河合隼雄（編）(1969). 箱庭療法入門. 誠信書房.

木村晴子（2019). 箱庭療法　基礎的研究と実践. 創元社.

❖ おわりに ❖

　2022年の初夏頃だろうか。当時上智大学で同じ特任助教として働いていた山下竜一氏から「横山恭子先生から教科書を作ったら？ って言われたんだよ」と話をされたのは。その話は実は何度目かの提案だったような気がする。それまでは，「教科書とは，その道の権威と呼ばれるような人が執筆するものだ」と思っていたので，とても恐れ多い話だなと思いながら聞き流していた。しかし，この時の私たちは少し状況が違った。その年度に山下氏が，そしてその次年度には私が，さらにいずれかの時期には横山先生も上智大学を去る可能性があり，一緒に何かを創るチャンスがあるとしたら，今しかないのではないかと思い立ったのである。

　そこから突如，山下氏と，当時私の研究支援員をしてくれていた前田遥氏と3人でのミーティングが行われた。横山ゼミには，幸い多くの博士課程の学生，そして博士号をとった諸先輩方等がおられるので，それぞれの持ち味を生かした，私たちらしい教科書をつくろうと話し合った。横山先生のご専門は，小児科を中心とした医療心理学であり，ゼミ出身者には医療領域で活躍している人が多くいたこと，また，もう一方でイメージに関わる分析心理学的な心理療法や芸術療法も先生のご専門であり，多くの人がその考え方を心理臨床に取り入れていることから，私たちは「死と再生」というテーマを捻り出した。そして，当時上智大学に所属し，すでに自分の専門分野を持って臨床活動をしていたゼミ生・卒業生を中心に各章の執筆者を定めた。また，コラムは，横山先生ゼミで博士論文を提出した見識深い諸先輩方や，新進気鋭の博士課程の学生にお願いすることとした。とはいえ，紙面の都合もあり，執筆をお願いしたかった全員に声をかけることが叶わなかったことを大変残念に思っている。特に，博士論文の提出が間近に差し掛かっていた方にはお声掛けすることを控えさせていただいた。

　各章執筆者は，何度か原稿を持ち寄ってミーティングを行い，意見を出し合いながら原稿を完成させた。臨床心理学者にとっての研究テーマは，おう

おうにしてその研究者自身が抱える心理学的なテーマでもある。各自のテーマを「死と再生」という本書のテーマに重ね合わせて論ずるにあたっては，おのおの心理的葛藤を乗り越える必要があった。長きにわたってともに学び合い，刺激し合ってきたメンバーで本書を執筆できたことを心から幸せに思う。

本書はSophia University Press（SUP）上智大学出版の企画として出版された。全執筆者が上智大学出身者であり，母校からこのような出版の機会をいただけたことに感謝したい。また編集・制作を担当くださった株式会社ぎょうせいの皆さんには，筆も返信も遅い編者たちでご苦労をおかけし大変お世話になった。ここに改めて感謝の意を表する。

最後になったが，本書を書き上げることができたのは，様々な臨床の現場で執筆者たちと出会い，その心理学的プロセスをともに歩んでくださった，すべてのクライエント・患者・メンバー・利用者の方々のおかげである。多職種チームや同僚からも日々多くの刺激と示唆をいただいている。心から感謝申し上げる。

臨床心理学／心理臨床は一人で行うことはできない。本書を読んだ体験が，読者の皆様のこころへの眼差しにとって，新たな一筋の光を提供できれば幸いである。

本書の校正中に，谷川俊太郎が亡くなった。彼は多くの素晴らしい詩を残したが，本書のテーマに至適と筆者が感じる一篇を附して，本書を閉じたいと思う。

長堀　加奈子

おわりに

死と炎 ― Tod und Feuer 1940 ―

かわりにしんでくれるひとがいないので
わたしはじぶんでしなねばならない
だれのほねでもない
わたしはわたしのほねになる
かなしみ
かわのながれ
ひとびとのおしゃべり
あさつゆにぬれたくものす
そのどれひとつとして
わたしはたずさえてゆくことができない
せめてすきなうただけは
きこえていてはくれぬだろうか
わたしのほねのみみに

（パウル・クレー，谷川俊太郎『クレーの絵本』講談社，1995年）

309

人名索引

アリエス，P.（Ariès, P.）・・・・・・・・・・ 7, 24

エリアーデ，M.（Eliade, M.）・・・・44-46, 58, 179, 180

エリクソン，E.（Erikson, E.）・・・ iv, 74-79, 81, 83, 89-91

エリクソン，J.（Erikson, J.）・・・・ 75, 76, 78, 79, 83, 90, 91

織田尚生・・・・・・・・・・・・・・ 274, 276, 279, 300

折口信夫・・・・・・・・・・・・・・・・・・・・・・・・・ 6, 25

河合隼雄・・・ 24-25, 44, 47, 48, 58, 59, 74, 91, 98, 178, 181, 275, 276, 300, 306

ギーゲリッヒ，W.（Giegerich, W.）・ 19, 20, 276, 278, 298

キューブラー・ロス，E.・・・・・・・・・・・・ 122

クライン，M.（Klein, M.）・・ 14, 25, 158, 181

黒川由紀子・・・・・・・・・・・・・ 84-88, 91, 92, 94

ゴードン，R.（Gordon, R.）・・・・3-5, 24, 266, 299

シュナイドマン，E. S.・・・・ 41, 60, 285, 301

トーンスタム，L.（Tornstam, L.）・・・79-83, 92

ナウムブルグ，M.・・・・・・・・・・・・・・・・ 302

中井久夫・・・・・・・・・・・・・・・・・・・・・ 302-304

ヒルマン，J.（Hillman, J.）・・ 38, 42, 57, 283, 285, 286, 299

フランクル，V. E.（Frankl, V. E.）・・ 9, 20, 21, 24

フロイト，S.（Freud, S.）・・11-15, 24, 25, 28, 75, 157, 158, 181

ボス，B.（Boss, B.）・・・・・・・・・・・・・・ 10, 24

ヤーロム，I. D.（Yalom, I. D.）・・・ 21-23, 25

山中康裕・・・・ 69, 74, 91, 92, 94, 95, 117, 302, 304

ユング，C. G.（Jung, C. G.）・・・・・・ v, 3, 12, 14-20, 24, 25, 27, 28, 38, 41, 61, 81, 94, 179, 181, 259, 265-273, 275, 279, 298-300

ラカン，J.（Lacan, J.）・・・・・・・・・・・・ 14, 25

ランガー，S. K.（Langer, S. K.）・・ 302, 303

人名索引・事項索引

事項索引

A-Z

ADHD（注意欠陥多動症）・・・・・・・・・ 241

AREAモデル ・・・・・・・・・・・・・・・・・ 291

ASD（急性ストレス症）・・・・・・・・ 168, 177

ASD（自閉スペクトラム症）・・・・・・ 63, 64

AYA世代 ・・・・・・・・・・ 106, 134, 149, 150

ESHRE「日常的な心理社会的ケア」

ガイドライン・・・・・・・・・・・・・・ 212, 216

PICU・・・・・・・・・・・・・・・・・・・・・・ 119, 120

あ行

『アーサーはなぜ自殺したのか』（シュナ

イドマン）・・・・・・・・・・・・・・・・・ 285, 301

アートセラピー・・・・・・・・・・・・・・・・・ 302

愛着理論・・・・・・・・・・・・・ 61, 157, 240

アイデンティティ・・10, 46, 63, 77, 102, 129,

149, 155, 262, 290

アダルトチルドレン・・・・・・・・・・・・ 235, 255

アメリカ心理学会（APA）の倫理規定

・・・・・・・・・・・・・・・・・・・・・・・・・・・・ 294

アンメットニーズ・・・・・・・・・・・・・・・・ 149

育児・・・・・・・・・ 196, 198, 200, 209, 210, 220

痛み・・・・・28, 46, 97, 103, 104, 107, 108, 124,

126, 129, 131-133, 142, 143, 146, 147, 159,

160, 167, 293

イニシエーション・・・・ iv, 29, 43-48, 57, 58,

179, 305

イネイブラー・・・・・・・・・・・・・・・・・・ 235

イネイブリング・・・・・・・・・・・・・・・・・ 235

異文化・・・・・・・・・・・・・・・・・・・・・・・・ 62

いま・ここ・・・・・・・・・・・・・・・・・ 22, 23

因中有果論・・・・・・・・・・・・・・・・・・・ 5, 6

英知・・・・・・・・・・・・・・・・・・・・・・ 77, 78

円熟期・・・・・・・・・・・・・・・・・・・・・・・・ 75

援助希求能力・・・・・・・・・・・・・・・・ 53, 163

大いなる作業 opus magnum ・・・・・・・・・ 268

大人になることの難しさ・・・・・・・・・ 47, 59

オペラント条件付け・・・・・・・・・・・・・・・ 237

か行

絵画療法・・・・・・・・・・・・・・・・・・・・ 25, 303

「快楽原則の彼岸」（フロイト）・・・・・・・・ 13

影・・・・・・・・・・・・・・・・・・・・・・・・・・・・ 272

学校の緊急支援・・・・・・・・・・・・・・・ 55, 56

がん・・iv, 8, 103-109, 114, 116, 121-150, 181,

182, 197, 261

　がん・生殖医療・・・・・・・・・ 188, 197, 214

　がんサバイバー・・・・・ 104, 135, 146, 147

感情表現に相応しい言語・・・・・・・・・・・ 302

関与しながらの観察・・・・・・・・・・・・・・・ 302

緩和ケア・・・ i , 104, 106, 108, 109, 121, 125,

137, 140, 141, 146, 148, 286

機能不全家族・・・・・・・・・・・・・・・・・・ 235

虐待・・・・・29, 35, 50, 119, 221, 222, 224, 225,

287

キルクムアンビュラティオ・・・・・・・・ 93-95

グリーフケア・・・ iv, 151, 169, 170, 172, 175,

176, 184

クロスアディクション・・・・・・・・・・・・ 232

クロノス（サトゥルヌス）・・・・・・・・・・・ 3

群発自殺・・・・・・・・・・・・・・・・・・・ 51, 52

芸術療法・・・・・・・・・ 110, 277, 302-304, 307

継続する絆・・・・・・・・・・・・・・・・・ 158-160

怪我・・・・・・・・・・・・・・・・・・・・・ 103, 262

言語化・・・・・・・・・・・・・・・・・・・・ 302, 305

原爆被爆者・・・・・・・・・・・・・・・・・・・・ 88

311

行動化‥‥‥‥‥‥‥‥‥‥ 42, 60, 274
高齢者‥65-71, 73, 74, 78-80, 82-95, 149, 198
個性化‥‥‥‥‥‥‥‥‥‥‥‥‥‥ 15-17
黒化〔ニグレド〕‥‥‥‥‥ 17, 267-272, 279

さ行

里親‥‥‥‥ 194-196, 210, 217, 218, 220-224
サブ・カルチャー‥‥‥‥‥‥‥‥ 61, 62
死と再生のモチーフ‥‥‥‥‥‥ 275-277
シェアリング‥‥‥‥‥‥‥‥‥‥‥ 303
自我心理学‥‥‥‥‥‥‥‥‥‥ 14, 24
自己肯定感‥‥‥‥‥‥‥‥‥ 50, 58, 207
自己心理学‥‥‥‥‥‥‥‥‥‥‥ 240
『自殺と魂』(ヒルマン)‥‥‥‥ 58, 283, 299
自殺の対人関係理論‥‥‥‥‥‥‥‥ 35
自殺予防教育‥‥‥‥‥‥‥‥‥‥‥ 55
自死遺族‥‥56, 166-168, 175, 176, 181, 282
死生観‥‥5, 28, 43, 85, 87, 90, 92, 111, 144,
　242
　思春期の死生観‥‥‥‥‥‥‥‥‥ 43
実演化‥‥‥‥‥‥‥‥‥‥‥‥‥‥ 42
実存分析(ロゴセラピー)‥‥‥‥‥ 20
死と再生の同時性‥‥‥‥‥ 277, 290, 300
死の本能(タナトス)‥‥‥‥‥ 11-14, 25
社会的な死‥‥‥‥‥‥‥‥‥‥ 8, 246
社会的養護‥‥‥‥‥‥‥‥‥‥ 220-222
終末期‥‥9, 109, 111, 124, 127, 132-134, 137,
　138, 143, 145, 148, 151, 155, 165
純粋性‥‥‥‥‥‥‥‥‥‥‥‥‥‥ 22
心理社会的発達段階‥‥‥‥‥ 75, 78, 81, 83
心理的応急処置‥‥‥‥‥‥ 176, 177, 184
随伴性マネジメント‥‥‥‥‥‥ 250, 256
砂‥‥‥‥‥‥‥‥‥‥‥‥‥‥‥‥ 305
スピリチュアルペイン‥‥126, 132, 134, 143,
　144

スポーツ‥‥‥‥‥‥ 225, 229, 262, 263
成熟‥‥28-30, 69, 74, 81, 83, 85, 95, 154, 155
生殖医療‥‥‥‥iv, 11, 187, 188, 197, 201, 208,
　212, 214-216, 218
生殖性‥‥‥‥‥‥‥‥‥‥‥‥‥ 76-78
　祖父母的生殖性‥‥‥‥‥‥‥ 78, 83, 89
生殖補助医療‥‥‥‥‥‥‥‥‥ 191-193
生殖物語‥‥‥‥‥‥‥‥‥‥ 203, 204
正の強化‥‥‥‥‥‥‥‥‥‥‥‥ 237
生物学的な死‥‥‥‥‥‥‥‥ 8, 9, 11, 242
絶対否定‥‥‥‥‥‥‥‥‥‥‥‥‥ 19
遷延性悲嘆症‥‥‥‥ 161, 162, 171, 182, 185
全人的苦痛‥‥‥‥‥‥ 126, 134, 136, 140, 146
全体性‥‥‥‥‥‥‥ 15, 18, 178, 268, 272
臓器提供‥‥‥‥‥‥‥‥‥‥‥‥ 119
操作的診断基準‥‥‥‥‥‥‥ 229, 230, 232
喪失‥‥‥‥‥‥‥‥ 1, 10, 11, 24, 32, 35, 39,
　70-74, 87, 92, 123, 127, 129, 131, 132, 137,
　138, 143, 146, 152, 157-161, 163, 164, 167-
　169, 171, 177, 180, 182, 184, 185, 215, 234,
　236, 237, 242, 246, 247, 262, 281-283, 286,
　287, 289, 292, 293, 296
　あいまいな喪失‥‥‥‥ 10, 24, 168, 180
　対象喪失‥‥‥‥‥‥‥‥‥ 157, 180
　多重喪失‥‥‥‥‥‥‥‥‥‥‥ 168
相対的貧困‥‥‥‥‥‥‥‥‥‥‥‥ 50
その子らしさ‥‥‥‥‥‥‥‥‥‥ 119

た行

耐性‥‥‥‥‥‥‥‥‥‥ 200, 231, 233, 237
多義性‥‥‥‥‥‥‥‥‥ 73, 74, 83, 85, 90
他者の中での異質さ‥‥‥‥‥‥‥‥ 63
〈他の－もの(Autre-chose)〉の意志‥‥ 14
チーム医療‥‥‥‥‥‥‥‥ 121, 141, 148
チーム養育‥‥‥‥‥‥‥‥‥‥‥ 223

事項索引

デイケア・・・・・・・・・・・・ 65, 93, 94, 241, 252
『哲学者の薔薇園』・・・・・・・・・・・・・・・ 17, 18
『転移の心理学』（ユング）・・ 17, 18, 24, 271,
　299
動機付け面接・・・・・・・・・・・・・・・・・・・・ 256
統合 vs 絶望・・・・・・・・・・・・・・・・・・・・・ 74
トラウマ焦点化心理療法・・・・・・・・・・・ 185

な行

ニグレド　→ 黒化
二次受傷・・・・・・・・・・・・・・・・・・・・・・・・ 185
乳児院・・・・・・・・・・・・・・・・・・・・・・ 220-222
認知行動療法・・ 110, 142, 171, 182, 250, 252,
　256
脳死・・・・・・・・・・・・・・・・・・・・・・・・・ 8, 119

は行

箱庭療法・・・・・・・・・・・・・ 277, 303, 305, 306
発達障害・・・・・・・・・・・・・・ 63, 241, 244, 260
犯罪被害・・・・・・・・・・・・・・・・・・・・・・・・ 185
悲哀・・ 152, 157, 158, 160, 162, 163, 177, 184
ピアサポート・・・・・・・ 130, 131, 150, 175, 185
悲嘆・・・ iv, 10, 109, 125, 128, 135, 139, 152-
　156, 159-166, 168, 171, 172, 175, 177, 181-
　185, 211, 281, 282, 287, 293, 296
　悲嘆カウンセリング・・・ 169-171, 175, 184
　悲嘆セラピー・・・・・・・・・・・・ 169-171, 175
　複雑性悲嘆・・・・・・・・・ 139, 162, 171, 296
　予期悲嘆・・・・・・・・・・・・・・・ 139, 164, 165
否認・・・・ iv, 17, 122, 123, 128, 139, 159, 161,
　165, 167, 175, 176, 228, 247, 251, 281, 296
描画・・・・・・・・・・・・・・・・・・ 277, 302, 303
　描画法・・・・・・・・・・・・・・・・・・・・・・・ 303
不育症・・・・・・・・・・・・・・・・・・・・・・ 188, 196
不確定性原理（ハイデルベルク）・・・・・ 266

不妊・・・・・・・・・・・・・・・ 188-191, 194-219
　不妊治療・・・・・ 11, 149, 189, 191-195, 197,
　200-215, 217-219
　心因性不妊・・・・・・・・・・・・・・・・ 199, 200
『文化への不満』（フロイト）・・・・・・・ 13, 24
変容・・・ 12, 16-18, 42, 121, 136, 266-268, 271,
　272, 297
包括的アセスメント・・・・・・・・・・・・・・・ 141
報酬回路・・・・・・・・・・・・・・・・・・・・・・・・ 236
ポストトラウマティック・グロウス・・ 290

ま行

マンダラ・・・・・・・・・・・・・・・・・・・・・ 15, 16
看取り・・・・・・・・・・・・・・・・・・・・・・・・・ 164
見守ること・・・・・・・・・・・・・・・・・・ 63, 303
メタファー・・・・・・・・・・・・・・・・・・・ 61, 198
喪・・・・・・・・・・・ 152, 157-160, 163, 165, 170

や行

ユング派の転移・・・・・・・・・・・・・・・・・・ 270
養子縁組・・・・・・・ 194-196, 210, 217, 218, 222

ら行

楽園追放・・・・・・・・・・・・・・・・・・・・・・・ 1, 4
離脱症状・・・・・・・・・・・・・・・・ 231, 233, 251
両義性・・・・・・・・・・・・・・・ 73, 74, 83, 85, 90
両行モデル・・・・・・・・・・・・・・・・・・・・ 73, 74
輪廻思想・・・・・・・・・・・・・・・・・・・・・・・・・ 5
錬金術・・・・・・・ 17, 24, 94, 267-269, 271, 279
老年観・・・・・・・・・・・・・・・・・・ 67-69, 85, 90
老年的超越・・・・・・・・・・・・・・・・・ 79-83, 91, 92

わ行

枠・・・・・・・・・・・・・・・・・ 265, 303, 305, 306

313

❖ 執筆者紹介 ❖

横山　恭子（よこやま　きょうこ）　　　　　　　　　　**【編者・第4章】**

上智大学総合人間科学部心理学科教授。上智大学大学院文学研究科教育学専攻博士後期課程満期退学。文学修士。臨床心理士，公認心理師。主な研究領域は，臨床心理学，小児医療心理学，分析心理学。

著書に『ボーダーラインの人々―多様化する心の病』（織田尚生（編），ゆまに書房，2005年，（分担執筆）pp. 307-321），『もやもやすっきり！ 10歳からのこころケア』（監修，くもん出版，2024年）など。

長堀　加奈子（ながほり　かなこ）　　　　　　**【編者・第1章・第9章】**

順天堂大学薬学部講師。上智大学大学院総合人間科学研究科心理学専攻博士後期課程単位取得満期退学。博士（心理学）。臨床心理士，公認心理師。主な研究領域は，分析心理学，グループセラピー。

著書に『〈箱庭療法学モノグラフ第13巻〉復職支援の心理療法―グループにおける異質性との出会い』（創元社，2020年），訳書に『C・G・ユングの夢セミナー パウリの夢』（C・G・ユング著，共訳，創元社，2021年）など。

山下　竜一（やました　りゅういち）　　　　　　　　　　　　**【第2章】**

杏林大学保健学部臨床心理学科学内講師。上智大学大学院総合人間科学研究科心理学専攻博士後期課程単位取得満期退学。博士（心理学）。臨床心理士，公認心理師。主な研究領域は，ユング心理学，スクールカウンセラーによる不登校支援。

主な論文に「スクールカウンセラーによる不登校生徒の継続的な個人面接のプロセスの探求―事例のメタ分析を用いて」（『臨床心理学』22巻4号，金剛出版）。

磯野　沙月（いその　さつき）　　　　　　　　　　　　　　　**【第3章】**

上智大学臨床心理相談室，大正大学非常勤講師。上智大学大学院総合人間科学研究科心理学専攻博士後期課程満期退学。修士（心理学）。臨床心理士，公認心理師，臨床発達心理士。主な関心は，高齢者の心理臨床，神経心理学，質的研究法。研究領域は，長崎の被爆カトリック信徒に関する研究。

著書に『老年臨床心理学ハンドブック』第37章　老年期と心的外傷（日本老年臨床心理学会（企画），長嶋紀一（監修），山中克夫・松田修・黒川由紀子（統括編者），福村出版，2025年3月発刊予定）。

執筆者紹介

増田　紗弓（ますだ　さゆみ）　　　　　　　　　　　　　　【第5章】
聖心女子大学現代教養学部心理学科助教。上智大学大学院総合人間科学研究科心理学専攻博士後期課程満期退学。臨床心理士，公認心理師，がん・生殖医療専門心理士。主な関心・研究領域は，がん緩和ケア，慢性疼痛の心理療法。
主な論文に，増田紗弓・横山恭子（2023）「がんサバイバーの痛みにともなう心理的な変化の過程―がんサバイバーの語りを通した質的検討」（上智大学心理学年報，47，33-48）。

田　佳潤（じょん　かゆん）　　　　　　　　　　　　　　　【第6章】
NTT東日本関東病院勤務。上智大学大学院総合人間科学研究科心理学専攻博士前期課程修了。修士（心理学）。同大学院博士後期課程に在籍中。臨床心理士，公認心理師。主な関心・研究領域は，がん医療における心理支援，緩和ケア，グリーフケア，分析心理学。
主な論文に田佳潤・横山恭子（2018）「青年期に親を亡くした子どもの亡き親との対話について」（上智大学大学院修士論文），田佳潤・横山恭子（2024）「日本のがん医療における意思決定支援―臨床心理学的視点からの考察」（上智大学心理学年報，48，1-15）ほか。

立川　幸菜（たちかわ　ゆきな）　　　　　　　　　　　　　【第7章】
国家公務員共済組合連合会虎の門病院勤務。上智大学大学院総合人間科学研究科心理学専攻博士前期課程修了。同大学院博士後期課程に在籍中。臨床心理士，公認心理師，がん・生殖医療専門心理士。主な関心・研究領域は，生殖医療における心理臨床，分析心理学。
主な論文に，桑畑幸菜（2022）「不妊治療領域における心理的支援に関する研究のシステマティックレビュー」（上智大学心理学年報，47，17-31）。

前田　遥（まえだ　はるか）　　　　　　　　　　　　　　　【第8章】
文京学院大学人間学部心理学科助手。上智大学大学院総合人間科学研究科心理学専攻博士後期課程満期退学。修士（心理学）。臨床心理士，公認心理師。主な関心・研究領域は，自己愛と集団，自己心理学，依存症自助グループ。
主な論文に「自己心理学における自己対象概念研究に関する文献的考察」（上智大学心理学年報，43，11-22，2019年）。

【コラム執筆者】

稲垣　智則（いながき　とものり）
東海大学資格教育センター准教授。上智大学大学院文学研究科心理学専攻博士後期課程単位取得後退学。博士（心理学）。臨床心理士，公認心理師。主な研究領域は，メタファーと「見立て」。
著書に『狂気へのグラデーション』（東海大学出版部，2016年），『「ニセの自分」で生きています―心理学から考える虚栄心』（明石書店，2023年）。

柳楽　明子（なぎら　あきこ）
国立成育医療研究センター心理療法室勤務。上智大学大学院文学研究科心理学専攻博士後期課程単位取得退学。博士（心理学）。公認心理師，臨床心理士。現在は小児の総合病院で様々な心の課題を持つ子どもや保護者への心理支援に従事している。主な研究領域は，発達障害を持つ子どもと保護者への心理支援。

北山　純（きたやま　じゅん）
学習院大学文学部心理学科教授。上智大学大学院総合人間科学研究科心理学専攻博士後期課程単位取得退学。博士（心理学）。臨床心理士，公認心理師。主な関心・研究領域は，夢や描画，箱庭などイメージを用いた心理療法。
著書に『高齢者の心理臨床―老いゆくこころへのコミットメント』（創元社，2018年）ほか。

別所　晶子（べっしょ　あきこ）
埼玉医科大学総合医療センター・小児科助教。米国コロンビア大学社会福祉大学院修士課程修了，上智大学文学部心理学研究科博士課程満期退学。心理学修士，社会福祉学修士。臨床心理士，公認心理師。主な関心・研究領域は，小児救急，小児の脳死下臓器提供，グリーフケア。
主な論文に「小児の脳死下臓器提供における臨床心理士の役割」（日本小児科学会雑誌，125（4），645-650，2021年），「小児脳死下臓器提供11例の意思決定条件の検討」（共著論文，日本救急医学会雑誌，33（2），85-91，2022年）。

森田　日菜子（もりた　ひなこ）
国立がん研究センター中央病院精神腫瘍科勤務。心理学修士（上智大学）。現在，上智大学大学院博士後期課程に在籍中。臨床心理士・公認心理師。私立高校スクールカウンセラーを経て現職。主な関心領域は，AYA世代がん患者への心理的サポー

トについて。

主な論文に，森田日菜子・横山恭子（2024）「AYA世代におけるがん罹患経験が友人関係にもたらす影響についての検討」（上智大学心理学年報，48，109-122）。

齋藤　梓（さいとう　あずさ）
上智大学総合人間科学部心理学科准教授，公益社団法人被害者支援都民センター心理職。博士（心理学）。臨床心理士，公認心理師。主な研究領域は，被害者支援。著書に『性暴力被害の実際—被害はどのように起き，どう回復するか』（共著，金剛出版，2020年），『性暴力についてかんがえるために』（一藝社，2024年）。

長谷川　昌子（はせがわ　まさこ）
上智大学大学院総合人間科学研究科心理学専攻博士後期課程満期退学。臨床心理士。主な関心は，乳児院での臨床と研究。現在は育児のためほぼ休職中。
訳書に，『子どものこころの生きた理解に向けて—発達障害・被虐待児との心理療法の３つのレベル』（共訳，金剛出版，2017年），『乳幼児観察入門　早期母子関係の世界』（共訳，創元社，2019年）。

引土　達雄（ひきつち　たつお）
新潟青陵大学大学院臨床心理学研究科准教授。博士（上智大学）。臨床心理士，公認心理師。教育相談所，児童養護施設，スクールカウンセラー，精神科クリニック，小児総合病院を経て，現職。主な関心・研究領域は，社会的養護，里親制度，小児医療心理学。
主な論文に，引土達雄・羽田紘子・水木理恵・山本映絵・柳楽明子・辻井弘美・前川暁子・若松亜希子・中野三津子・水本深喜・奥山眞紀子（2020）「心理職—医師の協働による里親家庭の包括的アセスメントに基づく里親支援プログラムに関するパイロットスタディ」（『小児の精神と神経』60巻2号，173-188，日本小児精神神経学会）

鷲塚　浩二（わしづか　こうじ）
医療法人社団根岸病院勤務，上智大学総合人間科学部心理学科共同研究員。臨床心理士，公認心理師，日本臨床心理身体運動学会認定スポーツカウンセラー。分析心理学に関心を持ち，医療領域や大学学生相談で臨床実践を行いながら，アスリートの心理支援についての研究と実践を重ねている。
主な論文に，鷲塚浩二・横山恭子（2017）「スポーツ領域における悲嘆—スポーツ傷害に焦点をあてて」（上智大学心理学年報，41，47-52）など。

香月　菜々子（かつき　ななこ）
大妻女子大学人間関係学部人間関係学科社会・臨床心理学専攻教授。上智大学大学院文学研究科心理学専攻博士後期課程満期退学。博士（心理学）。臨床心理士，公認心理師。主な研究領域は思春期・青年期・成人期のイメージを用いた心理療法，心理アセスメント（投映法および投映描画法）。
著書に，『星と波描画テスト　基礎と臨床的応用』（誠信書房，2009年），『キャンパスライフサポートブック―こころ・からだ・くらし』（共著，ミネルヴァ書房，2019年）ほか。

石井　裕美（いしい　ひろみ）
上智大学非常勤講師，防衛医科大学校病院心理士。上智大学大学院総合人間科学研究科心理学専攻博士課程満期退学。博士（心理学）。臨床心理士，公認心理師。箱庭療法などの芸術療法を取り入れながら，メンタルヘルスに課題を抱えた親子の支援に携わっている。

（2025.2.27現在）

死と再生の臨床心理学

2025 年 3 月 10 日　第 1 版第 1 刷発行

編　者：横　山　恭　子
　　　　長　堀　加奈子
発行者：アガスティン　サリ
発　行：Sophia University Press
　　　　上　智　大　学　出　版

〒 102-8554　東京都千代田区紀尾井町 7-1
URL：https://www.sophia.ac.jp/

制作・発売　株式会社 ぎょうせい
〒 136-8575　東京都江東区新木場 1-18-11
URL：https://gyosei.jp
フリーコール　0120-953-431
〈検印省略〉

© Eds. Kyoko Yokoyama and Kanako Nagahori, 2025
Printed in Japan
印刷・製本　ぎょうせいデジタル㈱
ISBN978-4-324-11505-3
(5300352-00-000)
[略号：(上智) 死と再生]

Sophia University Press

　上智大学は、その基本理念の一つとして、
「本学は、その特色を生かして、キリスト教とその文化を研
究する機会を提供する。これと同時に、思想の多様性を認
め、各種の思想の学問的研究を奨励する」と謳っている。

　大学は、この学問的成果を学術書として発表する「独自
の場」を保有することが望まれる。どのような学問的成果
を世に発信しうるかは、その大学の学問的水準・評価と深
く関わりを持つ。

　上智大学は、(1) 高度な水準にある学術書、(2) キリス
ト教ヒューマニズムに関連する優れた作品、(3) 啓蒙的問
題提起の書、(4) 学問研究への導入となる特色ある教科書
等、個人の研究のみならず、共同の研究成果を刊行するこ
とによって、文化の創造に寄与し、大学の発展とその歴史
に貢献する。

Sophia University Press

One of the fundamental ideals of Sophia University is "to embody the university's special characteristics by offering opportunities to study Christianity and Christian culture. At the same time, recognizing the diversity of thought, the university encourages academic research on a wide variety of world views."

The Sophia University Press was established to provide an independent base for the publication of scholarly research. The publications of our press are a guide to the level of research at Sophia, and one of the factors in the public evaluation of our activities.

Sophia University Press publishes books that (1) meet high academic standards; (2) are related to our university's founding spirit of Christian humanism; (3) are on important issues of interest to a broad general public; and (4) textbooks and introductions to the various academic disciplines. We publish works by individual scholars as well as the results of collaborative research projects that contribute to general cultural development and the advancement of the university.

Death and Rebirth of the Psyche:
A Textbook of Clinical Psychology

© Eds. Kyoko Yokoyama and Kanako Nagahori, 2025

published by
Sophia University Press

production & sales agency : GYOSEI Corporation,Tokyo

ISBN 978-4-324-11505-3

order : https://gyosei.jp